THE SARUM RITE

The Use of Sarum,

commonly called

THE SARUM RITE

Breviarium Sarisburiense cum nota

Sarum Vespers Latin
I: Temporale

Edited by William Renwick

GⅠC

THE GREGORIAN INSTITUTE OF CANADA
HAMILTON ONTARIO

Copyright © 2019 The Gregorian Institute of Canada
Published by the Gregorian Institute of Canada/L'Institut grégorien du Canada
c/o School of the Arts, McMaster University
1280 Main Street West, Hamilton, Ontario, Canada
L8S 4L8.

www.gregorian.ca

ISBN 978-1-7752999-4-3

2 3 4 5 6 7 8 9 10   28 27 26 25 24 23 22 21 20 19

In memoriam
Gerre Hancock

Contents

Introduction

THIS volume contains the Temporale portion of the Noted Breviary for the Sarum Office of Vespers throughout the year. The principle sources are the *Breviarium* (1531), the *Antiphonale* (1519-20), and the facsimile *Antiphonale Sarisburiense* (1901-24). The full scholarly apparatus as well as a 'Companion' appear in the on-line edition at sarum-chant.ca or at

macsphere.mcmaster.ca/html/11375/15874/111/TheSarumRite.htm.

The Kalendar presented here follows that printed in the 1531 Breviary.

The opening versicles, psalter with ferial antiphons, preces, common memorials, Office of the Blessed Virgin, Vigils of the Dead, the Common of Saints, psalm tones, conclusions of the prayers, closing versicles and benedictions appear in *Sarum Vespers Latin II: Psalterium*. Pages references to that volume appear as [1]. &c. and 1*. &c. The Sanctorale appears separately as *Sarum Vespers Latin III: Sanctorale*. Pages references to that volume appear as {1}. &c.

Typically only the incipit of each antiphon is sung before the psalms and canticles; the full antiphon is sung at the end. In the Temporale the antiphon is sung through entirely both before and after the *Magnificat* on the feasts of the Nativity, the Epiphany, Easter, the Ascension, Pentecost, Trinity, Corpus Christi, and the Dedication of the Church.

When a memorial besides the common memorials is said at vespers, it comprises the antiphon on *Magnificat*, the versicle, and the prayer that pertain to the particular feast.

The Feast of Corpus Christi and its Octave, adopted in the late 13th or early 14th century, may be omitted or retained according to local custom.

W.R.

Feast of St. Scholastica, 2019.

Kalendarium.

Januarius.

Aureus *numerus.*	**KL**		*Prima dies mensis et septima truncat ut ensis.* Januarius habet dies xxxj. Luna xxx.	
iij.	**A**	*Januarii.*	*Circuncisio Domini, festum minus duplex, ix. lectiones.*	j.
	b	iiij. No.	Octava sancti Stephani, invitatorium duplex, iij. lectiones cum regimine chori.	ij.
xj.	c	iij. No.	Octava sancti Johannis, invitatorium duplex, iij. lectiones cum regimine chori.	iij.
	d	pridie No.	Octava innocentium, invitatorium duplex, iij. lectiones cum regimine chori.	iiij.
xix.	e	*Nonis.*	Vigilia. Octava sancti Thome, memoria tantum. Sancti Edwardi confessoris memoria.	v.
viij.	f	viij. Idus.	*Epyphania Domini, duplex festum principale, ix. lectiones.*	vj.
	g	vij. Idus.	*Claves septuagesime.*	vij.
xvj.	**A**	vj. Idus.	Luciani presbyteri sociorumque ejus martyrum, me-	viij.
v.	b	v. Idus.	[moria tantum.	ix.
	c	iiij. Idus.		x.
xiij.	d	iij. Idus.	*Sol in Aquario.*	xj.
ij.	e	pridie Idus.	[sancto Hylario.	xij.
	f	*Idibus.*	Octava epyphanie, ix. lectiones. Medie lectiones de	xiij.
x.	g	xix. Kals. *Februarii.*	Sancti Felicis presbyteri et martyri, iij. lectiones.	xiiij.
	A	xviij. Kals.	Mauri abbatis et confessoris, iij. lectiones.	xv.
xviij.	b	xvij. Kals.	Marcelli pape et martyris, iij. lectiones.	xvj.
vij.	c	xvj. Kals.	Sulpicii episcopi et confessoris, iij. lectiones.	xvij.
	d	xv. Kals.	Prisce virginis et martyris, iij. lectiones.	xviij.
xv.	e	xiiij. Kals.	Vulstani episcopi et confessoris, ix. lectionum.	xix.
iiij.	f	xiij. Kals.	*Fabiani et Sebastiani martyrum, expositio nulla, ix. lectiones.*	xx.
	g	xij. Kals.	*Agnetis virginis et martyris, expositio nulla, ix. lectiones.*	xxj.
xij.	**A**	xj. Kals.	*Vincentii levite et martyris, expositio nulla, ix. lectiones.*	xxij.
j.	b	x. Kals.		xxiij.

	c	ix. Kals.		xxiiij.
ix.	d	viij. Kals.	*Conversio Pauli, ix. lectionum : invitatorium triplex.*	xxv.
			Memoria de sancto Prejecto.	
	e	vij. Kals.	[iij. lectiones.	xxvj.
xvij.	f	vj. Kals.	Juliani episcopi et confessoris. Invitatorium duplex,	xxvij.
vj.	g	v. Kals.	Agnetis secundo. Invitatorium duplex, iij. lectiones.	xxviij.
			Claves Quadragesime.	
	𝔄	iiij. Kals.		xxix.
xiiij.	b	iij. Kals.	Batildis regine, virginis non martyris, iij. lectiones.	xxx.
iij.	c	pridie Kals.		xxxj.

Nox habet horas xvj. Dies vero viij.

Pócula leta pius amat et convívia Janus.
Mittátur sanguis : láctuca cicércla serénda.
Nastúrci et semen vitis vetus ablaqueánda.
Lunáque decréscens bona ligna fabrília cedit.

Februarius.

Aureus	𝕶𝕷	*Quarta subit mortem : prosternit tertia fortem.*	
numerus.		Februarius habet dies xxviij. Luna xxix. Sed quando	
		est bissextus : tunc habet dies xxix. Luna xxix.	
	d	*Februarii.*	Brigide virginis non martyris, iij. lectiones.	j.
xj.	e	iiij. No.	*Purificatio beate Marie virginis, majus duplex, ix. lecti-*	ij.
			ones.	
xix.	f	iij. No.	Blasii episcopi et martyris. Invitatorium duplex, iij.	iij.
viij.	g	pridie No.	[lectiones.	iiij.
	𝔄	*Nonis.*	*Agathe virginis et martyris, expositio nulla, ix. lectiones.*	v.
xvj.	b	viij. Idus.	Vedasti et Amandi episcoporum et confessorum, iij.	vj.
v.	c	vij. Idus.	[lectiones.	vij.
	d	vj. Idus.		viij.
xiij.	e	v. Idus.		ix.
ij.	f	iiij. Idus.	Scolastice virginis non martyris, iij. lectiones.	x.
	g	iij. Idus.	*Sol in Piscibus.*	xj.
x.	𝔄	pridie Idus.		xij.
	b	*Idibus.*		xiij.

xviij.	c	xvj. Kals. Martii.	Valentini martyris, tres lectiones.	xiiij.
vij.	d	xv. Kals.		xv.
	e	xiiij. Kals.	Juliane virginis et martyris. Invitatorium duplex, iij.	xvj.
xv.	f	xiij. Kals.	[lectiones.	xvij.
iiij.	g	xij. Kals.		xviij.
	𝕬	xj. Kals.		xix.
xij.	b	x. Kals.		xx.
j.	c	ix. Kals.		xxj.
	d	viij. Kals.	*Cathedra sancti Petri. Invitatorium triplex, ix. lectiones.*	xxij.
ix.	e	vij. Kals.		xxiij.
	f	vj. Kals.	*Mathie apostoli, festum inferius duplex, ix. lectiones.*	xxiiij.
xvij.	g	v. Kals.	*Locus bissexti.* Cum bissextus fuerit : festum Mathie	xxv.
vj.	𝕬	iiij. Kals.	apostoli fiat quarto die a cathedra sancti Petri, et f	xxvj.
	b	iij. Kals.	littera bis numeretur.	xxvij.
xiiij.	c	pridie Kals.		xxviij.

Nox habet horas xiiij. Dies vero x.

Post cíneres, neuma, post crucem, postque Lúciam
Mercúrii et véneris sábbato jejúnia fient.

Fébruus ad febres aptus stomácho nocet egro.
Cephálicam pátefac : gaudéntque propágine vites.
Fac sepes státuas : olivéta rosária sparge.
Consére tunc cánabum : lentem : atque triméstria cuncta.

Martius.

Aureus numerus.	𝕶𝕷		*Prima mandentem : diripit : quarta bibentem.* Martius habet dies xxxj. Luna xxx.	
iij.	d	Martii.	*Davidis episcopi et confessoris, ix. lectiones.*	j.
	e	vj. No.	*Cedde episcopi et confessoris, ix. lectiones.*	ij.
xj.	f	v. No.		iij.
	g	iiij. No.		iiij.
xix.	𝕬	iij. No.		v.
viij.	b	pridie No.		vj.

xiii

	c	*Nonis.*	Perpetue et Felicitatis martyrum, iij. lectiones.	vij.
xvj.	d	viij. Idus.		viij.
v.	e	vij. Idus.		ix.
	f	vj. Idus.		x.
xiij.	g	v. Idus.	*Claves pasche. Sol in Ariete. Equinoctium.*	xj.
ij.	𝕬	iiij. Idus.	*Gregorii pape, expositio nulla. Inferius duplex, ix. lectiones.*	xij.
	b	iij. Idus.	*Ultimum quadragesime.*	xiij.
x.	c	pridie Idus.		xiiij.
	d	*Idibus.*		xv.
xviij.	e	xvij. Kals. *Aprilis.*		xvj.
vij.	f	xvj. Kals.	*Introitus Noe in archam.*	xvij.
	g	xv. Kals.	Edwardi regis et martyris, expositio nulla, ix. lectiones.	xviij.
xv.	𝕬	xiiij. Kals.	[lectiones.	xix.
iiij.	b	xiij. Kals.	Cuthberti episcopi et confessoris, expositio nulla, ix.	xx.
	c	xij. Kals.	Benedicti abbatis, expositio nulla, ix. lectiones.	xxj.
xij.	d	xj. Kals.	*Primum pascha.*	xxij.
j.	e	x. Kals.	*Hic Adam creatur.*	xxiij.
	f	ix. Kals.		xxiiij.
ix.	g	viij. Kals.	*Annunciatio Dominica, festum minus duplex, ix. lectiones.*	xxv.
	𝕬	vij. Kals.		xxvj.
xvij.	b	vj. Kals.	*Resurrectio Domini, festum principale, iij. lectiones.*	xxvij.
vj.	c	v. Kals.		xxviij.
	d	iiij. Kals.		xxix.
xiiij.	e	iij. Kals.		xxx.
iij.	f	pridie Kals.		xxxj.

Nox habet horas xij. Dies vero xij.

Mártius humórum génitor : motórque dolórum.
Morbus apes vexat : cultúram póstulat hortus.
Putánde vites : purgandáque prata : boves tunc
Compára : equas máribus subdas : cineráto novéllas.

Aprilis.

Aureus numerus.	**KL**	Denus et undenus est mortis vulnere plenus. Aprilis habet dies xxx. Luna vero xxix.	
	g	*Aprilis.*	j.
xj.	**A**	iiij. No.	ij.
	b	iij. No.	Richardi episcopi et confessoris, ix. lectiones.	iij.
xix.	c	pridie No.	*Ambrosii, cum regimine chori, inferius duplex, ix. lectiones.*	iiij.
viij.	d	*Nonis.*	v.
xvj.	e	viij. Idus.	vj.
v.	f	vij. Idus.	vij.
	g	vj. Idus.	viij.
xiij.	**A**	v. Idus.	ix.
ij.	b	iiij. Idus.	x.
	c	iij. Idus.	xj.
x.	d	pridie Idus.	*Sol in Thauro.*	xij.
	e	*Idibus.*	xiij.
xviij.	f	xviij. Kals. Maii.	Tiburtii et Valeriani martyrum, iij. lectiones.	xiiij.
vij.	g	xvij. Kals.	*Claves rogationum.*	xv.
	A	xvj. Kals.	xvj.
xv.	b	xv. Kals.	xvij.
iiij.	c	xiiij. Kals.	xviij.
	d	xiij. Kals.	Alphegi archepiscopi et martyris, iij. lectiones.	xix.
xij.	e	xij. Kals.	xx.
j.	f	xj. Kals.	xxj.
	g	x. Kals.	xxij.
ix.	**A**	ix. Kals.	*Georgii martyris, festum duplex cum regimine chori, iij.*	xxiij.
	b	viij. Kals.	*[lectiones.*	xxiiij.
xvij.	c	vij. Kals.	*Marci evangeliste, inferius duplex, iij. lectiones cum regimine chori. Letania major. Ultimum pascha.*	xxv.
vj.	d	vj. Kals.	xxvj.
	e	v. Kals.	xxvij.
xiiij.	f	iiij. Kals.	Vitalis martyris, cum regimine chori, tres lectiones.	xxviij.
iij.	g	iij. Kals.	*Egressio Noe de archa.*	xxix.

𝕬 pridie Kals. *Erkenwaldi episcopi et confessoris, inferius duplex, iij.* xxx.
lectiones. Quere servitum hujus festi immediate post
translationem eujusdem non Sarum.
Nox habet horas x. Dies vero xiv.

Aprílis terras áperit : porósque reláxat.
Hinc scábies : ventrem solvas minuásque cruórem
Quérere apes póteris in ápricis ponére olívam.
Nascúntur vítuli : sere melónes apiúmque.

Mayus.

Aureus numerus.	𝕶𝕷		*Tertius occidit : et septimus ora relidit.* Mayus habet dies xxxj. Luna xxx.	
xj.	b	Maii.	*Philippi et Jacobi, inferius duplex cum regimine chori, iij.*	j.
	c	vj. No.	[*lectiones.*	ij.
xix.	d	v. No.	*Inventio Crucis, festum minus duplex cum regimine*	iij.
viij.	e	iiij. No.	[*chori, iij. lectiones.*	iiij.
	f	iij. No.		v.
xvj.	g	pridie No.	Johannis ante portam Latinam, cum regimine chori, invitatorium triplex, iij. lectiones.	vj.
v.	𝕬	Nonis.	Johannis de Beverlaco, trium lectionum cum regimine	vij.
	b	viij. Idus.	[chori.	viij.
xiij.	c	vij. Idus.	Translatio sancti Nicholai episcopi, cum regimine chori, non Sarum.	ix.
ij.	d	vj. Idus.	Gordiani et Epimachi martyrum, iij. lectiones.	x.
	e	v. Idus.	*Primum penthecoste.*	xj.
x.	f	iiij. Idus.	Nerei et Achilei et Pancratii martyrum, iij. lectiones.	xij.
	g	iij. Idus.	*Sol in Geminis.*	xiij.
xviij.	𝕬	pridie Idus.	Nota quod festum translationis sancti Cedde episcopi semper debet celebrari dominica proxima ante ascen-	xiiij.
vij.	b	Idibus.	sionem Domini : trium lectionum cum regimine	xv.
	c	xvij. Kals. Junii.	chori, non Sarum.	xvj.
xv.	d	xvj. Kals.		xvij.
iiij.	e	xv. Kals.		xviij.

	f	xiiij. Kals.	*Dunstani archiepiscopi et confessoris, iij. lectiones cum regimine chori, expositio nulla.* Memoria de sancta Potentiana, virgine et martyris. Quando festum	xix.
xij.	g	xiij. Kals.	sancti Dunstani, aut sancti Aldelmi, aut sancti	xx.
j.	𝕬	xij. Kals.	Augustini, aut sancti Barnabe apostoli ante penthe-	xxj.
	b	xj. Kals.	costen evenerit, fiant tres lectiones cum regimine	xxij.
ix.	c	x. Kals.	chori : si vero post penthecosten, fiant ix. lectiones.	xxiij.
	d	ix. Kals.		xxiiij.
xvij.	e	viij. Kals.	Aldelmi episcopi et confessoris, ix. lectiones. Medie lectiones de sancto Urbano.	xxv.
vj.	f	vij. Kals.	*Augustini episcopi et confessoris, Anglorum apostoli, ix. lectiones, inferius duplex.*	xxvj.
	g	vj. Kals.		xxvij.
xiiij.	𝕬	v. Kals.	Germani episcopi et confessoris, iij. lectiones.	xxviij.
iij.	b	iiij. Kals.		xxix.
	c	iij. Kals.	[turno.	xxx.
xj.	d	pridie Kals.	Petronille virginis non martyris, iij. lectiones cum noc-	xxxj.

Nox habet horas viij. Dies vero xvj.

Mayus amat médicos et bálnea scíndere venas.
Pinguis ager cólitur : opéritur vitis et arbor.
Tunc augéntur apes : vítuli castrántur, ovésque
Tondéntur : cáseus prémitur : láteres faciéndi.

Junius.

Aureus numerus.	𝕶𝕷		*Denus pallescit : quindenus federa nescit.*	
			Junius habet dies xxx. Luna xxix.	
	e	*Junius.*	Nichomedis martyris, iij. lectiones.	j.
xix.	f	iiij. No.	Marcellini et Petri martyrum, invitatorium duplex,	ij.
viij.	g	iij. No.	[iij. lectiones.	iij.
xvj.	𝕬	pridie No.		iiij.
v.	b	Nonis.	Bonifacii episcopi sociorumque ejus, martyrum, invi- tatorium duplex, iij. lectiones.	v.
	c	viij. Idus.		vj.
xiij.	d	vij. Idus.		vij.

ij.	e	vj. Idus.	Medardi et Gildardi episcoporum et confessorum, iij. lectiones.	viij.
	f	v. Idus.	*Translatio Edmundi archiepiscopi et confessoris, invitatorium triplex, iij. lectiones.*	ix.
x.	g	iiij. Idus.		x.
	𝕬	iij. Idus.	*Barnabe apostoli, invitatorium triplex, ix. lectiones.*	xj.
xviij.	b	pridie Idus.	Basilidis, Cirini, Naboris et Nazarii martyrum, invitatorium duplex, iij. lectiones.	xij.
vij.	c	*Idibus.*	*Sol in Cancro. Solsticium estivale.*	xiij.
	d	xviij. Kals. *Julii.*	Basilii episcopi et confessoris, iij. lectiones.	xiiij.
xv.	e	xvij. Kals.	Viti, Modesti et Crescentie martyrum, invitatorium duplex, iij. lectiones. [*ones.*	xv.
iiij.	f	xvj. Kals.	*Translatio sancti Richardi episcopi et confessoris, ix. lecti-*	xvj.
	g	xv. Kals.		xvij.
xij.	𝕬	xiiij. Kals.	Marci et Marcelliani martyrum, invitatorium duplex, iij. lectiones.	xviij.
j.	b	xiij. Kals.	Gervasii et Prothasii martyrum, invitatorium duplex, iij. lectiones.	xix.
	c	xij. Kals.	*Translatio sancti Edwardi regis et martyris, ix. lectiones.*	xx.
ix.	d	xj. Kals.		xxj.
	e	x. Kals.	*Albani martyris, expositio nulla, ix. lectiones.*	xxij.
xvij.	f	ix. Kals.	Etheldrede virginis non martyris, iij. lectiones cum nocturno. Vigilia.	xxiij.
vj.	g	viij. Kals.	*Nativitas sancti Johannis baptiste, festum minus duplex,*	xxiiij.
	𝕬	vij. Kals.	[*ix. lectiones.*	xxv.
xiiij.	b	vj. Kals.	Johannis et Pauli martyrum, invitatorium duplex, iij.	xxvj.
iiij.	c	v. Kals.	[lectiones.	xxvij.
	d	iiij. Kals.	Leonis pape et confessoris, iij. lectiones, cum nocturno. Vigilia.	xxviij.
xj.	e	iij. Kals.	*Apostolorum Petri et Pauli, festum minus duplex, ix. lectiones.*	xxix.
	f	pridie Kals.	*Commemoratio sancti Pauli, invitatorium triplex, ix. lectiones.*	xxx.

Nox habet horas vj. Dies vero xviij.

Post Persónas tres : librum Regum dare debes. *Deus omnium.*

Fena cadunt Júnio : tunc messis ad órdea prima.

Area tritúre reparánda est plana futúre.

Fucos pelle : et apum castres alveária fabe

Fellántur : cáseus sit, et emplastrátio pomis.

Julius.

Aureus numerus.	𝕶𝕷		*Tredecimus mactat Julii : denus labefactat.* Julius habet dies xxxj. Luna xxx.	
xix.	g	*Julii.*	Octava sancti Johannis baptiste, invitatorium duplex, iij. lectiones.	j.
viij.	𝕬	vj. No.	*Festum visitationis beate Marie virginis, majus duplex, ix.*	ij.
	b	v. No.	[*lectiones.*	iij.
xvj.	c	iiij. No.	*Translatio sancti Martini episcopi, ix. lectiones.*	iiij.
v.	d	iij. No.	[ix. lectiones.	v.
	e	pridie No.	Octava apostolorum Petri et Pauli, invitatorium triplex,	vj.
xiij.	f	*Nonis.*	*Translatio Thome archiepiscopi, festum minus duplex, ix.* *lectiones. Dominica proxima post festum Thome : ce-*	vij.
ij.	g	viij. Idus.	*lebratur festum reliquiarum, ix. lectiones.*	viij.
	𝕬	vij. Idus.	Octava sancte Marie virginis, ix. lectiones, invitatorium triplex.	ix.
x.	b	vj. Idus.	Sanctorum septem fratrum martyrum, invitatorium duplex, iij. lectiones.	x.
	c	v. Idus.	Translatio sancti Benedicti abbatis, ix. lectiones, si non fuerint in quadragesima.	xj.
xviij.	d	iiij. Idus.		xij.
vij.	e	iij. Idus.		xiij.
	f	pridie Idus.	*Sol in Leone. Dies caniculares.*	xiiij.
xv.	g	*Idibus.*	Translatio Swithini sociorumque ejus episcoporum et confessorum, ix. lectiones.	xv.
iiij.	𝕬	xvij. Kals. *Augusti.*	Translatio sancti Osmundi episcopi et confessoris, non Sarum, ix. lectiones. [tiones.	xvj.
	b	xvj. Kals.	Kenelmi regis et martyris, invitatorium duplex, iij. lec-	xvij.
xij.	c	xv. Kals.	Arnulphi episcopi et martyris, iij. lectiones.	xviij.

j.	d	xiiij. Kals.		xix.
	e	xiij. Kals.	*Margarete virginis et martyris, ix. lectiones.*	xx.
ix.	f	xij. Kals.	Praxedis virginis non martyris, iij. lectiones.	xxj.
	g	xj. Kals.	*Marie Magdalene. Invitatorium triplex, ix. lectiones.*	xxij.
xvij.	𝕬	x. Kals.	Apolinaris martyris, iij. lectiones.	xxiij.
vj.	b	ix. Kals.	Christine virginis et martyris, iij. lectiones, cum noc-	xxiiij.
			turno. Vigilia.	
	c	viij. Kals.	*Jacobi apostoli, festum inferius duplex, ix. lectiones.*	xxv.
xiiij.	d	vij. Kals.	*Anne matris beate Marie virginis, invitatorium triplex, ix.*	xxvj.
			lectiones.	
iij.	e	vj. Kals.	Sanctorum septem dormientium martyrum, invitato-	xxvij.
			rium duplex, iij. lectiones.	
	f	v. Kals.	Sansonis episcopi et confessoris, invitatorium duplex,	xxviij.
			iij. lectiones.	
xj.	g	iiij. Kals.	Felicis, Simplicii, Faustini et Beatricis martyrum, invi-	xxix.
			tatorium duplex, iij. lectiones. [lectiones.	
xix.	𝕬	iij. Kals.	Abdon et Sennes martyrum. Invitatorium duplex, iij.	xxx.
	b	pridie Kals.	Germani episcopi et confessoris, invitatorium simplex,	xxxj.
			iii. lectiones.	

Nox habet horas viij. Dies vero xvj.

Et post Sampsónem : Sapiéntem da Salomónem. *In principio.*

Július et médicos vitat : retinétque cruórem,
Vináque miscet aquis : falci resecátur avéna,
Et proscíssa prius iterátur terra : serántur
Cepúlle : vaccas juvat et submíttere thauris.

Augustus.

Aureus numerus.	𝕶𝕷		*Prima necat fortem : perditque secunda cohortem.*	
			Augustus habet dies xxxj. Luna xxx.	
viij.	c	*Augusti.*	*Ad vincula sancti Petri. Invitatorium triplex, ix. lectiones.*	j.
xvj.	d	iiij. No.	Stephani pape et martyris. Invitatorium duplex, iij.	ij.
			lectiones.	
v.	e	iij. No.	*Inventio sancti Stephani prothomartyris sociorumque ejus,*	iij.
	f	pridie No.	[*ix. lectiones.*	iiij.

xx

xiij.	g	*Nonis.*	Oswaldi regis et martyris, invitatorium duplex, iij. lectiones. *Marie de nivibus.*	v.
ij.	𝕬	viij. Idus.	*Transfiguratio Domini nostri Jesu Christi, ix. lectionum, minus duplex.*	vj.
	b	vij. Idus.	*Festum dulcissimi nominis Jesu, majus duplex, ix. lectiones.*	vij.
x.	c	vj. Idus.	Ciriaci sociorumque ejus martyrum, invitatorium duplex, iij. lectiones.	viij.
	d	v. Idus.	Romani martyris, iij. lectiones cum nocturno. Vigilia.	ix.
xviij.	e	iiij. Idus.	*Laurentii martyris. Invitatorium triplex, ix. lectiones.*	x.
vij.	f	iij. Idus.	Tiburtii martyris, invitatorium duplex, iij. lectiones.	xj.
	g	pridie Idus.	*Sol in Virgine.*	xij.
xv.	𝕬	*Idibus.*	Ipoliti sociorumque ejus martyrum, invitatorium duplex, iij. lectiones.	xiij.
iiij.	b	xix. Kals.	Octava nominis Jesu, invitatorium triplex, ix. lectiones.	xiiij.
		Septembris.	Eusebii presbyteri. Vigilia.	
	c	xviij. Kals.	*Assumptio beate Marie virginis, festum principale, ix. lec-*	xv.
xij.	d	xvij. Kals.	[-*tiones.*	xvj.
j.	e	xvj. Kals.	Octava sancti Laurentii.	xvij.
	f	xv. Kals.	Agapiti martyris. Memoria.	xviij.
ix.	g	xiiij. Kals.	Magni martyris. Memoria.	xix.
	𝕬	xiij. Kals.		xx.
xvij.	b	xij. Kals.	[ix. lectiones.	xxj.
vj.	c	xj. Kals.	Octava assumptionis beate Marie. Invitatorium triplex,	xxij.
	d	x. Kals.	Thimotei et Apolinaris martyrum, iij. lectiones cum nocturno. Vigilia.	xxiij.
xiiij.	e	ix. Kals.	*Bartholomei apostoli, festum inferius duplex, ix. lectiones.* Memoria de sancto Audoeno.	xxiiij.
iij.	f	viij. Kals.		xxv.
	g	vij. Kals.		xxvj.
xj.	𝕬	vj. Kals.	Ruffi martyris, invitatorium duplex, iij. lectiones.	xxvij.
xix.	b	v. Kals.	*Augustini episcopi, inferius duplex, ix. lectiones.* Hermetis memoria tantum.	xxviij.
	c	iiij. Kals.	*Decollatio sancti Johannis baptiste, invitatorium triplex, ix. lectiones,* et memoria de sancta Sabina.	xxix.
viij.	d	iij. Kals.	Felicis et Adaucti martyrum, invitatorium duplex, iij.	xxx.

lectiones.

e	pridie Kals.	Cuthburge virginis non martyris, invitatorium duplex, iij. lectiones.	xxxj.

Nox habet horas x. Dies vero xiiij.

Post Augustínum : Job lege justum. *Si bona.*

Augústus próhibet que Július : ac Venus absit
Et gula : tunc napi, rape radíxque serántur.
Si tibi aque desunt : quere illas arte modóque.
Insére pira citrum tunc páscua flamma pérurat.

September.

Aureus numerus. **KL** *Tertia Septembris et denus fert mala membris.*

September habet dies xxx. Luna xxix.

xvj.	f	Septembris.	*Egidii abbatis, ix. lectiones.* Medie lectiones de sancto	j.
v.	g	iv. No.	[Prisco.	ij.
	A	iij. No.	Ordinatio sancti Gregorii pape, si de eo non fit in quadragesima, ix. lectiones, non Sarum.	iij.
xiij.	b	pridie No.	Translatio sancti Cuthberti episcopi et confessoris, ix. lectiones.	iiij.
ij.	c	Nonis.	Bertini abbatis et confessoris, iij. lectiones cum nocturno.	v.
	d	viij. Idus.		vj.
x.	e	vij. Idus.		vij.
	f	vj. Idus.	*Nativitas beate Marie, festum majus duplex, ix. lectiones.*	viij.
xviij.	g	v. Idus.	Gorgonii martyris : memoria tantum.	ix.
vij.	**A**	iiij. Idus.		x.
	b	iij. Idus.	Sanctorum Prothi et Jacinti martyrum, memoria tantum.	xj.
xv.	c	pridie Idus.	*Sol in Libra. Equinoctium autumnale.*	xij.
iiij.	d	Idibus.		xiij.
	e	xviij. Kals. Octobris.	*Exaltatio sancte crucis, festum minus duplex, ix. lectiones.*	xiiij.
xij.	f	xvij. Kals.	Octava nativitatis Marie, invitatorium triplex. Memoria de sancto Nichomede.	xv.
j.	g	xvj. Kals.	Edithe virginis non martyris, ix. lectiones. Medie lectiones de sancta Eufemia.	xvj.

	A	xv. Kals.	Lamberti episcopi et martyris, iij. lectiones.	xvij.
ix.	b	xiiij. Kals.		xviij.
	c	xiij. Kals.		xix.
xvij.	d	xij. Kals.	Vigilia.	xx.
vj.	e	xj. Kals.	*Mathei apostoli et evangeliste, festum inferius duplex, ix. lectiones.*	xxj.
	f	x. Kals.	Mauricii soriorumque ejus martyrum, ix. lectiones.	xxij.
xiiij.	g	ix. Kals.	Tecle virginis non martyris, iij. lectiones cum nocturno.	xxiij.
iij.	**A**	viij. Kals.		xxiiij.
	b	vij. Kals.	Firmini episcopi et martyris, tres lectiones.	xxv.
xj.	c	vj. Kals.	Cipriani et Justine martyrum. Invitatorium duplex, iij. lectiones.	xxvj.
xix.	d	v. Kals.	Cosme et Damiani martyrum. Invitatorium duplex, tres	xxvij.
	e	iiij. Kals.	[lectiones.	xxviij.
viij.	f	iij. Kals.	*Michaelis archangeli, festum inferius duplex, ix. lectiones.*	xxix.
	g	pridie Kal.	*Hieronymi presbyteri et doctoris, festum inferius duplex, ix. lectiones.*	xxx.

Nox habet horas xij. Dies vero xij.

Thobíam dictum post Prothum et Iacínctum. *Peto Domine.*
Subjúngas Judith post vigilámque Mathéi. *Adonay.*
Post sanctum Cosmam : dabis hystóriam Machabéi. *Adaperiat.*

Septémber fructus matúros carpit : et uvas
Cólligit : et mustum : morbos gravat : et plúvias fert.
Tunc vície sátior, formandáque prata novélla.
Pisa seras : sísamum fárrago lupína papáver.

October.

Aureus	**KL**		*Tertius et denus : est sicut mors alienus.*	
numerus.			October habet dies xxxj. Luna vero xxx.	
xvj.	**A**	*Octobris.*	Remigii sociorumque ejus episcoporum et confessorum, ix. lectiones.	j.
v.	b	vj. No.	Leodegarii episcopi et martyris, iij. lectiones. *Thome Herfordensis episcopi non Sarum, ix. lectiones.* Medie	ij.

lectiones de sancto Leodegario episcopi.

xiij.	c	v. No.		iij.
ij.	d	iiij. No.		iiij.
	e	iij. No.		v.
x.	f	pridie No.	Fidis virginis et martyris, iij. lectiones.	vj.
	g	*Nonis.*	Marci, Marcelli et Apulei martyrum, invitatorium duplex, iij. lectiones.	vij.
xviij.	𝔄	viiij. Idus.		viiij.
vij.	b	vij. Idus.	*Dionysii sociorumque ejus martyrum, ix. lectiones.*	ix.
	c	vj. Idus.	Gereonis sociorumque ejus martyrum, iij. lectiones.	x.
xv.	d	v. Idus.	Nichasii sociorumque ejus martyrum, iij. lectiones, invitatorium duplex.	xj.
iiij.	e	iiij. Idus.		xij.
	f	iij. Idus.	*Translatio sancti Edwardi regis et confessoris, inferius duplex, ix. lectiones.*	xiij.
xij.	g	pridie Idus.	Calixti pape et martyris. Invitatorium duplex, iij. lectiones.	xiiij.
j.	𝔄	*Idibus.*	Vulfranni episcopi et confessoris ix. lectiones.	xv.
			Sol in Scorpione.	
	b	xvij. Kals. Novembris.	*Michaelis in monte Tumba, invitatorium triplex, ix. lectiones.*	xvj.
ix.	c	xvj. Kals.	Translatio sancte Etheldrede virginis non martyris, ix. lectiones.	xvij.
	d	xv. Kals.	*Luce evangeliste, ix. lectionum, inferius duplex.* Memoria de sancto Justo martyre.	xviij.
xvij.	e	xiiij. Kals.	Fredeswide virginis non martyris, ix. lectiones.	xix.
vj.	f	xiij. Kals.		xx.
	g	xij. Kals.	Undecim milium virginum. Invitatorium duplex, iij.	xxj.
xiiij.	𝔄	xj. Kals.	[lectiones.	xxij.
iiij.	b	x. Kals.	Romani archiepiscopi et confessoris, iij. lectiones cum	xxiij.
	c	ix. Kals.	[nocturno.	xxiiij.
xj.	d	viij. Kals.	Crispini et Crispiniani martyrum, ix. lectiones. Medie lectiones de sancto Johann Beverlaco.	xxv.
xix.	e	vij. Kals.		xxvj.

	f	vj. Kals.		Vigilia.	xxvij.
viij.	g	v. Kals.	*Apostolorum Symonis et Jude, festum inferius duplex, ix.*		xxviij.
	𝕬	iiij. Kals.		[lectiones.	xxix.
xvj.	b	iij. Kals.			xxx.
v.	c	pridie	Quintini martyris, iij. lectiones cum nocturno.		xxxj.
		Kals.		Vigilia.	

Nox habet horas xiiij. Dies vero x.

Post Judam Sýmeon : subjúngas Ezechiélem. *Vidi Dominum.*

Vina dat Octóber : vólucres fugat órdea linum
Tritíceam et palmam sere, et ablaqueánda novélla.
Pomáque consérves : cole prédia : compára avénam.
Atque aliménta quibus tibi opus sit témpore brume.

November.

Aureus numerus.	𝕶𝕷		*Scorpius est quintus : et tertius est nece cinctus.*	
			November habet dies xxx. Luna xxix.	
	d	*Novembris.*	*Festivitas omnium sanctorum : festum majus duplex, ix. lectiones.*	j.
xiij.	e	iiij. No.	*Commemoratio animarium, ix. lectiones.*	ij.
ij.	f	iij. No.	Wenefrede virginis et martyris, ix. lectiones.	iij.
	g	pridie No.		iiij.
x.	𝕬	*Nonis.*		v.
	b	viij. Idus.	*Leonardi abbatis et confessoris, ix. lectiones.*	vj.
xviij.	c	vij. Idus.	[iij. lectiones.	vij.
vij.	d	vj. Idus.	Quatuor coronatum martyrum, invitatorium duplex,	viij.
	e	v. Idus.	Theodori martyris, iij. lectiones.	ix.
xv.	f	iiij. Idus.		x.
iiij.	g	iij. Idus.	*Martini episcopi et confessoris, ix. lectiones, invitatorium triplex.* Memoria de sancto Menna.	xj.
	𝕬	pridie Idus.	*Sol in Sagitario.*	xij.
xij.	b	*Idibus.*	Bricii episcopi et confessoris. Invitatorium duplex, iij. lectiones.	xiij.
j.	c	xviij. Kals. *Decembris.*	*Translatio Erkenwaldi episcopi et confessoris, ix. lectionum : non Sarum.*	xiiij.

	d	xvij. Kals.	Machuti episcopi et confessoris, ix. lectiones. Medie lectiones de sancto Martino.	xv.
ix.	e	xvj. Kals.	*Edmundi Cantuariensis archiepiscopi, invitatorium trip-lex, ix. lectiones.*	xvj.
	f	xv. Kals.	Hugonis episcopi et confessoris, ix. lectiones.	xvij.
xvij.	g	xiiij. Kals.	Octava sancti Martini, invitatorium duplex, iij. lecti-	xviij.
vj.	𝕬	xiij. Kals.	[ones.	xix.
	b	xij. Kals.	*Edmundi regis et martyris, ix. lectiones.*	xx.
xiiij.	c	xj. Kals.		xxj.
iij.	d	x. Kals.	Sancte Cecilie virginis et martyris, ix. lectiones.	xxij.
	e	ix. Kals.	*Clementis pape et martyris, ix. lectiones.*	xxiij.
xj.	f	viij. Kals.	Grisogoni martyris, tres lectiones.	xxiiij.
xix.	g	vij. Kals.	*Katherine virginis et martyris, ix. lectiones.*	xxv.
	𝕬	vj. Kals.	Lini pape et martyris, iij. lectiones.	xxvj.
viij.	b	v. Kals.	*Abhinc ubi dominica ibi adventus Domini.*	xxvij.
	c	iiij. Kals.		xxviij.
xvj.	d	iij. Kals.	Saturnini et Sisinnii martyrum, iij. lectiones cum noc-turno. Vigilia.	xxix.
v.	e	pridie Kals.	*Andre apostoli : festum inferius duplex, ix. lectiones. Nox habet horas xvj. Dies vero viij.*	xxx.

Post festum Lini, semper erit advéntus Dómini. *Aspiciens.*

Queris habére focos ignésque, nivóse Novémber
Prata nova instítuis : seris állea, ponis olívam.
Castáneam et tríticum seris : est generátio ovína.
Glans légitur : faber et cedit durántia ligna.

December.

Aureus numerus.	𝕶𝕷	*Septimus exanguis : virosus denus et anguis.* December habet dies xxxj. Luna xxx.	
	f	*Decembris.*	j.
xiij.	g	iiij. No.	ij.
ij.	𝕬	iij. No.	iij.
x.	b	pridie No.	Depositio sancti Osmundi episcopi et confessoris, ix.	iiij.
	c	*Nonis.*	[lectiones.	v.

xviij.	d	viij. Idus.	*Nicolai episcopi et confessoris. Invitatorium triplex.*	vj.
vij.	e	vij. Idus.	Octava sancti Andre. Invitatorium duplex, iij. lecti-ones.	vij.
	f	vj. Idus.	*Conceptio beate Marie virginis. Minus duplex, ix. lec-*	viij.
xv.	g	v. Idus.	[*tiones.*	ix.
iiij.	𝕬	iiij. Idus.		x.
	b	iij. Idus.		xj.
xij.	c	pridie Idus.	*Sol in Capricorno.* Solstitium hyemale.	xij.
j.	d	*Idibus.*	Lucie virginis et martyris, ix. lectiones.	xiij.
	e	xix. Kals. *Januarii.*		xiiij.
ix.	f	xviij. Kals.		xv.
	g	xvij. Kals.	*Hic incipit* O Sapiéntia.	xvj.
xvij.	𝕬	xvj. Kals.	*nulle deinceps fiant preces ad vesperas.*	xvij.
vj.	b	xv. Kals.		xviij.
	c	xiiij. Kals.		xix.
xiiij.	d	xiij. Kals.	Vigilia.	xx.
iij.	e	xij. Kals.	*Thome apostoli : festum inferius duplex, ix. lectiones.*	xxj.
	f	xj. Kals.		xxij.
xj.	g	x. Kals.		xxiij.
xix.	𝕬	ix. Kals.	Vigilia.	xxiiij.
	b	viij. Kals.	*Nativitas Domini nostri Jesu Christi : festum principale, ix. lectiones.*	xxv.
viij.	c	vij. Kals.	*Stephani prothomartyris : minus duplex, ix. lectiones.*	xxvj.
	d	vj. Kals.	*Johannis apostoli et evangeliste, minus duplex, ix. lectiones.*	xxvij.
xvj.	e	v. Kals.	*Sanctorum innocentium martyrum, minus duplex, ix. lectiones.*	xxviij.
v.	f	iiij. Kals.	*Thome archiepiscopi et martyris, minus duplex, ix. lec-*	xxix.
	g	iij. Kals.	[*tiones.*	xxx.
xiij.	𝕬	pridie Kals.	Silvestri pape et confessoris, ix. lectiones.	xxxj.

Nox habet horas xviij. Dies vero vj.

Vultque focum assíduum geniális habére Decémber,
Tum piper et pernas : sine cura Bachus ámicat.
Fruménti sátio est : lactúca serénda : rídicas.
Et palos fácias : corbos quoque condi echínnos.

❧ *In nomine sancte et individue Trinitatis. Amen.*

Incipit ordo breviarii secundum
morem et consuetudinem
ecclesie Sarum Anglicane.

☞ *Dominica prima adventus Domini.*

Super psalmos feriales. Unus de secunda forma incipit.

1. Ant.
VI.

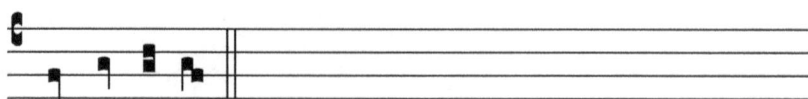

E-ne-díctus.

Rector chori ipsum psalmum (cxliij.) [75]. prosequatur scilicet.

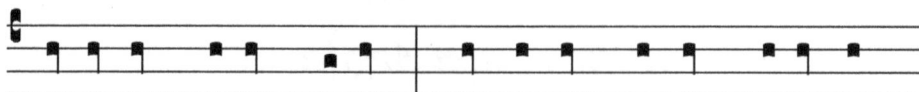

Dómi-nus De-us me-us : qui do-cet ma-nus me-as ad

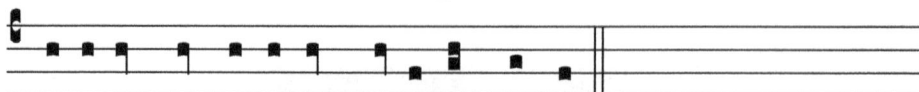

pré-li- um, et dí-gi-tos me-os ad bel-lum.

☞ *Finito psalmo cum* Glória Patri. *et* Sicut erat. *reincipiatur antiphona a succentore vel a cantore et percantetur a toto choro [76]. : quod per totum annum observetur in antiphonis reincipiendis et cantandis post psalmos.*

2. *Ant.* In etérnum. *Ps.* Exaltábo. (*cxliv.*) [77].

3. *Ant.* Laudábo. *Ps.* Lauda ánima mea Dóminum. (*cxlv.*) [78].

4. *Ant.* Deo nostro. *Ps.* Laudáte Dóminum quóniam bonus. (*cxlvj.*) [79].

Antequam intonetur psalmus hoc modo incipiatur hec sequens antiphona.

5. Ant.
IV.vii.

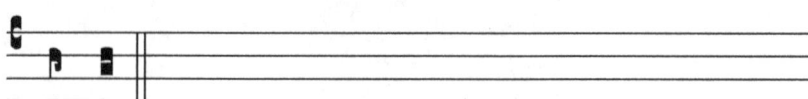

Auda.

Rector chori prosequatur hoc modo.

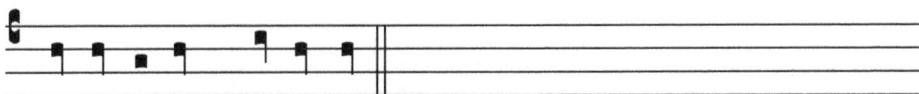

Hie-rú-sa-lem Dómi-num. (*cxlvij.*) [80].

Post psalmum vero hoc modo reincipiatur et percantetur antiphona.

Ant.

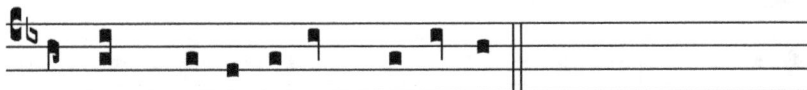

Auda * Hie-rú-sa-lem Dómi-num.

Neuma prosequatur hoc modo.

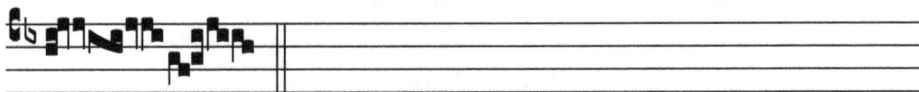

num.

Hee predicte antiphone cum suis psalmis dicuntur ad has vesperas supradicto modo omnibus sabbatis per totum annum extra tempus paschali quando de dominica agitur.

❡ *Ultima antiphona ad has vesperas sicut ad quaslibet alias vesperas per totum annum tam in festis quam in feriis semper cum neuma terminetur : similiter fiat in singulis nocturnis et in laudibus ad matutinas, et in qualibet antiphona super* Benedíctus. *et* Magníficat. *et* Quicúnque vult. *per totum annum preterquam a passione Domini usque ad octavas pasche : et nisi in servitio mortuorum veluti consequenter videlicet ut in eodem servitio manifestius apparebit.*

❡ *Ad vesperas fiat semper hoc ordine : videlicet si v. antiphone super psalmos fuerint ut hic, semper in quinta finiatur neuma : si una tantum fuerit super psalmos, in ipsa finiatur.*

Capitulum vero dicitur yma voce a sacerdote executore officii loco nec habitu mutato : sed ad altare converso, non cantando, sed sub tono lectionis legendo :

quod per totum annum observetur : etiam in festis duplicibus hoc modo.

Capitulum. Esaie ij. 2.

- rit in no-víssimis di- é-bus pre-pa-rá-tus mons

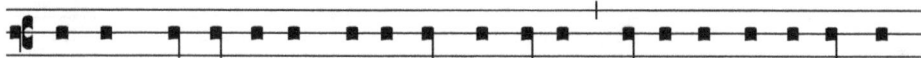

domus Dómi-ni in vérti-ce mónti- um et e-le-vá-bi-tur su-

per colles : et flu- ent ad e- um omnes gentes.
Chorus respondeat hoc modo.

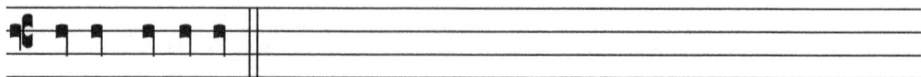

De- o grá-ti- as.

Hoc capitulum dicitur ad has vesperas tantum.

Resp.
VIII.

C-ce * di- es vé- ni- unt di- cit Dómi-nus :   et

susci-tá- bo Da-vid germen jus-tum : et reg-ná- bit rex

et sá- pi- ens e-rit et fá- ci- et   ju-dí-ci- um

(musical notation)

et justí- ci- am   in ter-   ra. †Et hoc est nomen quod

(musical notation)

vo- cá-bunt e- um. ‡Dó- mi-   nus jus-   tus nos- ter.

(musical notation)

℣. In di- é-bus il-lis   salvá-bi-tur Ju- da :   et Isra- el ha-

(musical notation)

bi-tá-bit   confi-dén-   ter. †Et.   hoc.   ℣. Gló-ri-

(musical notation)

a   Pa-tri et Fí-li- o :   et Spi-rí-   tu- i Sanc-   to.

(musical notation)

‡Dó- mi-   nus.

❡ *Quotienscunque enim dicetur* ℟. *ad j. vesperas per totum annum in festis et in dominicis diebus : dici debet a duobus clericis de secunda forma, preter hoc* ℟. *et preter* ℟. *utrisque dominice in passione Domini, quod est* Circundedérunt. *exceptis festis duplicibus et omnibus festis que habent invitatorium triplex et exceptis festis sanctorum Dionysii, Clementis et Vincentii. Illorum enim responsoria dicuntur a duobus de superiori gradu ad gradum chori.*

5

Hymnus cantetur hoc modo.

Hymn.
IV.

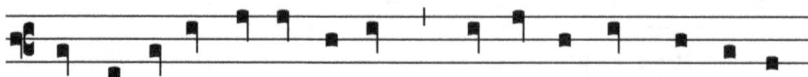

Ondi-tor alme sý-de-rum : * E-térna Lux cre-dénti-

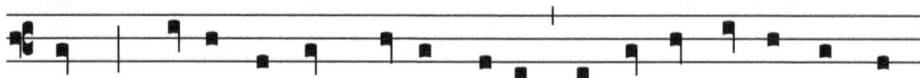

um, Christe Re-démptor ómni- um Ex-áudi pre-ces súppli-

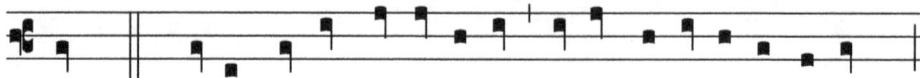

cum. 2. Qui cóndo-lens inté-ri-tu Mortis pe-rí-re sé-cu-lum :

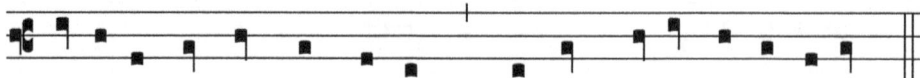

Salvásti mundum lángui-dum : Do-nans re- is remé-di- um.

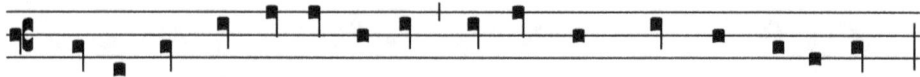

3. Vergénte mundi véspe-re, U-ti spon- sus de thá-lamo :

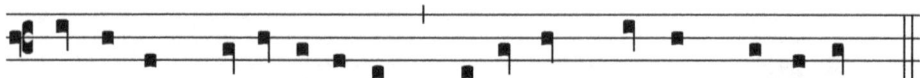

Egréssus honestíssima Vírgi-nis ma-tris cláusu-la.

4. Cu-jus forti po-ténti- e, Ge-nu curvántur ómni- a : Ce-lés-

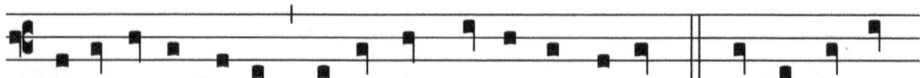

ti- a terréstri- a, Fa-téntur nu-tu súbdi-ta. 5. Te depre-cá-

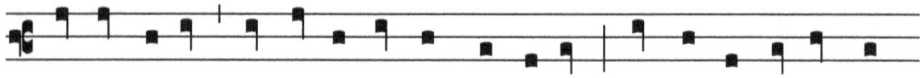

mur A-gi- e, Ventú-re Ju-dex sé-cu-li : Consérva nos in témpo-re, Hostis a te-lo pérfi-di. 6. Laus honor virtus gló-ri- a,

De-o Pa-tri et Fí-li- o : Sancto simul Pa-rá-cli-to, In sem-

pi-térna sé-cu-la. A-men.

℟ *Dicto hymno unus puer ex parte chori dicat hunc versiculum sequentem loco nec habitu mutato sed ad altare conversus. Idem ordo servetur a quolibet puero quandocunque solus dicit versiculum vel* Benedicámus. *Versiculus sic dicitur.*

℣. Ro-rá-te ce-li dé-su-per.

Chorus respondeat privatim hoc modo.

℟. Et nubes pluant justum : aperiátur terra et gérminet salvatórem.

℟ *Hoc eodem modo dicantur et respondeantur omnes versiculi post hymnum tam ad matutinas quam ad vesperas et ad completorium et ad matutinas post psalmum et in singulis nocturnis per totum annum : nisi in tribus feriis proximis ante pascha et nisi in servitio mortuorum : ita tamen quod in tempore paschali finiantur cum* Allelúya. *et sub silentio.*

Rector chori psalmum intonet.

Ant.
I.i.

C-ce nomen Dómi-ni * ve- nit de longín-quo, et

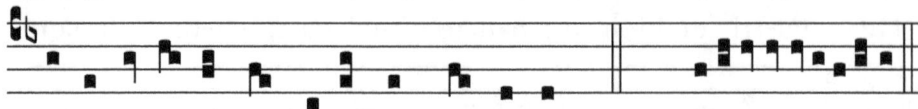

clá-ri- tas e- jus re-plet orbem ter-rá-rum. *Ps.* Magníficat. 16*.

Antiphona finita cum neuma. 17*.

℣. Dóminus vobíscum. ℟. Et cum spíritu tuo. 19*.

℣. Orémus. 19*.

Oratio.

EXcita quésumus Dómine poténtiam tuam et veni : ut ab imminéntibus peccatórum nostrórum perículis te mereámur protegénte éripi : te liberánte salvári. Qui vivis et regnas cum Deo Patre in unitáte Spíritus Sancti Deus. Per ómnia sécula seculórum. ℟. Amen.

℣. Dóminus vobíscum. ℟. Et cum spíritu tuo. 20*.

℣. Benedicámus Dómino. 22*.

Nulla fiat processio ante crucem hoc sabbato ad vesperas nec ab hinc usque ad dominicam in albis et tunc inchoetur.

❡ *Hac ipsa die nulla fiat memoria nisi de sancta Maria. Verumtamen si festum sancti Andree apostoli hoc sabbatum precesserit vel in ipso die contigerit : et tunc de eo fiet memoria que precedet memoriam beate Marie et in ipso die et quotidie infra octavas et in octava : et tunc oratio ejusdem sancti sic terminetur.*

8

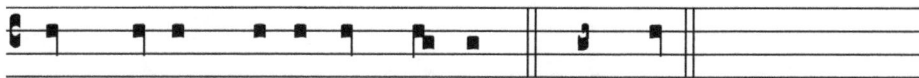

Per Christum Dómi-num nostrum. ℟. A- men.

Memoria de sancta Maria. [12].

℣. Dóminus vobíscum. ℟. Et cum spíritu tuo. 35*.
℣. Benedicámus Dómino. 35*.

❡ *Ad ij. vesperas.*

Ant. Sede a dextris. *et cetere antiphone cum suis psalmis ut in Psalterio notantur.* [3].

He predicte antiphone cum suis psalmis dicantur omnibus dominicis per adventum. Et a Dómine ne in ira. *usque ad dominicam in ramis palmarum, et in ipsa dominica. Et a* Deus ómnium. *usque ad adventum Domini quando de dominica agitur.*

Capitulum. Rom. xiij. 11.

Ora est jam nos de somno súrgere : nunc enim própior est nostra salus : quam cum credídimus. ℟. Deo grátias.

Quidam clericus de secunda forma solus incipiat loco nec habitu mutato hoc responsorium.

Resp.
IV.

U ex-úrgens Dómi-ne.

et percantetur a choro.

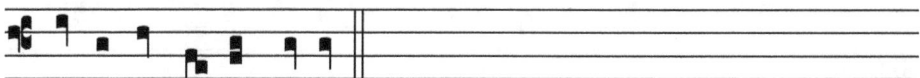

†Mi-se-ré-be- ris Sy- on.

9

Clericus.

℣. Qui- a tempus mi-se-réndi e-jus qui- a ve-nit tempus.

Chorus. †Miseréberis Syon.

Clericus.

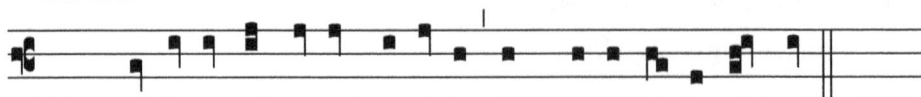

℣. Gló-ri- a Pa-tri et Fí-li- o : et Spi-rí-tu- i Sancto.

Chorus. Tu exúrgens Dómine miseréberis Syon.

❡ *Hoc responsorium dicatur quotidie ad vesperas per totum adventum supradicto modo usque ad O Sapiéntia. quando de temporali agitur, preterquam in sabbatis et in festis sanctorum : ita quod in feriis dicitur ab uno solo puero in prima forma, loco nec habitu mutato : sicut in dominicis ab uno clerico de secunda forma juxta voluntatem regentis chorum dicitur. Quod observetur omni die dominica per annum ad secundas vesperas quando de temporali agitur, et quando ad vesperas habetur responsorium excepta die dominica in ramis palmarum, tunc dicetur ad ij. vesperas responsorium in superiori gradu ab uno solo clerico.*

Hymnus. Cónditor alme sýderum. 6.

℣. Roráte celi désuper.

℟. *privatim.* Et nubes pluant justum : aperiátur terra et gérminet salvatórem.

Ant. VIII.i.

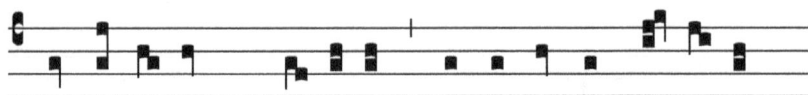

E tíme- as * Ma- rí- a : inve-ní-sti grá- ti- am

a-pud Dómi-num : ecce concí-pi- es et pá-ri- es Fí-li- um

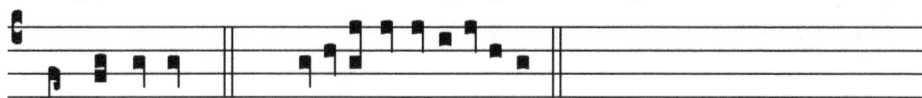

al-le-lú-ya. *Ps.* Magníficat. 16*.

Oratio. Excita quésumus Dómine. 8.

Memoria de sancta Maria. [12].

❡ *Hic ordo memoriarum de sancta Maria ad j. vesperas et ad ij. vesperas hujus dominice servetur per totum adventum in dominicis et in festis ix. lectionum. Etiam in commemoratione festi loci ad primas vesperas tantum ubi ecclesia non est de sancta Maria : nisi quando antiphona* Beáta es María. *super ps.* Magníficat. *dicitur tunc ad memoriam de sancta Maria dicetur antiphona* Ne tímeas María invenísti grátiam. [13]. *si a festo cum regimine chori vacaverit in crastino tantum vel nisi quando ant.* O Sapiéntia. *in die dominica incipienda sit : tunc enim dicetur antiphona* Ave María. [12]. *in utrisque vesperis ipsius dominice ad memoriam de sancta Maria.*

Deinde dicantur vespere de sancta Maria ut in Psalterio [86]. : *et postea dicantur vigilie mortuorum scilicet* Placébo. [108]. *et.* Dírige. [118]. *usque ad laudes tantum et cetera et hoc statim post vesperas de sancta Maria ante completorium de die.*

❡ *Feria ij. j. ebdomade adventus Domini.*

Ant. Inclinávit. [17].

Ps. Diléxi : quóniam. (*cxiiij.*) [17].

Et alie antiphone ut in Psalterio notantur.

Capitulum. Hierem. xxiij. 6.

IN diébus illis salvábitur Juda, et Israel habitábit confidénter, et hoc est nomen quod vocábunt eum : Dóminus justus noster. ℟. Deo grátias.

Hoc capitulum dicitur quotidie ad vesperas per adventum nisi in sabbatis et in dominicis et festis et commemorationibus.

℟. Tu exúrgens Dómine. 9.

Hymnus. Cónditor alme. 6.

℣. Roráte celi désuper.

℟. *privatim.* Et nubes pluant justum : aperiátur terra et gérminet salvatórem.

Ant.
VII.i.

Ierú-sa-lem * réspi-ce ad o-ri- éntem : et vi-de al-le-lú-ya. *Ps.* Magníficat. [85].

Preces feriales [23]. *et oratione ut supra.* 8.

Memoria beate Marie. [29].

Memoria omnium sanctorum. [30].

❡ *Hic ordo memoriarum scilicet de sancta Maria et de omnibus sanctis*

12

observetur quotidie ad vesperas et ad matutinas tantum usque ad vigiliam natalis Domini quando de feria agitur, et etiam in octavis sancti Andree : nisi quod antiphona Ave María. *dicitur ad primum* O. *ubicunque incipiatur et tunc nulla fit memoria de omnibus sanctis.*

❡ *Supradictus ordo capitulorum, hymnorum,* R̷. *et* V̷. *ad vesperas hujus ferie servetur quotidie usque ad vigiliam natalis Domini quando de feria agitur nisi in jejunio quatuor temporum : tunc enim dicitur oratio de jejunio.*

❡ *Feria iij.*

Ant. In domum Dómini. [42]. *Ps.* Letátus sum. [42]. *et cetere antiphone cum suis psalmis sicut in Psalterio notantur.*

Capitulum. In diébus illis. 12.

R̷. Tu exúrgens Dómine. 9.

Hymnus. Cónditor alme. 6.

V̷. Roráte celi désuper.

R̷. *privatim.* Et nubes pluant justum : aperiátur terra et gérminet salvatórem.

Ant.
IV.iv.

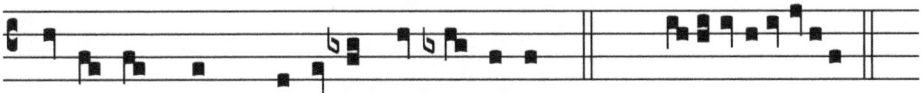

Uéri-te Dómi-num * dum inve-ní-ri po-test : invo-cá-te e- um dum prope est al-le-lú-ya. *Ps.* Magníficat. 16*.

Oratio. Excita quésumus. 8.

❡ *Feria iiij.*

Ant. Beátus vir. [49].

Ps. Nisi Dóminus edificáverit. (*cxxvj.*) *&c. ut in Psalterio notantur.* [49].

Capitulum. In diébus illis. 12.

℟. Tu exúrgens. 9.

Hymnus. Cónditor. 6.

℣. Roráte celi désuper.

℟. *privatim.* Et nubes pluant justum : aperiátur terra et gérminet salvatórem.

Ant.
VIII.ii.

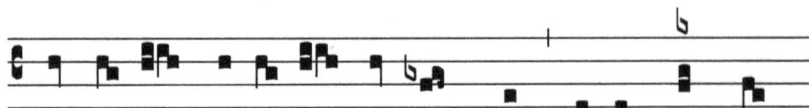

E-ni- et * fórti- or me post me, cu-jus non sum

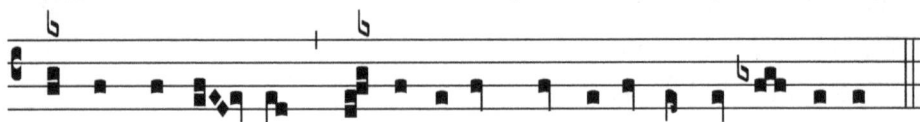

dignus sólve- re cor-rí-gi- am cal-ci- amentó-rum e-jus.

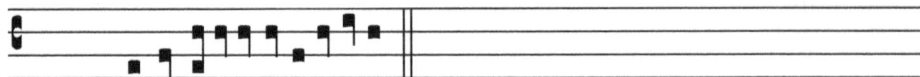

Ps. Magníficat. 16*.

Oratio. Excita quésumus. 8.

❡ *Feria v.*

Ant. Et omnis. [55].

Ps. Meménto. (*cxxxj.*) *et alie antiphone ut in Psalterio notantur.* [55].

Capitulum, ℟. *Hymnus et* ℣. *ut supra in secunda feria.* 12.

14

Ant.
IV.v.

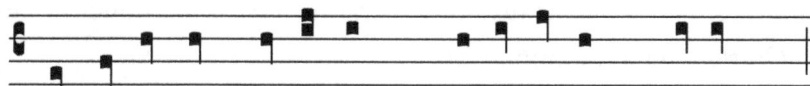

X-pectá-bo Dómi-num * Salva-tó-rem me-um :

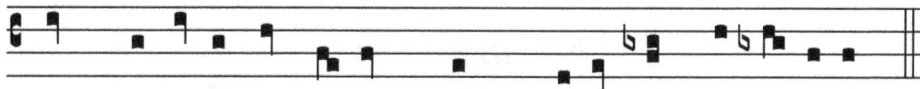

et presto-lá-bor e- um dum prope est al-le-lú-ya.

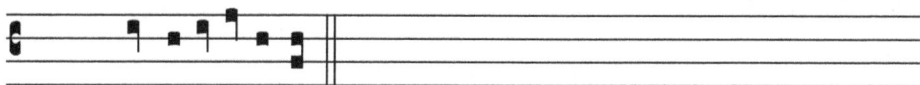

Ps. Magníficat. 16*.

Oratio. Excita quésumus. 8.

ℂ *Feria vj.*

Ad vesperas in sexta feria quando non fit plenum servitium de sancta Maria nec de aliquo sancto ut in vigiliis et quatuor temporibus et etiam per totam quadragesimam super psalmos antiphona. In conspéctu. [65].

Ps. Confitébor. *iij. (cxxxvij.) et cetere antiphone ut in Psalterio notantur.* [65].
Capitulum. ℞. Hymnus et ℣. ut decet. 12.

Ad vesperas que erunt de sancta Maria vel festo ix. lectionum fiat memoria de adventu cum hac antiphona.

Ant.
IV.ix.

X Egýpto * vo-cá-vi Fí-li- um me-um : vé-ni- et ut

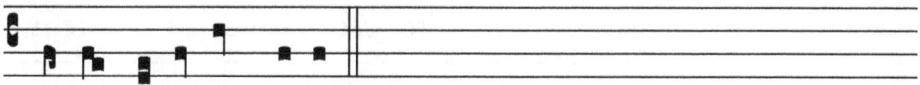

salvet pópu-lum su- um.

℣. Roráte celi désuper.

15

R̷. Et nubes pluant justum : aperiátur terra et gérminet salvatórem.
Oratio Excita quésumus. *ut supra.* 8.

ℭ *Dominica secunda adventus Domini.*

Ad primas vesperas.

Ant. Benedíctus. [75]. *Ps. Ipsum. &c. ut supra in precedenti sabbato notatum est.* 2.

Capitulum. Esaie iiij. 2.

IN die illa erit germen Dómini in magnificéntia et glória, et fructus terre sublímis : et exul- | tátio his qui salváti fúerint de Israel. R̷. Deo grátias.

Resp.
II.

O-cé-bit nos * Dó-mi-nus vi- as su- as :
et ambu- lá-bi- mus in sé- mi-tis e- jus. †Qui- a
de Sy-on ex-í-bit lex : et ver-bum Dómi- ni de
Hie-rú- sa- lem. V̷. Ve-ní- te ascendámus ad montem
Dómi- ni : et ad domum De- i Ja- cob. †Qui- a.

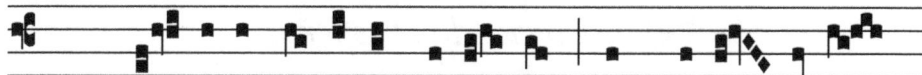

℣. Gló- ri- a Pa-tri et Fí-li- o : et Spi-rí- tu- i

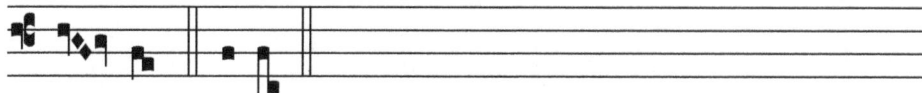

Sanc-to. †Qui- a.

Hymnus. Cónditor alme. 6.

℣. Roráte celi désuper.

℟. *privatim.* Et nubes pluant justum : aperiátur terra et gérminet salvatórem.

Ant.
VIII.i.

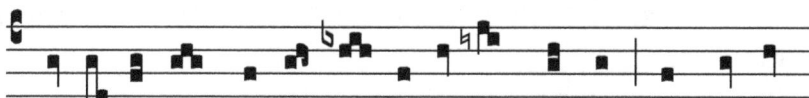

- ri- é-tur * si-cut sol Salvá-tor mundi : et descén-

det in ú-te-rum Vírgi-nis si-cut ymber su-per gra-men

al-le-lú-ya. *Ps.* Magníficat. 16*.

Oratio.

EXcita Dómine corda nostra ad preparándas unigéniti tui vias : ut per ejus advéntum, pu-rificátis tibi méntibus servíre mereámur. Qui tecum.

Memoria beate Marie. [12].

ℭ *Ad secundas vesperas.*

Ant. Sede a dextris. [3].

Ps. Dixit Dóminus. (*cix.*) &c. [3].

Capitulum. Rom. xv. 4.

QUecúnque enim scripta sunt ad nostram doctrínam scripta sunt : ut per patiéntiam et consolatiónem scriptuárum, spem habeámus. ℟. Deo grátias.

℟. Tu exúrgens. 9.

Hymnus. Cónditor alme. 6.

℣. Roráte celi désuper.

℟. *privatim.* Et nubes pluant justum : aperiátur terra et gérminet salvatórem.

Ant.
VIII.i.

E-á-ta es * Ma- rí- a que cre-di-dís-ti : perfi-ci-éntur in te que dicta sunt ti-bi a Dómi-no al-le-lú-ya.

Ps. Magníficat. 16*.

Oratio. Excita Dómine corda. 17.

Memoria de sancta Maria.

Ant. Ne tímeas. [13].

Cum vero fuerint vespere de aliquo sancto vel commemoratio hac die : tunc ad memoriam de sancta Maria dicatur hec antiphona Ave María. [12].

ℂ *Feria ij.*

Ant.
IV.v.

C-ce Rex ve-nit * Dómi-nus terre : et ipse áufe-ret

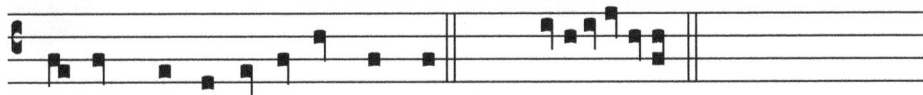

ju-gum capti-vi-tá-tis nostre. *Ps.* Magníficat. 16*.

ℂ *Feria iij.*

Ant.
V.i.

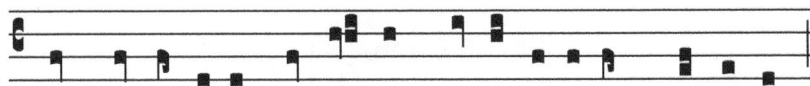

Ox clamántis in de-sér-to * Pa-rá-te vi- am Dómi-ni :

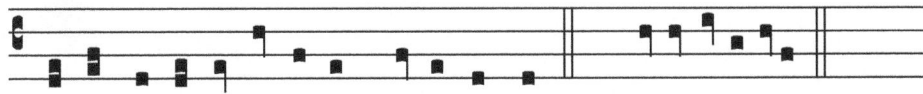

rectas fá-ci-te sémi-tas De- i nostri. *Ps.* Magníficat. [85].

ℂ *Feria iiij.*

Ant.
IV.viii.

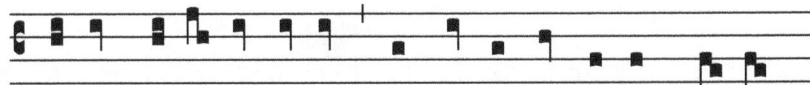

Y-on reno-vá-be-ris, * et vi-dé-bis justum tu- um

qui ventú-rus est in te. *Ps.* Magníficat. 16*.

ℂ *Feria v.*

Ant.
IV.v.

Ui post me ve-nit * ante me factus est : cu-jus non

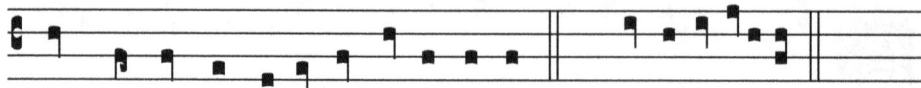

sum dignus cal-ci- aménta sólve-re. *Ps.* Magníficat. 16*.

ℂ *Feria vj.*

Ant.
VII.i.

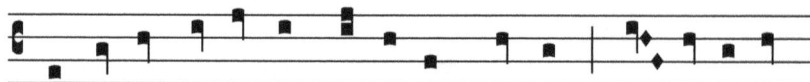

Antá-te Dómi-no * cánti-cum no-vum : laus e-jus ab

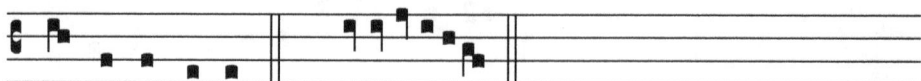

extrémis terre. *Ps.* Magníficat. [85].

ℂ *Dominica tertia adventus Domini.*

Ad primas vesperas.

Ant. Benedíctus. *Ps.* Ipsum. (*cxliij.*) [75]. *&c.*

Capitulum. Genes. xlix. 10.

On auferétur scéptrum de Juda, et dux de fémore ejus, donec véniat qui mitténdus est :

et ipse erit expectátio géntium. ℟. Deo grátias.

Resp. VI.

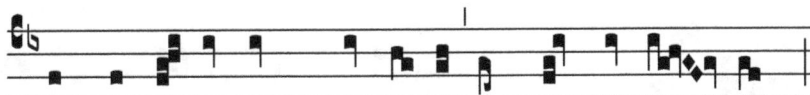

Ui ventú-rus est * vé-ni- et et non tardá- bit :

jam non e- rit ti- mor in fí-ni-bus nos- tris. †Quó-ni-

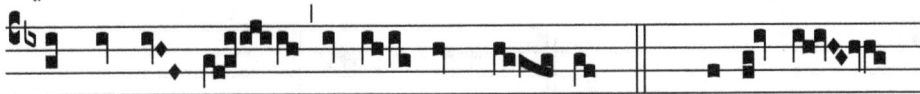

am ipse est Salvá- tor nos- ter. ℣. Depó-net

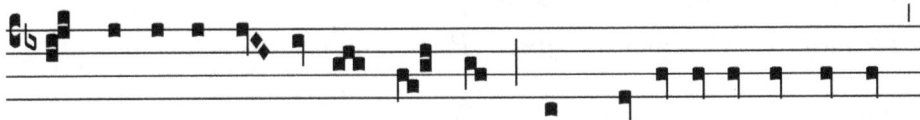

omnes i-niqui- tá-tes nos-tras : et pro-jí-ci- et a no-bis

ómni- a pec-cá-ta nos- tra. †Quó-ni- am. ℣. Gló- ri-

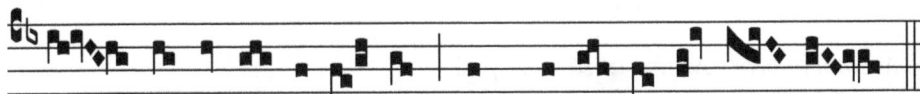

a Pa-tri et Fí-li- o : et Spi-rí- tu- i Sanc-to.

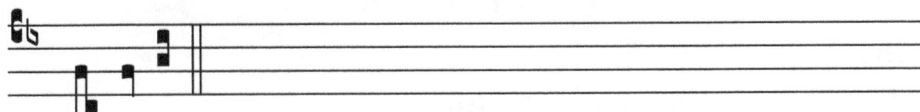

†Quó-ni- am.

Hymnus. Cónditor alme. 6.

℣. Roráte celi désuper.

℟. *privatim.* Et nubes pluant justum : aperiátur terra et gérminet salvatórem.

Ant.
IV.ix.

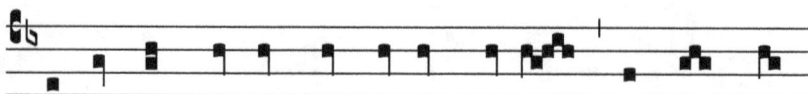

N-te me * non est formá-tus De-us et post me

non e- rit, qui- a michi curvá-bi-tur omne ge-nu et confi-

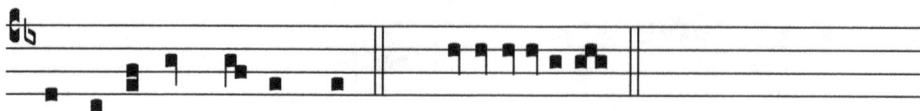

té-bi-tur omnis lingua. *Ps.* Magníficat. 16*.

vel antiphona O Sapiéntia. 31-35. *Ps.* Magníficat. 16*.

Ante primas vesperas hujus dominice non potest incipi O Sapiéntia.

Oratio.

AUrem tuam quésumus Dómine précibus nostris accommóda : et mentis nostre ténebras grátia tue visitatiónis illústra. Qui vivis et regnas cum Deo.

Memoria beate Marie ut supra. [12].

❡ *Ad ij. vesperas.*

Ant. Sede a dextris. [3].

Ps. Dixit Dóminus. (*cix.*) *&c.* [3].

Capitulum. 1 *Cor. iiij.* 1-2.

SIc nos exístimet homo ut minístros Christi et dispensatóres ministeriórum Dei : hic jam quéritur inter dispensatóres : ut fidélis quis inveniátur. ℟. Deo grátias.

22

Usque inceptionem O Sapiéntia. *dicitur* ℟. Tu exúrgens. 9.

Post inceptionem O sapiéntia. *dicitur* ℟. Festína ne tardáveris. 29. *quod reperies ante dictam antiphonam.*

Hymnus. Cónditor alme sýderum. 6.

℣. Roráte celi désuper.

℟. *privatim.* Et nubes pluant justum : aperiátur terra et gérminet salvatórem.

Ant.
I.iv.

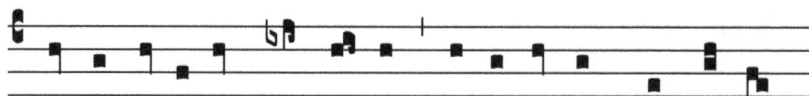

- te dí-ci-te * Jo-hánni, Ce-ci vi-dent, et surdi áudi- unt : claudi ámbu-lant, lepró-si mundántur.

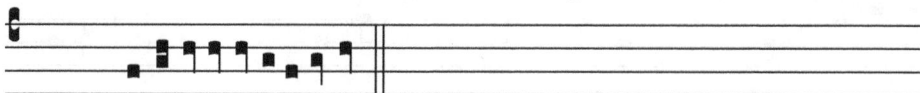

Ps. Magníficat. 16*.

vel ant. O. 31-35. *Ps.* Magníficat. 16*.

Oratio. Aurem tuam. 22.

Memoria de sancta Maria. [12].

❡ *Feria ij.*

Ant.
VIII.i.

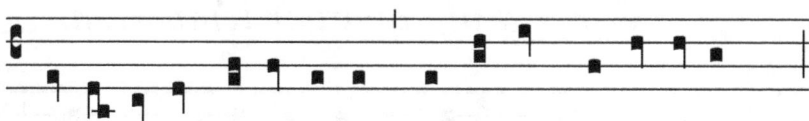

- le-vá-re * e-le-vá-re, consúrge Hie-rú-sa-lem :

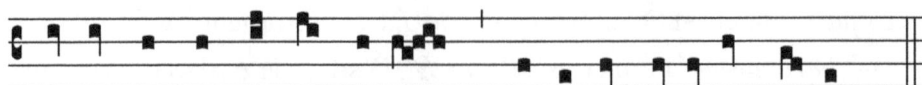

solve vincla col-li tu- i capti-va fi-li- a Sy- on.

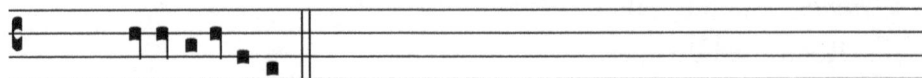

Ps. Magníficat. 16*.

vel antiphona O. 31-35. *Ps.* Magníficat. 16*.

Oratio dominicalis. 22.

ℭ *Feria iij.*

Ant.
VII.i.

- rúmpant montes * jo-cundi-tá- tem, et colles

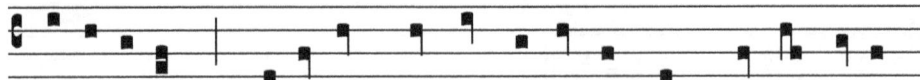

justí-ci- am : qui- a lux mundi Dómi-nus cum po-tén-ti- a

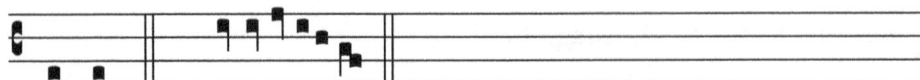

ve-nit. *Ps.* Magníficat. [85].

vel antiphona O. 31-35. *Ps.* Magníficat. 16*.

Oratio dominicalis. 22.

ℭ *Feria iiij. quatuor temporum.*

Ant.
VII.i.

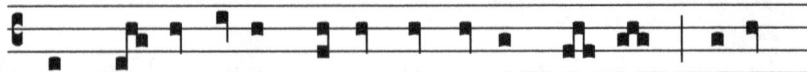

Uómo-do fi- et * istud ánge-le De- i ? qui- a

vi-rum in conci-pi- éndo non pértu-li : Audi Ma-rí- a

virgo Chris-ti, Spí-ri-tus sanctus su-pervé-ni- et in te, et

virtus Altís-si-mi obumbrá-bit ti-bi. *Ps.* Magníficat. [85].
vel antiphona O. 31-35. *Ps.* Magníficat. 16*.

Oratio dominicalis. 22.

❡ *Feria v.*

Ant.
V.i.

E-támi-ni * cum Hie-rú-sa-lem, et ex-ultá-te

in e-a omnes qui di-lí-gi-tis e- am in e-térnum.

Ps. Magníficat. [85].
vel antiphona O. 31-35. *Ps.* Magníficat. 16*.

Oratio dominicalis. 22.

❧ *Feria vj. quatuor temporum.*

Antiphona O. 31-35. ps. Magníficat. 16*. oratio dominicalis. 22. Post has vesperas hujus ferie non potest incipi antiphona O sapéntia.

❧ *Dominica quarta adventus Domini.*

Ad primas vesperas.

Ant. Benedíctus. [75].

Psalmus. Ipsum. (cxliij.) [75]. *&c.*

Capitulum. Esaie xxviij. 16.

Cce ego mittam in fundaméntis Syon lápidem : lápidem probátum angulárem, preciósum, in fundaménto fundátum, qui credíderit in eum non confundétur. ℞. Deo grátias.

On au-fe-ré-tur * sceptrum de Ju-da, et dux de fémo-re e-jus, donec vé- ni- at qui mitténdus est. †Et ipse e- rit expectá- ti- o gén- ti- um. ℣. Pulchri- ó- res sunt ó-cu-li e-jus vi- no :

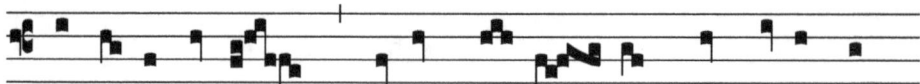

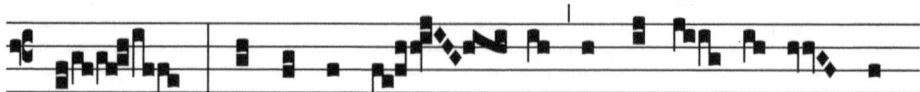

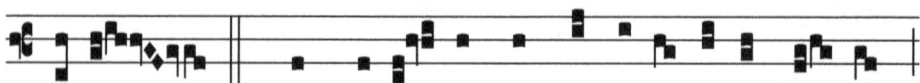

et dentes e-jus lacte can- di-di- ó- res. †Et ipse.

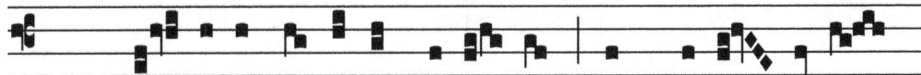

℣. Gló- ri- a Pa-tri et Fí-li- o : et Spi-rí- tu- i

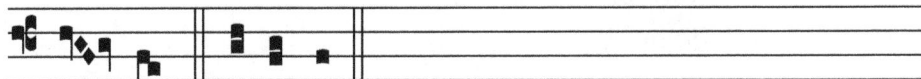

Sanc-to. †Et ipse.

Hymnus. Cónditor alme. 6.

℣. Roráte celi désuper.

℟. *privatim.* Et nubes pluant justum : aperiátur terra et gérminet salvatórem.

Ant. O. 31-35. *Ps.* Magníficat. 16*.

Oratio.

EXcita quésumus Dómine poténtiam tuam et veni, et magna nobis virtúte succúrre, ut per auxílium grátie tue quod peccáta nostra prepédiunt, indulgéntia tue propiciatiónis accéleret. Qui vivis et regnas.

Memoria de sancta Maria. [12].

❡ *Ad secundas vesperas.*

Ant. Sede a dextris. [3].

Ps. Dixit Dóminus. (*cix.*) [3]. *&c.*

27

Capitulum. Philippensis iiij. 4-5.

Audéte in Dómino semper, íterum dico gaudéte : modéstia vestra nota sit ómnibus homínibus, Dóminus prope est. ℟. Deo grátias.

℟. Festína, ne tardáveris. 29.

Hymnus. Cónditor. 6.

℣. Roráte celi désuper.

℟. *privatim.* Et nubes pluant justum : aperiátur terra et gérminet salvatórem.

Antiphona. O. 31-35.

Ps. Magníficat. 16*.

Oratio. Excita quésumus Dómine. 27.

Memoria de sancta Maria ut supra. [12].

❡ *Feria ij.*

Ant. O. 31-35. *Ps.* Magníficat. 16*.

Oratio dominicalis dicatur ad omnes horas usque ad vigiliam natalis Domini.

❡ *Feria iij.*

Ant. O. 31-35. *Ps.* Magníficat. 16*.

❡ *Si vigilia sancti Thome apostoli in dominica vel in iiij. feria vel in vj. feria vel in sabbato iiij. temporum evenerit, nichil fiat de vigilia nisi tantum memoria ad missam quattuor temporum : sed in quacunque alia feria contigerit fiat missa de vigilia.*

Si festum sancti Thome apostoli in dominica evenerit differatur in crastinum.

❡*Feria iiij.*

Ant. O. 31-35. *Ps.* Magníficat. 16*.

❡ *Feria v.*

Ant. O. 31-35. *Ps.* Magníficat. 16*.

❡ *Feria vj.*

Ant. O. 31-35. *Ps.* Magníficat. 16*.

❡ *Notandum est quod ab inceptione antiphone* O Sapiéntia. *usque ad vigiliam natalis Domini in ferialibus diebus quando de feria agitur quatuor antiphone super psalmos hincinde inter pueros discurrant : quinta antiphona ab aliquo clerico de secunda forma incipiatur.*

Septimo decimo kalendas Januarii semper incipietur antiphona O Sapiéntia. *et hoc sequens* ℟. Festína ne tardáveris. *semper dicitur ad vesperas ab aliquo clerico de secunda forma ad initium hujus antiphone* O. *nisi forte predicta antiphona in sabbato inchoetur : tunc enim dicatur* ℟. *de historia dominicali, videlicet* ℟. Qui ventúrus. 21. *Et postea de aliquo puero ex parte chori pro voluntate rectoris dicatur* ℟. Festína. *quotidie ad vesperas quando de adventu agitur : usque ad vigiliam natalis Domini nisi in sabbato quarte dominice.*

Resp. II.

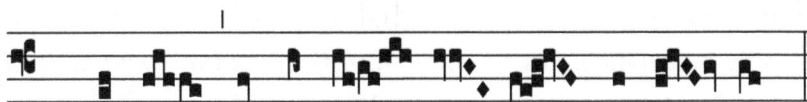

Estí-na * ne tardá- ve- ris Dómi- ne.

†Et lí- be- ra pópu-lum tu- um. ℣. Ve- ni

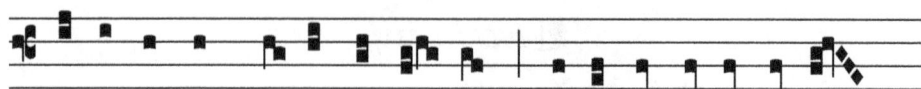

Dómi-ne et no-li tardá- re : re-lá-xa fa-cí-no-ra

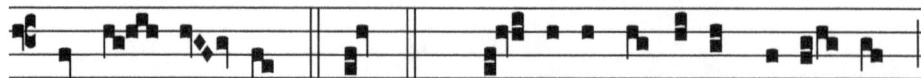

ple-bi tu- e. †Et. ℣. Gló- ri- a Pa-tri et Fí-li- o :

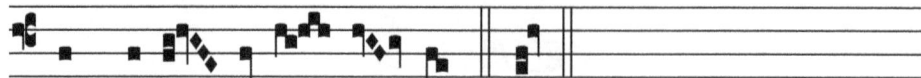

et Spi-rí- tu- i Sanc-to. †Et.

Iterum a choro reincipitur responsorium Festína.

Hymnus. Cónditor. 6.

℣. Roráte celi désuper.

℟. *privatim.* Et nubes pluant justum : aperiátur terra et gérminet salvatórem.

Excellentior persona que in choro presens fuerit incipiat antiphonam.

Antiphona. O. 31-35. *Ps.* Magníficat. 16*.

❧ *Nulle deinceps fiant preces neque prostrationes ad vesperas. Sed ad completorium et ad omnes alias horas fiant preces cum prostrationibus more solito.*

Memoria de sancta Maria ad istud primum O. *dicitur ant.* Ave María. [12]. *Ad alias vero vesperas quando de feria agitur : dicitur ad memoriam de sancta Maria ant.* Ne tímeas. [13]. *usque ad vigiliam natalis Domini nisi forte in eadem dominica primum* O. *incipiatur : tunc enim ad memoriam de sancta Maria dicatur ant.* Beáta es María. [12].

Ad istud primum O. *tantum nulla fiat memoria de omnibus sanctis nec de sancto loci sed abhinc fiant memorie de sancta Maria et de omnibus sanctis : sicut in aliis feriis usque ad vigiliam natalis Domini tam ad vesperas quam ad matutinas.*

❦ *Antiphone O.*

Iste antiphone sequentes pro voluntate cantoris singule in diversis vesperis incipiantur ab excellentioribus personis post illum qui antiphonam ad primum O. incipit gradatim per singulas personas descendendo usque ad vigiliam natalis Domini.

Die 16. Decembris.

1. Ant.
II.ii.

Sa-pi- énti- a * que ex o-re Altíssimi pro-

dís-ti, at-tíngens a fi-ne usque ad fi-nem fórti-ter :

su- á-vi-ter disponénsque ómni- a : ve-ni ad do-céndum

nos vi- am pru-dénti- e. *Ps.* Magníficat. 16*.

Die 17. Decembris.

2. Ant.
II.ii.

A-do-ná-y * et Dux domus Isra-el, qui

31

Mó-y-si in igne flamme ru-bi appa-ru- ís-ti, et e- i

in Sy-na le-gem de-dís-ti : ve-ni ad re-diméndum nos

in bráchi- o exténto. *Ps.* Magníficat. 16*.

Die 18. *Decembris.*

3. Ant.
II.ii.

Ra-dix Jesse * qui stas in signum popu-ló- rum,

su-per quem conti-né-bunt re-ges os su- um, quem gentes

depre-ca-búntur : ve-ni ad li-be-rándum nos, jam no- li

tardá-re. *Ps.* Magníficat. 16*.

Die 19. *Decembris.*

4. Ant.
II.ii.

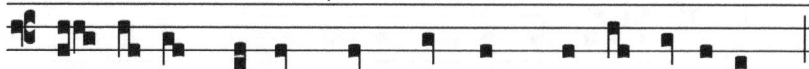

Cla-vis Da-vid * et sceptrum domus Isra- el :

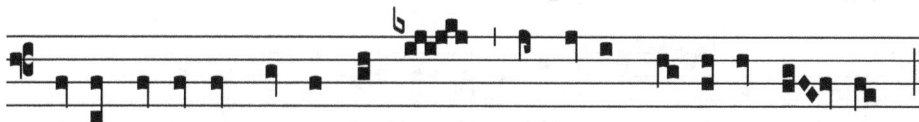

qui á-pe-ris et nemo claudit,   claudis et nemo á-pe-   rit :

ve-ni et e-duc vinctum de domo cárce- ris,   se-déntem

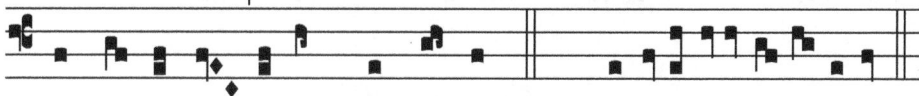

in té-nebris, et umbra mor-tis. *Ps.* Magníficat. 16*.

Die 20. *Decembris.*

5. Ant.
II.ii.

O- ri- ens, * splendor lu-cis e-tér-ne,   et sol

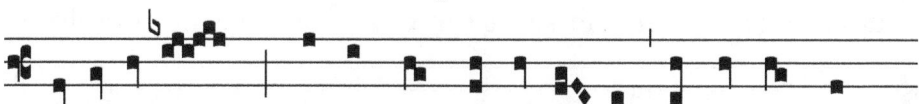

justí-ci- e :   ve-ni   et   il-lúmi- na se-déntes   in

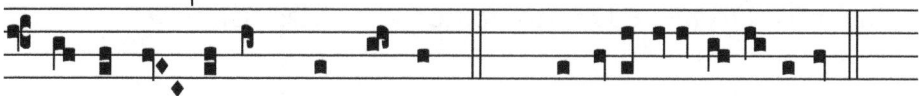

té-nebris   et umbra mor-tis. *Ps.* Magníficat. 16*.

33

Die 21. Decembris.

6. Ant.
II.ii.

Rex gén-ti- um * et de-si-de-rá-tus e- á-rum : la-pís-

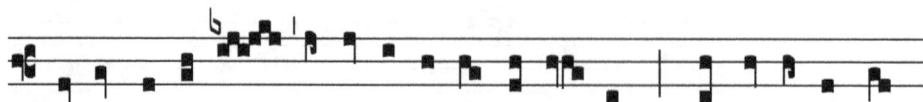

que angu-lá-ris qui fa-cis utráque u- num : ve-ni salva hó-

mi-nem quem de li-mo formásti. *Ps.* Magníficat. 16*.

Die 22. Decembris.

7. Ant.
II.ii.

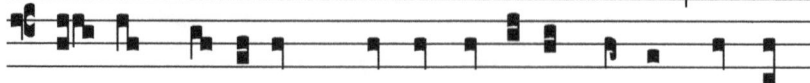

Emmá-nu- el, * Rex et lé-gi-fer noster, expec-

tá-ci- o génti- um et salvá-tor e- á- rum : ve-ni ad salván-

dum nos, Dómi-ne De- us noster. *Ps.* Magníficat. 16*.

Die 23. Decembris.

8. Ant.
II.ii.

Virgo vírgi-num, * quómodo fi- et is-tud : qui- a

nec primam sími-lem vi-sa es, nec ha-bé-re sequén-tem.

Fí-li- e Hie-rú-sa-lem, quid me admi-rámi- ni ?

di-ví-num est mysté- ri- um hoc quod cérni-tis.

Ps. Magníficat. 16*.

In festo sancti Thome apostoli.

Ant.
II.ii.

Thoma Dí-dime, * per Christum quem me-ru- ís-

ti tánge-re, te pré-ci-bus ro-gámus al-tí-so-nis : succú-

re no-bis mí-se- ris : ne damnémur cum ímpi- is   in ad-

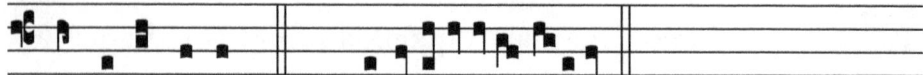

véntu jú-di-cis.   *Ps.* Magníficat. 16*.

Hec sola ant. O Thoma Dídime. *dicitur ad utrasque vesperas de sancto Thoma apostolo super Ps.* Magníficat.

❧ *In vigilia nativitatis Domini.*

xxiiij. Decembris.

Hac die episcopus vel decanus antiphonam incipiat, excellentior persona alterius partis chori post illum qui exequitur officium illius diei : secunda ab alio excellentiore incipiatur : et ita discurrent singule antiphone personarum dignitate.

I. *Ant.* VIII.i.

Ex pa- cí- fi-cus * magni-fi-cá-tus est : cu-jus vultum

de-sí-de-rat u-ni-vérsa terra. *Ps.* Laudáte púeri. (*cxij.*) [6].

2. Ant.
VII.i.

Agni-fi-cá-tus * est Rex pa- cí-fi-cus su-per omnes

37

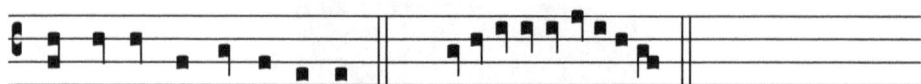

re-ges u-ni-vérse terre. *Ps.* Laudáte Dóminum omnes. (*cxvj.*) [19].

3. Ant.
VIII.i.

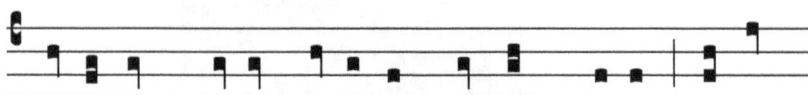

Ci-tó-te * qui- a prope est regnum De- i : amen

di-co vo-bis qui- a non tardá-bit. *Ps.* Lauda ánima. (*cxlv.*) [78].

4. Ant.
I.iv.

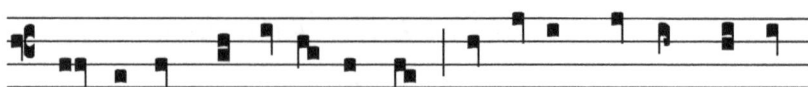

E- vá-te * cá-pi-ta vestra : ecce appro-pinquá-bit

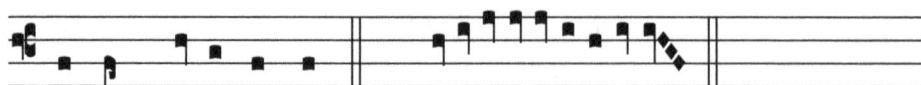

re-démpti- o vestra. *Ps.* Laudáte Dóminum quóniam bonus.
(*cxlvj.*) [79].

5. Ant.
VIII.i.

Omplé-ti sunt * di- es Ma- rí- e : ut pá-re-ret fí-li-

um su- um primo-gé-ni-tum. *Ps.* Lauda Hierúsalem. (*cxlvij.*) [80].

℣ *Et sciendum est quod quandocunque in duplici festo ad j. vesperas quinque antiphone dicuntur super psalmos dicantur predicti quinque psalmi ad easdem vesperas, nisi in circuncisione Domini, et epyphania, et purifi-*

38

catione, et in festo Corporis Christi.

Episcopus in capa serica dicat capitulum, loco non mutato. Episcopo absente decanus vel aliquis alius locum ejus tenens loco nec habitu mutato dicat capitulum.

Capitulum. Esaie. ix. 2.

POpulus géntium qui am- bulábat in ténebris vidit lucem magnam : habitántibus in regióne umbre mortis : lux orta est eis. ℟. Deo grátias.

Cantor et alie due persone pro dispositione illius cantoris, cantent ad gradum chori in capis sericis.

Resp. IV.

Udé- a * et Hie-rú-sa-lem no-lí- te timé- re.

†Cras egre-di- émi-ni. ‡Et Dó- mi-nus e-

rit vo-bís- cum. ℣. Constántes estó-te : vi-dé-

bi- tis auxí-li- um Dómi-ni su-per vos. †Cras. ℣. Gló-ri-

a Pa- tri et Fí-li- o : et Spi-rí-tu- i Sancto. ‡Et.

Duo rectores ex parte chori simul incipiant hymnum a cantore primo quesitum.

Hymn.
I.

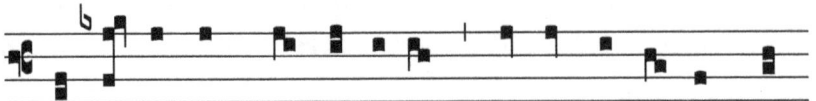

V E-ni Re-démptor génti- um, * Osténde par-tum vír-

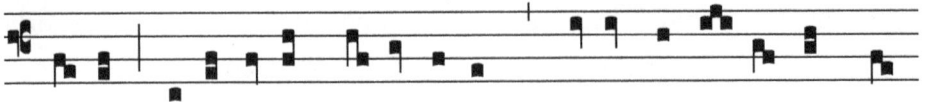

gi-nis, Mi-ré-tur omne sé-cu-lum : Ta-lis de-cet par-tus De-

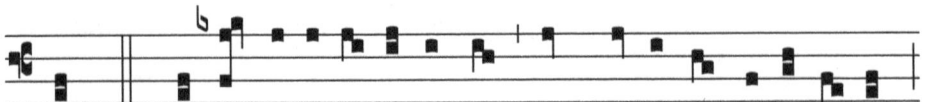

um. 2. Non ex vi-rí-li sémi-ne   Sed mýsti-co spi-rámi-ne :

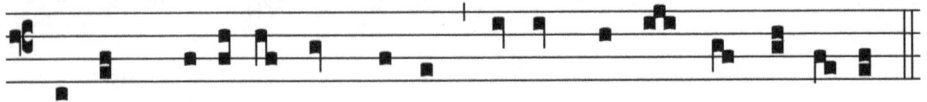

Verbum De- i fac-tum ca-ro, Fructúsque ven-tris fló-ru- it.

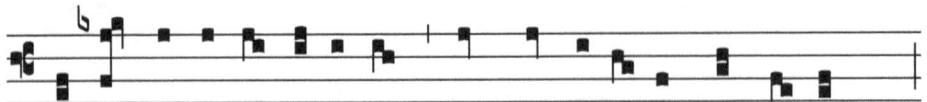

3. Alvus tuméscit vírgi-nis, Claustra pudó-ris pérma-nent :

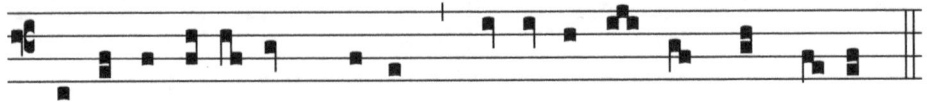

Vex-íl-la virtú-tum mi-cant, Versá-tur in templo De- us.

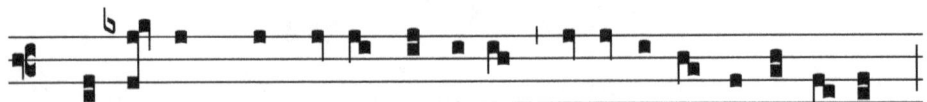

4. Pro-cé-dens de thá-la-mo su-o, Pudó-ris au-la ré-gi- a :

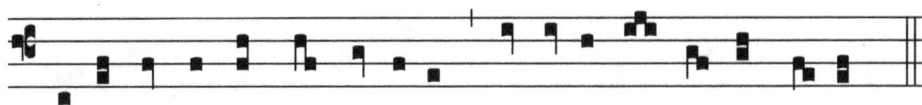

Gémi-ne gy-gas substánti- e,   A-lácris ut cur-rat vi- am.

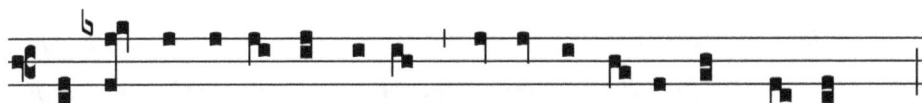

5. Egrés-sus e-jus a Patre,   Regréssus e-jus ad Pa-trem :

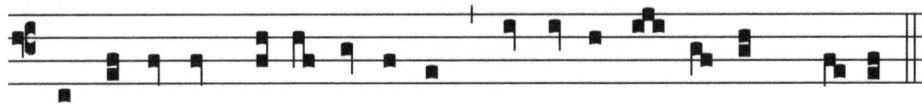

Excúrsus usque ad ínfe-ros, Re-cúrsus ad se-dem De- i.

6. Equá- lis e-térno Pa-tri,   Carnis trophé- o accínge-re :

Infírma nostri córpo-ris Virtú-te fir-mans pérpe- tim. 7. Pre-

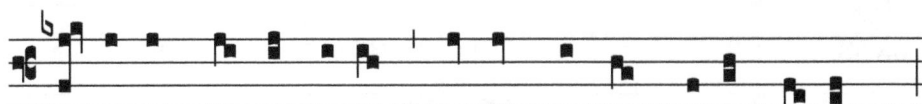

sé-pe jam ful-get tu- um, Luménque nox spi-rat no-vum :

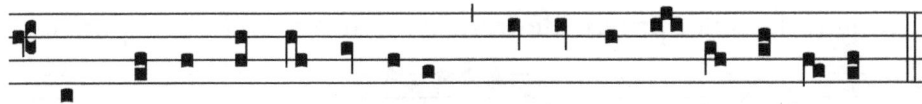

Quod nul-la nox in-térpollet : Fi-déque ju- gi lú-ce- at.

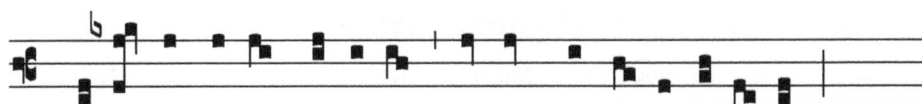

8. De-o Pa-tri sit gló-ri- a,   E-júsque so- li Fí-li- o : Cum

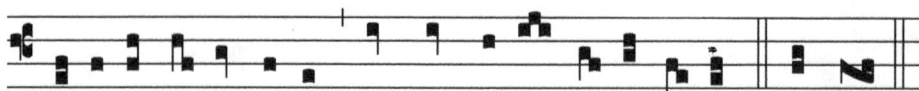

Spí-ri-tu Pa- rá-cli-to,   Et nunc et in perpé-tu- um.   Amen.

Dum hymnus cantatur duo pueri qui serviunt de thuribulis duas capas deferant de serico principali sacerdoti quarum alteram alteri sacerdoti pro voluntate transmittat ad thurificandum altare.

In fine predicti hymni dicatur versus Deo Patri. *Non dicitur in fine hujus hymni* Glória tibi Dómine. *nec ad completorium, sed dicitur versus* Deo Patri sit glória.

Duo pueri in superpelliciis ad gradum chori dicant.

℣. Tanquam sponsus.

℟. *privatim.* Dóminus procédens de thálamo suo. *sine* Allelúya.

Antiphonam super ps. Magníficat. *excellentior persona ex parte chori incipiat. Et si episcopus presens fuerit : cantor ipsam antiphonam ei injungat.*

Ant.
VIII.i.

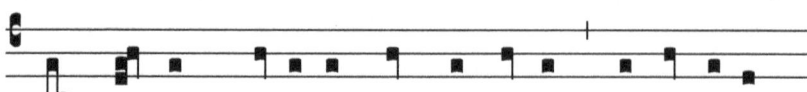

Um or-tus * fú- e-rit sol de ce-lo,   vi-dé-bi-tis

Re-gem re- gum pro-ce-déntem a   Patre : tanquam sponsus

de thá-lamo su-o. *Ps.* Magníficat. 16*.

Tota cantetur antiphona antequam intonetur psalmus Magníficat.

❦ *Hec sunt festa majora duplicia per annum in quibus ad primas vesperas tantum antiphona super psalmum* Magníficat. *tota cantabitur ante psalmi intonationem : et omnia altaria ecclesie circa presbiterium incensabuntur dum ps.* Magníficat. *cantatur et ad singulos nocturnos ad matutinas principale altare et chorus semper ad mediam lectionem nocturni, et in die semper fiat processio quocunque festo contigerit scilicet primus dies natalis Domini, dies epyphanie, dies purificationis beate Marie, primus dies pasche, dies ascensionis Domini, primus dies penthecostes, festum sancte Trinitatis, festum Corporis Christi, festum visitationis beate Marie, festum reliquiarum ecclesie, festum assumptionis et nativitatis beate Marie, festum dedicationis ecclesie, festum omnium sanctorum, et festum loci.*

Post inchoationem antiphone procedat executor officii cum aliquo sacerdote post illum excellentiorem ad thurificandum altaria duobus thuribulis de quorum uno ministrabit puer ebdomadarius de reliquo vero alius puer pro dispositione sacristarum. Si episcopus fuerit presens : sacerdos secundarius cum cappellano episcopi ipsum episcopum in sua sede incenset. Deinde procedant ad thurificandum cetera altaria circa presbyterium. Excellentior sacerdos exeat per ostium presbiterii septentrionale, cum uno ceroferario et uno thuribulo : sacrista in manu sua virgam gestante et eos precedente : primo ad altare sancti Martini, deinde ad altare sancte Catherine, et post ad altare apostolorum, ultimo ad altare sancte Trinitatis, quod dicitur Salve. *Secundarius per ostium presbyterii australe predicto modo exeat cum ministris suis : primo ad altare sancti Nicolai, deinde ad altare sancte Marie Magdalene, ultimo ad altare sancti Stephani. Quibus thurificatis ambo conveniant ad ostium presbyterii ex parte australi et ibidem excellentior sacerdos thus in utroque thuribulo imponat : et sic intrent et thurificent episcopum in sua sede. Deinde inferior thurificet superiorem ante gradum chori : ebdomadario constituto ad orationem dicendam solus episcopus non mutet orationem.*

Oratio.

Eus qui nos redemptiónis nostre ánnua expectatióne letíficas : presta ut unigénitum tuum quem Redemptórem leti suscípimus, veniéntem quoque júdicem secúri videámus, Dómi-

num nostrum Jesum Christum | regnat.
Fílium tuum. Qui tecum vivit et

Et terminetur ut ibidem dicatur Dóminus vobíscum. 20*. *A duobus cleri-*
cis de secunda forma dicitur Benedicámus Dómino. *sine* Allelúya. 22*.

℀ *Et sciendum est quod in omnibus vigiliis sanctorum sive sint de temporali*
sive de sanctis : semper ad j. vesperas dicitur oratio de vigilia nisi festum
differatur, et nisi in vigilia sancti Thome apostoli, sancti Jacobi, et sancti
Bartholomei apostolorum. Quando vero festum differtur : tunc in vigiliis
predictorum apostolorum oratio de die dicatur ad primas vesperas.

℀ *In die nativitatis Domini.*

xxv. Decembris.

Ad secundas vesperas.

1. Ant.
I.i.

E-cum princí-pi- um * in di- e virtú-tis tu- e :

in splendó-ri-bus sanctó- rum ex ú- te-ro ante lu-cí-fe-rum

gé-nu- i te. *Ps.* Dixit Dóminus. (*cix.*) [3].

2. Ant.
VII.i.

E-dempti- ónem * mi-sit Dómi-nus pópu-lo

44

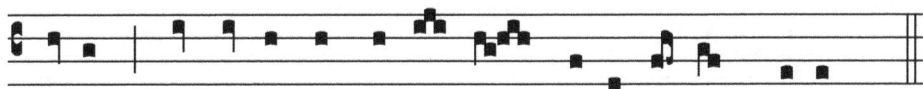

su-o : mandá-vit in e-tér-num testaméntum su-um.

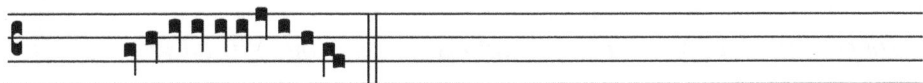

Ps. Confitébor. *ij.* (*cx.*) [4].

3. Ant.
VII.iii.

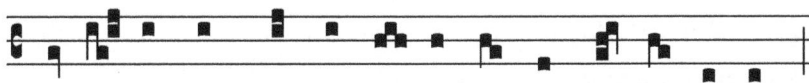

X-ór-tum est * in té-ne-bris lu-men rec-tis corde :

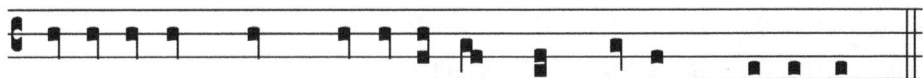

mi-sé-ri-cors et mi-se-rá-tor et justus Dómi-nus.

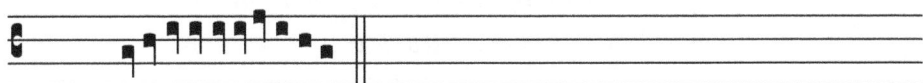

Ps. Beátus vir. (*cxj.*) [5].

4. Ant.
IV.v.

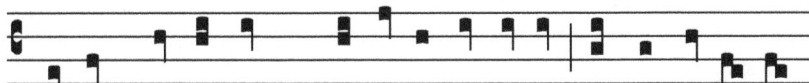

- pud Dómi-num * mi-se-ri-córdi- a : et co-pi- ó-sa

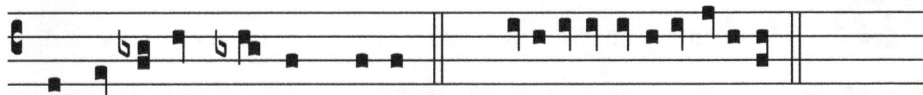

a-pud e- um re-démpti- o. *Ps.* De profúndis. (*cxxix.*) [51].

5. Ant.
VIII.i.

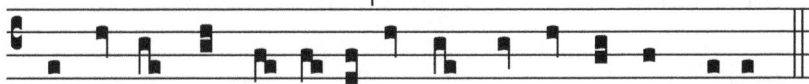

E fructu * ventris tu- i po-nam su-per se-dem tu- am.

45

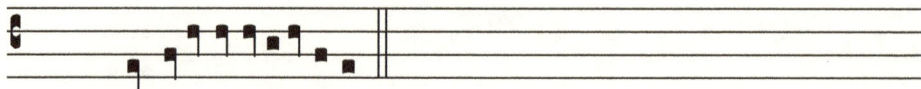

Ps. Meménto. (*cxxxj.*) [55].

He predicte antiphone cum suis psalmis dicuntur quotidie ad vesperas usque ad octavas epiphanie et in ipsis octavis.

Ita tamen quod ad has vesperas primam antiphonam incipiat excellentior persona post illum qui exequitur officium hujus diei, secunda vero antiphona ab excellentiori alterius partis incipiatur et ita discurrant singule antiphone personarum dignitate.

❡ *Et sciendum est quod in omnibus festis duplicibus predicte quinque antiphone usque ad octavam epiphanie in superiore gradu discurrant, in ceteris vero festis duplicibus, in secunda forma.*

Capitulum episcopus vel decanus dicat loco nec habitu mutato.

Capitulum. Heb. j. 1-2.

Ultipháriam multísque modis olim Deus loquens pátribus in prophétis : novíssime diébus istis locútus est nobis in Fílio. ℟. Deo grátias.

Resp. VIII.

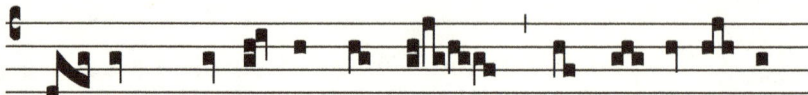

Er-bum * ca-ro fac-tum est et ha- bi-tá- vit

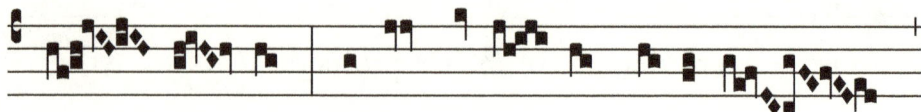

in no- bis. †Cu-jus gló-ri- am ví-dimus

qua- si u-ni-gé-ni- ti a Pa- tre. ‡Ple-num grá- ti- e

et ve-ri- tá- tis. ℣. In prin-cí-pi- o e- rat Ver-

bum, et Verbum e-rat a- pud De- um : et De- us e- rat

Ver-bum. †Cu-jus. ℣. Gló-ri- a Pa- tri et Fí-li- o :

et Spi- rí- tu- i Sancto. ‡Ple-num.

Et dicatur sine prosa a tribus excellentioribus personis in cappis sericis pro dispositione cantoris.

Hymn.
III.

so-lis ortus cár-di-ne, * Et usque ter-re lími-tem :

Christum ca-ná-mus prín-ci-pem, Na-tum Ma-rí- a Vír-gi-ne.

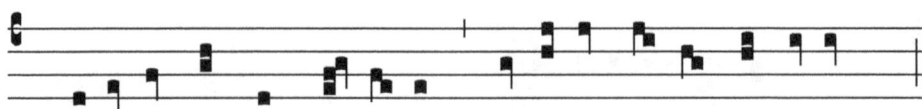

2. Be- á-tus auctor sé-cu- li, Serví-le corpus índu- it :

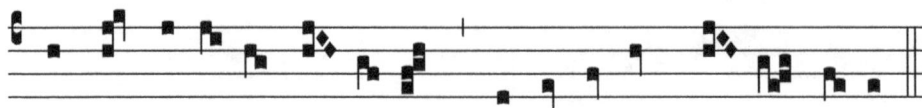

Ut car-ne carnem lí- be-rans, Ne pérde-ret quos cón-di-dit.

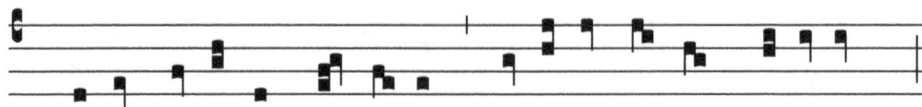

3. Caste pa-réntis vís-ce-ra, Ce-léstis intrat grá-ti- a :

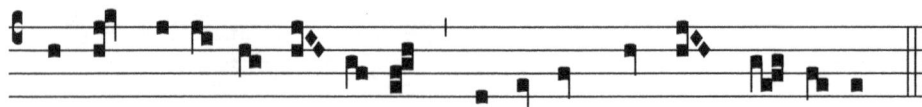

Venter pu-él-le bá- ju-lat, Secré-ta que non nó- ve-rat.

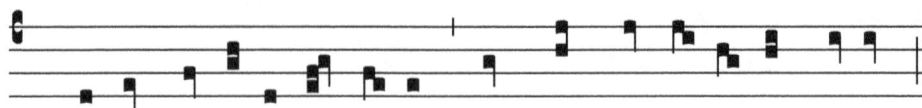

4. Domus pu-dí-ci péc-to-ris, Templum re-pénte fit De- i :

Intác-ta nés-ci- ens vi-rum, Verbo concé-pit Fí- li- um.

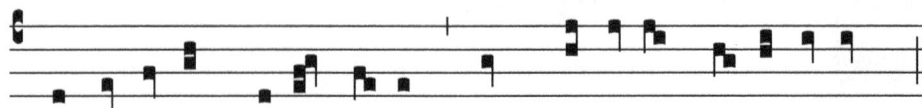

5. E-ní-xa est pu- ér-pe-ra, Quem Gábri- el pre-dí-xe-rat :

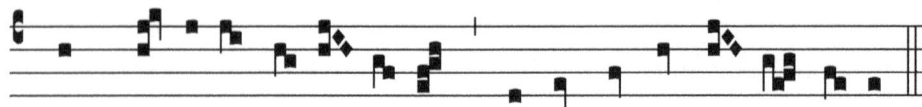

Quem ma-tris al-vo gés-ti- ens Clausus Jo-hánnes sén-se-rat.

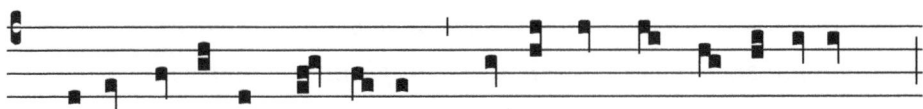

6. Feno ja-cé-re pér-tu- lit, Pre-sé-pe non abhórru- it :

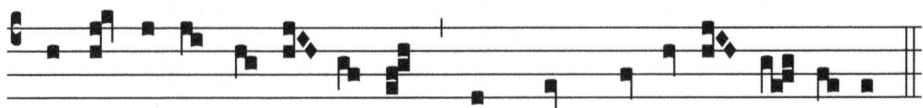

Parvóque lac-te pas-tus est, Per quem nec a-les é- su- rit.

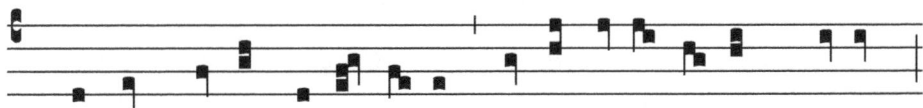

7. Gaudet cho-rus ce-lés-ti- um, Et ánge-li ca-nunt De-o :

Pa-lámque fit pas-tó- ri-bus, Pastor Cre- á-tor ómni- um.

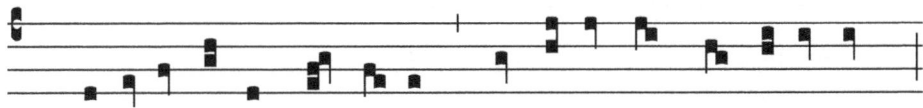

8. Gló-ri- a ti-bi Dó-mi-ne, Qui na-tus es de Vírgi-ne :

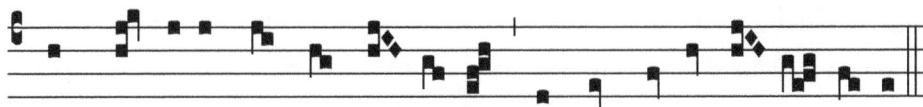

Cum Pa-tre et Sancto Spí- ri- tu, In sempi-térna sé- cu- la.

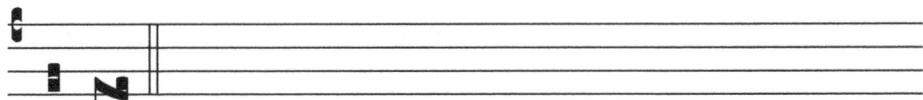

Amen.

℣. Benedíctus qui venit in nómine Dómini.

℟. *privatim.* Deus Dóminus et illúxit nobis.

Antiphona super Magníficat. *excellentior persona ex parte chori incipiat :
et si episcopus presens fuerit, canto ipsam antiphonam ei injungat.*

Ant.
I.iv.

Odi- e * Chris-tus na-tus est, hó-di- e Salvá-tor ap-

pá-ru- it : hó-di- e in terra ca-nunt ánge-li, le-tántur arch-

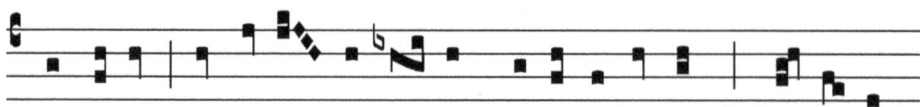

ánge-li : hó-di- e ex-úl- tant justi di-céntes : Gló- ri- a

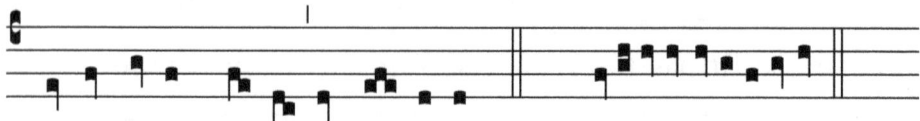

in excélsis De- o al-le- lú-ya. *Ps.* Magníficat. 16*.

Oratio.

C Oncéde quésumus omnípo-
tens Deus : ut nos unigéniti
tui nova per carnem natívitas
líberet : quos sub peccáti jugo
vetústa sérvitus tenet. *Que sic
terminentur* Per eúndem Dóminum nostrum Jesum Christum
Fílium tuum : qui tecum vivit et
regnat in unitáte Spíritus Sancti
Deus per ómnia sécula seculórum.

Finita hac oratione cum Benedicámus Dómino. *a duobus clericis de
secunda forma sine* Allelúya. *in superpelliciis ad gradum chori dicant.* 22*.

❧ *Conveniant omnes dyaconi in capis sericis portantes cereos ardentes in
manibus : et sic eat processio per medium chori ad altare sancti Stephani
cantantes* ℟. *quodam dyacono incipiente.*

Resp. I.

Ancte * De- i pre-ci-ó- se pro-tho-

mártyr Stépha- ne : Qui virtú- te ca-ri-tá- tis circun-

fúl- tus úndi-que : Dó-mi- num pro i-ni-mí- co ex-

o-rás- ti pó- pu- lo. †Funde pre- ces pro de-vó-

to ti-bi nunc col- lé-gi- o.

Tres dyaconi dicant versum.

℣. Ut tu-o pro-pi-ci- á- tus inter-véntu Dómi- nus :

Nos purgá-tos a peccá- tis jungat ce- li cí-vi- bus.

†Funde.

Omnes diaconi simul cantent prosam videlicet.

Prosa.
I.

E mundi climá-ta prothomártyr laudant ómni- a.

Chorus vel organa respondeat cantum prose in cantu versus precedentis super litteram **A.** *post unumquemque versum.*

A. ℣. Qui primus ad mar-tí-ri- i glo-ri- ó-sa

currens brá-vi- a. **A.** ℣. Hó-di- e sacra

ple-nus grá-ti- a. **A.** ℣. Dómi-ni sequé-ris vestí-gi- a.

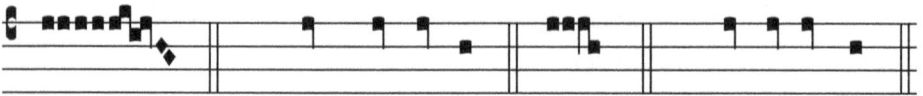

A. ℣. Quem vi-dé-re. **A.** ℣. Me-ru- ís-ti.

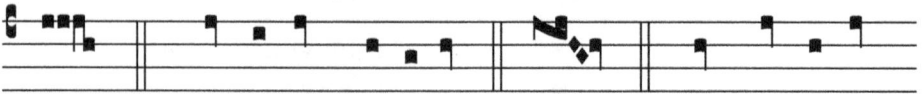

A. ℣. Pa-tris in gló-ri- a. **A.** ℣. Ut pél-le-res

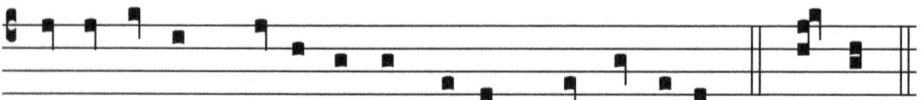

la-pi-dántum crími-na súppli-cans de vé-ni- a. †Funde.

Non dicetur Glória Patri. *ad hanc processionem sed dum prosa canitur sacerdos thurificet altare deinde imaginem sancti Stephani.* *Et postea sacerdos dicat modesta voce.*

℣. Glória et honóre coronásti eum Dómine.

℟. Et constituísti eum super ópera mánuum tuárum.

℣. Orémus.

Oratio.

DA nobis quésumus Dómine imitári quod cólimus, ut discámus et inimícos dilígere : quia ejus natalícia celebrámus, qui novit étiam pro persecutóribus exoráre Dóminum nostrum Jesum Christum Fílium tuum. Qui tecum vivit.

Cantor diaconorum de eorum voluntate inter eos electus in redeundo dicatur aliquod ℟. de sancta Maria : scilicet Solem justície. 407. *vel* Stirps Jesse. 408. *vel* Ad nutum. 408. *vel aliqua antiphona de sancta Maria* 411. : *cum hoc versu.*

℣. Speciósus forma pre fíliis hóminum.

℟. Diffúsa est grátia in lábiis tuis. *Non ulterius dicatur.*

Oratio. Deus qui salútis etérne. [14].

❡ *Ab hac die usque ad purificationem beate Marie semper ad memoriam beate Marie quando de ea fit memoria dicatur ad matutinas ℣.* Post partum. *et ad vesperas ℣.* Speciósus forma. [14]. *tantum ut supra : nisi quando fit memoria de commemoratione ejusdem ad vesperas alicujus sancti : cum hac ant.* Sub tuam protectiónem. [106]. *tunc enim dicetur ℣.* Sancta Dei génitrix. [34]. *et semper cum oratione* Deus qui salútis. [14].

Ubi non fit processio de sancto Stephano, dicetur ad memoriam ejusdem.

Ant.
I.v.

U princi-pá-tum te-nes * in cho-ro márty-rum

53

sí-mi-lis ánge-lo, qui pro te la-pi-dánti-bus De-um depre-

cá-tus es : be- á- te Stépha-ne interçé-de pro no-bis ad

Dómi-num.

℣. Glória et honóre coronásti eum.

℞. Et constituísti eum super ópera mánuum tuárum.

Oratio. Da nobis quésumus. *ut supra.* 53.

Et tunc nulla fiat memoria de sancta Maria ad matutinas usque in crastinum circuncisionis, nec etiam ad vesperas : nisi ubi fit processio.

❡ *He sequentes antiphone dicantur quotidie ad memoriam de nativitate Domini ad vesperas et ad matutinas per ordinem per totas octavas cum repetitione earundem.*

1. Ant.
VI.

Irgo hó-di- e fi-dé-lis, * etsi Ver- bum gé-nu- it

incarná-tum virgo mansit : et post par- tum quam laudántes

omnes dí-cimus, Be-ne-dícta tu in mu-li- é- ri-bus.

2. Ant.
II.i.

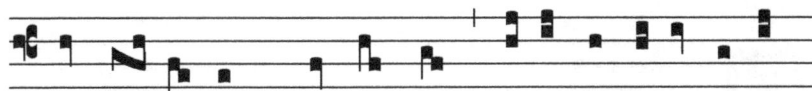

Ux or-ta est * su-per nos, qui- a hó-di- e na-tus

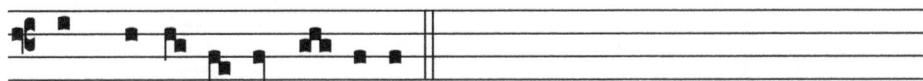

est Salvá-tor al-le- lú-ya.

Ant.
VI.

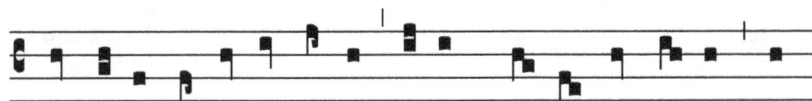

O-di- e * intácta Virgo De-um no-bis gé-nu- it Té-

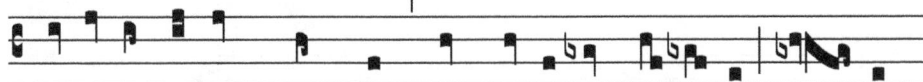

ne-ris indú-tum membris quem lactá-re mé-ru- it : Om-nes

ipsum a-do-rémus qui ve-nit salvá-re nos.

4. Ant.
VI.

Aude- ámus omnes fi-dé-les * Salvá-tor nos- ter na-

tus est in mundum, hó-di- e pro-céssit pro- les magní-fi-ci

gé-ne-ris : et perse-ve-rá-vit pudor virgi-ni-tá-tis.

5. Ant.
VI.

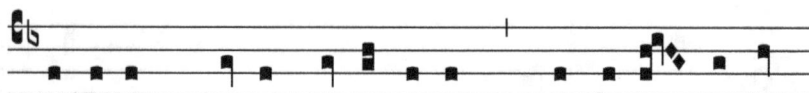

Esci- ens Ma-ter Virgo vi-rum, * pé-pe-rit si-ne

do-ló-re Salva-tó-rem se-cu-ló- rum, ipsum re-gem ange-

ló- rum so-la virgo lactá-bat ú-be-ra de ce-lo ple-na.

6. Ant.
II.i.

Irgo verbo concé-pit, * virgo permánsit : virgo pé-

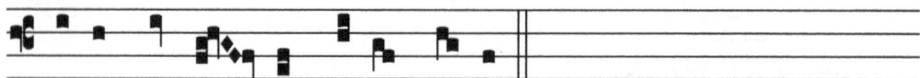

pe-rit Re-gem ómni- um re-gum.

7. Ant.
VIII.ii.

E-á-tus * venter qui te portá-vit Christe : et be-á- ta ú-be- ra que te lac-ta-vé-runt Dómi-num et Salva-

tó-rem mundi al-le-lú-ya.

8. Ant.
I.v.

Irgo De- i gé-ni-trix * quem to-tus non ca-pit or-

bis in tu- a se clau-sit vísce-ra factus homo : ve-ra fi-des

gé-ni-ti, purgá-vit crími-na mundi : et ti-bi virgí-ni- tas

in-vi- o-lá- ta ma-net.

9. Ant.
VIII.i.

As-tó-res * dí-ci-te quidnam vi-dís-tis, et annunci-

á- te Chris-ti na-ti-vi-tá-tem : Infántem ví-dimus pannis in-

57

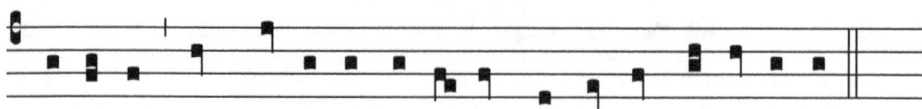

vo-lú-tum, et cho-ros ange-ló-rum laudántes Salva-tó-rem.

❡ *Hac die scilicet sancti Stephani totum officium ad completorium, ad matutinas, ad missam et ad omnes horas hujus diei celebrant ipsi diaconi in hymnis et antiphonis in lectionibus legendis et in responsoriis cantandis : omnia fiant pro voluntate eorum diaconorum : tamen tabula scribatur sicut in aliis festis duplicibus. Eodem modo faciant sacerdotes in festo sancti Johannis apostoli, et pueri in festo innocentium.*

❡ *Nota quod ab hac die, chorus est quasi irregularis usque ad processionem que fieri debet ab altare sancti Thome martyris in festo sanctorum inno-centium.*

❡ *In die sancti Stephani.*

xxvj. Decembris.

Ant. Tecum princípium. 44.

Ps. Dixit Dóminus. (*cix.*) [3]. *&c. ut supra.* 44.

Capitulum. Actuum vj. 8.

Téphanus plenus grátia et fortitúdine : faciébat prodí-gia et signa magna in pópulo. ℟. Deo grátias.

Hoc ℟. ad has vesperas a solo dyacono incipiatur ad gradum chori in capa serica : et suus versus scilicet Stéphanus Dei. *ab omnibus dyaconis cantetur in superpelliciis ad modum prose in statione puerorum.*

Resp.
I.

M-pe-tum * fe-cé- runt u-ná-nimes in eum, et e-je-cé-runt e-um extra ci-vi-tá- tem.   †Invo-

cán-tem et di- cén-   tem. ‡Dómi-ne   ácci-pe spí- ri-

tum me-   um. ℣. Stépha-nus De- i grá-ti- a ple-nus e-rat,

Multa in ple-be signa fa-ci- é-bat : Ce-los a-pértos aspi-ci-

é-bat, Je-sum stantem vi-dé-bat A dextris De- i et di-

cé- bat. ‡Dómi-ne.   ℣. Gló-ri- a De-o Pa-tri summo,

E-júsque so-li si-bi re-gi na-to : Ac utri- úsque Spi-rí-tu- i

Sancto : Si-cut e-rat primo, et nunc et semper   et in sé-

cu-la. Amen. ‡Dómi-ne.

Hymn.
II.

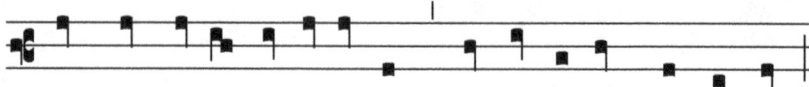

Ancte De- i pre-ci- ó-se * prothomártyr Stépha-ne,

Qui virtú-te cha-ri-tá- tis circunfúltus úndique : Dómi-num

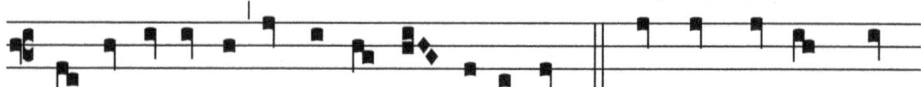

pro i-nimí-co ex-o-rás-ti pópu-lo. 2. Funde pre-ces pro

de-vó-to ti-bi nunc collé-gi- o : Ut tu-o pro-pi-ci- á- tus

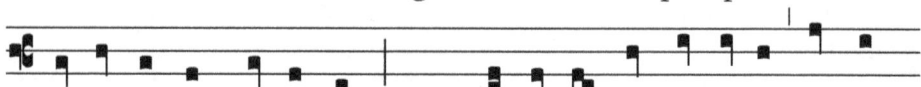

intervéntu Dómi-nus, Nos purgá-tos a peccá-tis jungat

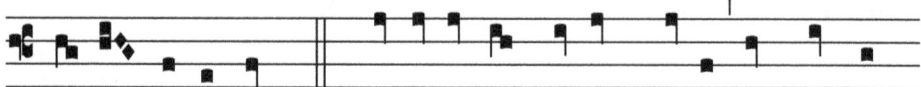

ce- li cí-vi-bus. 3. Gló-ri- a et honor De-o úsquequo

al-tíssimo, Una Pa-tri Fi-li- ó-que íncli-to Pa-rá-cli-to,

Cu- i laus est et po-téstas per e-térna sé-cu-la.   Amen.

℣. Justus germinábit sicut lílium.

℟. *privatim.* Et florébit in etérnum ante Dóminum.

Ant.
VIII.i.

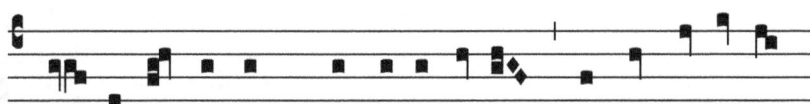

A- te-fác-te sunt * já-nu- e ce-li Chris-ti márty-ri

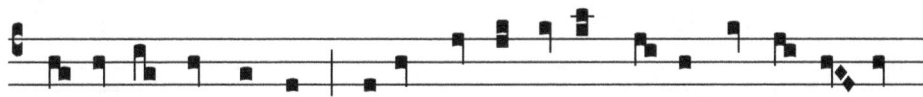

be- á-to Stépha-no : qui in núme-ro sanctó-rum invéntus est

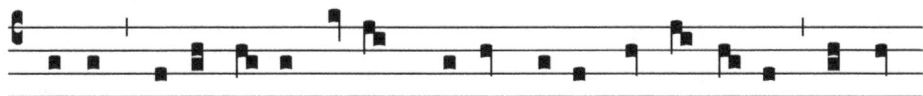

primus, et í-de- o tri- úmphat in ce-lis co-ro-ná- tus   al-le-

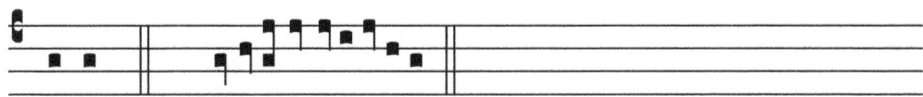

lú-ya. *Ps.* Magníficat. 16*.

Oratio. Da nobis quésumus. 53.

❦ *Memoria de nativitate.*

Ant. Lux orta est. 55.

℣. Verbum caro factus est. ℟. Et habitávit in nobis allelúya.

Oratio. Concéde quésumus. 50.

℟ *Tunc conveniant omnes sacerdotes in capis sericis cum cereis ardentibus et sic eat processio ad altare apostolorum per medium chori : cantando ℟. cantore sic incipiente.*

Responsorium. I.

I N mé- di- o *ecclé- si- e a- pé-ru- it os e- jus. †Et implé-vit e- um Dó-mi-nus spí-ri-tu sa- pi- énti- e et intel- léc- tus.

Tres sacerdotes dicant.

℣. Mi- sit Dómi-nus ma-num su- am et te-tí- git os me- um. †Et implé- vit.

Et omnes sacerdotes simul dicant prosam.

Prosa. I.

N Asci-tur ex patre Ze-bé-de-o : matre Ma-rí- a.

Chorus ad unumquemque versum respondeat ℟. cum cantu versus predicti.

62

℣. Et vo-lat ante á-li- os : in Dómi-ni the-o-

ló-gi- a. ℟. ℣. Nómi-ne reque De- i grá-ti- a.

℟. ℣. A-si- á-na vi-cit gymná-si- a. ℟.

℣. Vas pe-ná-le. ℟. ℣. Jus le-tá-le. ℟. ℣. Pathmos

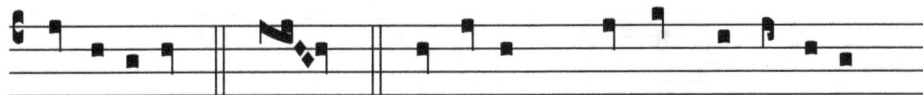

ex-í-li- a. ℟. ℣. Vo-cá-tur Chris-ti pre-sénti- a

se-nex ad conví-vi- a. †Et implé- vit.

Non dicatur Glória Patri. *ad hanc prosam : sed dum prosa canitur thurificet sacerdos altare, deinde imaginem sancti Johannis et postea dicat sacerdos modesta voce.*

℣. Valde honorándus est beátus Johánnes.

℟. Qui supra pectus Dómini in cena recúbuit.

Iste versiculus dicatur per totas octavas ad memoriam de sancto Johanne, nisi quando ant. Valde honorándus. *dicatur pro memoria : tunc enim dicatur versiculus* In omnem terram exívit. *&c. infra.*

Orémus.

Oratio.

ECclésiam tuam quésumus Dómine benígnus illústra : ut beáti Johánnis apóstoli tui et evangelíste illumináta doctrínis, ad dona pervéniat sempitérna. Per Christum Dóminum.

In reditu de sancta Maria dicatur aliqua ant. 411. vel ℞. Solem justície. 407. et redeat per medium chori per ostium occidentem sicut ad processionem sancti Stephani.

Versiculus et oratio ut supra. 53.

Duo sacerdotes in superpelliciis dicatur Benedicámus Dómino. 22*.*

❡ *Ubi non fit processio de sancto Johanne : tunc fiet in primis de eo memoria ante memoriam de nativitate, cum hac antiphona.*

Ant. I.i.

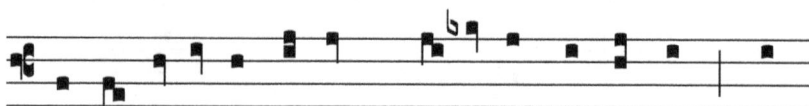

Alde hono-rándus est * be- á-tus Jo-hánnes : qui

supra pectus Dómi-ni in ce-na re-cú-bu- it.

℣. In omnem terram exívit sonus eórum.

℞. Et in fines orbis terre verba eórum.

Oratio. Ecclésiam tuam. *ut supra.*

Deinde fiat memoria de nativitate.

Ant. Lux orta est. 55.

℣. Verbum caro factus est. ℞. Et habitávit in nobis allelúya.

Oratio. Concéde quésumus. 50.

ℂ In die sancti Johannis apostoli et evangeliste.

xxvij. Decembris.

Ant. Tecum princípium. 44.

Ps. Dixit Dóminus. (*cix.*) [3]. *&c. ut supra.* 44.

Capitulum. Ecclesiastici xv. 1-2.

QUi timet Deum fáciet bona, et qui cóntinens est justície apprehéndet illam : et obviábit illi quasi mater honorificáta. ℞. Deo grátias.

Hoc ℞. a solo sacerdote debet incipiatur ad gradum chori in cappa serica : et suus ℣. scilicet Johánnes is theológus. ab omnibus sacerdotibus cantetur in superpelliciis ad modum prose in statione puerorum cum ℣. Glória sit Altíssimo.

Resp. I.

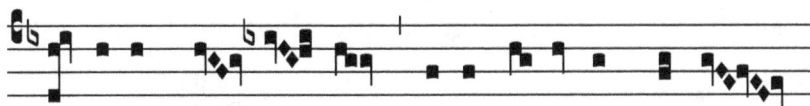

S- te est Jo- hán-nes * qui supra pectus Dómi-

ni in ce-na re- cú-bu- it. †Be-á- tus a-pósto-

lus. ‡Cu- i re-ve- lá-ta sunt secré- ta ce-

lés-ti- a. ℣. Jo-hánnes is the- ó-lo-gus Quem debri- á-

65

vit Spí-ri- tus : Aqui-la vo-lans cé-li-tus Pa-lam fe-cit mor-

tá- li-bus, Christus Ma- rí- e fí- li- us Quod sit

Ver- bum De- i De- us. †Be-á- tus. ℣. Gló-ri- a sit al- tís-

simo Ge-ni-tó-ri ingé-ni-to, Inge-ni- tí- que gé- ni-to,

Et Flámi- ni Pa-rá- cli-to. †Be- á- tus.

Hymnus. Exúltet celum. [177].

℣. Annunciavérunt ópera Dei. ℟. *privatim.* Et facta ejus intellexérunt.

Ant.
VIII.i.

N mé-di- o * ecclé- si- e a-pé-ru- it os e-jus :

et implé-vit e- um Dómi-nus spí-ri-tu sa-pi- énti- e

et intel-léctus : sto-láque gló-ri- e in-dú- it e-um

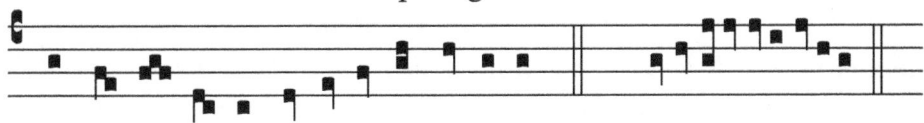

al-le-lú- ya al-le-lú-ya al-le-lú-ya. *Ps.* Magníficat. 16*.

Oratio. Ecclésiam tuam quésumus. 64.

Memoria de nativitate.

Ant. Gaudeámus omnes. 55.

℣. Verbum caro factus est. ℞. Et habitávit in nobis allelúya.

Oratio. Concéde quésumus. 50.

Iste modus servetur ad memoriam de nativitate in versibus dicendis tam ad vesperas quam ad matutinas, scilicet quod ad vesperas dicitur ℣. Verbum caro. *et ad matutinas dicitur* ℣. Benedíctus qui venit.

Memoria de sancto Stephano.

Memoria de sancto Stephano martyre cum hac Antiphona Tu princìpátum. 53. *ubi processio facta fuerit prius de eo, sed ubi vero processio de eo facta non fuerit dicitur.*

Ant.
VIII.i.

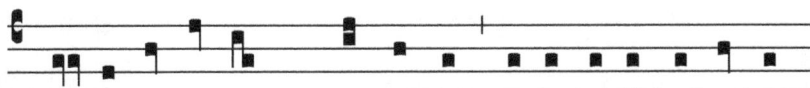

A-pi-da-vé-runt * Stépha-num, et ipse invo-cá-bat

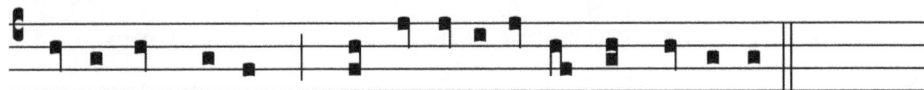

Dómi-num di-cens : Ne stá-tu- as il-lis hoc peccá-tum.

℣. Glória et honóre coronásti eum Dómine.

℞. Et constituísti eum super ópera mánuum tuárum.

Oratio. Da nobis quésumus. 53.

❡ *Similiter fiat de sancto Johanne, et de sancto Thoma.*

Dictis vero propriis antiphonis de sancto Stephano : fiat de eo memoria cum antiphonis de laudibus suo ordine : quibus dictis dicantur antiphone de nocturnis. Similiter suo ordine de sancto Johanne, et de innocentibus, et de sancto Thoma eodem modo fiat memoria.

In octavis vero predictorum sanctorum dicitur una de propriis antiphonis ad memoriam que ibidem reperitur notata.

Processio puerorum.

Tunc eat processio puerorum per medium chori ad altare innocentium, vel sancte Trinitatis, cum capis sericis et cereis illuminatis in manibus suis cantando.

Episcopus puerorum si assit : incipiet hoc responsorium.

Resp. I.

Entum *quadra-gin- ta quáttu-or mí-li- a qui empti sunt de ter-ra. Hii sunt qui cum mu-li-é- ri- bus non sunt co- inqui-ná- ti vírgi-nes e-nim permansé- runt. †I- de-o reg- nant cum De-o :

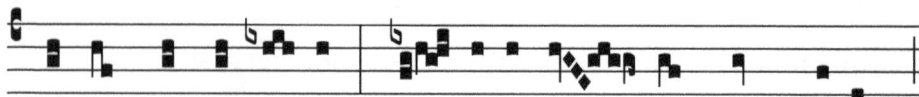

68

et Ag- nus De- i cum il- lis.

Tres pueri dicant.

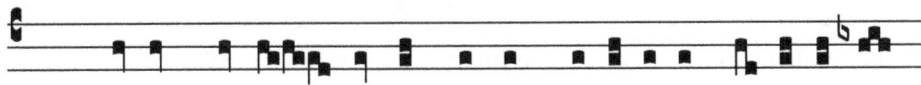

℣. Hi empti sunt ex ómni-bus primí-ti- e De- o et Ag-

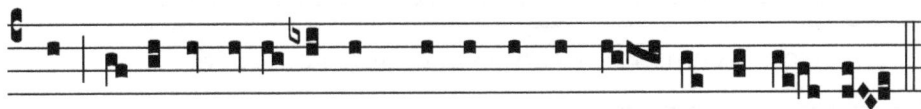

no : et in o-re e- ó-rum non est invéntum mendá-ci- um.

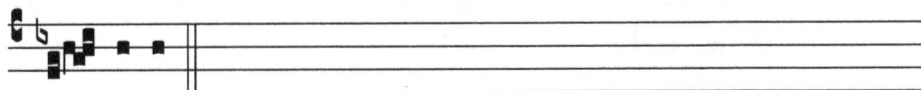

†I- de-o.

Omnes pueri cantent simul prosam, ut sequitur videlicet.

Prosa.
I.

Edéntem in su-pérne ma-jestá-tis arce.

Et chorus respondeat cantum prose post unumquenque versum sub littera Œ.

Œ. ℣. Adó-rant humíl-lime proclamántes ad te.

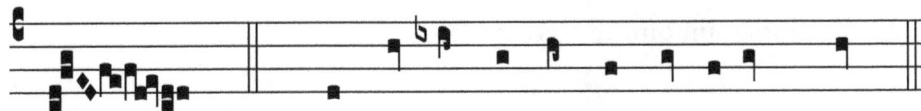

Œ. ℣. Sancte sancte sancte Sá-ba-oth Rex.

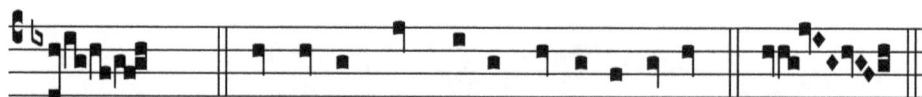

℣. Ple-na sunt ómni- a gló-ri- e tu- e. ℰ.

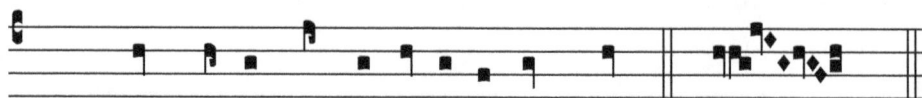

℣. Cum il-lis unde-vi-ginti-quínque. ℰ.

℣. Atque cum inno-centíssimo gre-ge. ℰ.

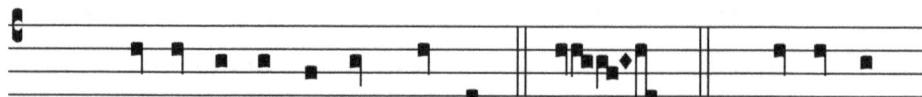

℣. Qui si-ne ul-la sunt la-be. ℰ. ℣. Di-céntes

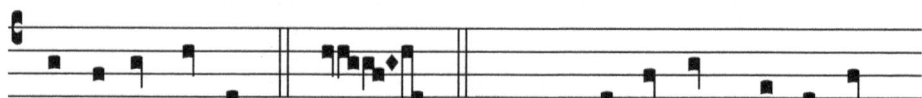

excélsa vo-ce. ℰ. ℣. Laus ti-bi sit Dómi-ne

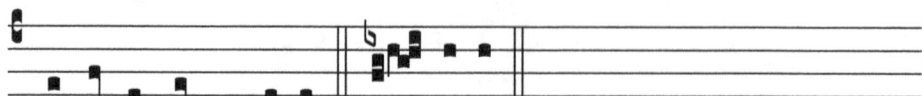

rex e-térne gló-ri- e. †I- de-o.

Ad hanc processionem non dicatur Glória Patri. *sed dum prosa canitur thurificet episcopus puerorum altare : deinde imaginem sancte Trinitatis : et postea dicat sacerdos modesta voce hunc.*

℣. Letámini in Dómino et exultáte justi.

℟. Et gloriámini omnes recti corde.

Oratio.

Eus cujus hodiérna die precónium innocéntes márty-res non loquéndo sed moriéndo conféssi sunt : ómnia in nobis vitiórum mala mortífica, ut fidem tuam quam lingua nostra lóquitur étiam móribus vita fateátur. Qui cum Deo Patre.

In redeundo preceptor puerorum incipiat aliquam antiphonam 411. *vel istud* ℟. *de sancta Maria.* ℟. Felix namque. 409. *cum suo versu : et sic processionaliter chorum intrent per ostium occidentale ut supra : et omnes pueri ex utraque parte chori in superiorem gradum se recipiant. Et ab hac hora usque post processionem ad vesperas diei proximi sequentis nullus solet clericorum gradum superiorem ascendere cujuscunque conditionis fuerit. Ad istam processionem pro dispositione puerorum scribuntur canonici ad ministrandum eisdem majores ad thuribulandum et ad librum deferendum : minores vero a candelabra deferenda.*

Quo responsorio finito dicat episcopus puerorum modesta voce in sede sua hunc.

℣. Speciósus forma pre filiis hóminum.

℟. Diffúsa est grátia in lábiis tuis. *Non dicitur ulterius.*

Oratio.

Eus qui salútis etérne beáte Maríe virginitáte fecúnda humáno géneri prémia prestitísti : tríbue quésumus ut ipsam pro nobis intercédere sentiámus : per quam merúimus auctórem vite suscípere Dóminum nostrum Jesum Christum Fílium tuum. *que sic terminetur* Qui tecum vivit et regnat in unitáte Spíritus sancti Deus. Per ómnia sécula seculórum. ℟. Amen.

℣. Dóminus vobíscum. ℟. Et cum spíritu tuo. 20*.

Deinde sequatur Benedicámus Dómino. 22*. *a duobus vel tribus, extra regulam.*

Tunc episcopus puerorum intret stallum suum, et interim cruciferarius accipiat baculum episcopi conversus ad episcopum : et incipiat hanc antiphonam Princeps ecclésie. *que non dicitur episcopo absente. Et cum venerit ad istud verbum* Cum mansuetúdine. *convertat se ad populum et cantet totam antiphonam usque ad finem hoc modo.*

Ant. III.

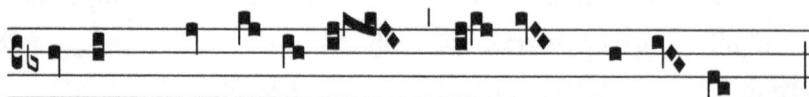

Rinceps ecclé-si- e pas-tor ó-vi- lis :

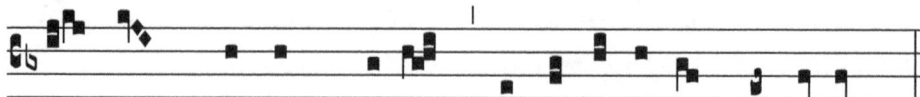

cunc-tam ple-bem tu- am be-ne-dí-ce-re digné-ris.

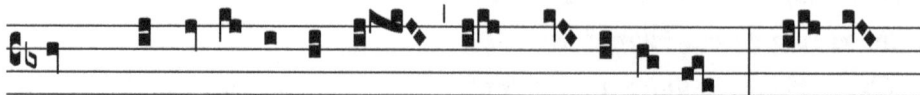

Cum mansu- e-tú-di-ne et cha- ri-tá-te. Hu- mi-

li- á-te vos ad be-ne-dic-ti- ónem.

Chorus respondeat sic.

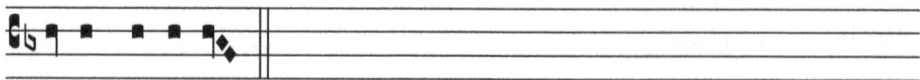

De-o grá-ti- as.

Deinde tradat baculum episcopo puerorum : et tunc incipiat episcopus puerorum primo signando se in fronte hoc modo incipiendo.

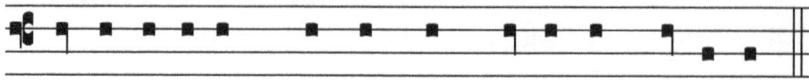

D-ju-tó-ri- um nostrum in nómi-ne Dómi-ni.

Chorus respondeat.

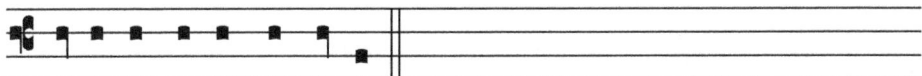

Qui fe-cit ce-lum et terram.

Item episcopus signando se in pectore dicat.

Sit nomen Dómi-ni be-ne-díctum.

Chorus respondeat sic.

Ex hoc nunc et usque in sé-cu-lum.

Deinde episcopus puerorum conversus ad chorum elevet brachium suum : et incipiat hanc benedictionem hoc modo.

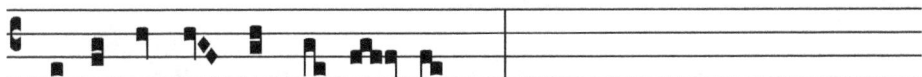

Cru-cis signo : vos consíg- no.

Hic convertat se ad populum dicens.

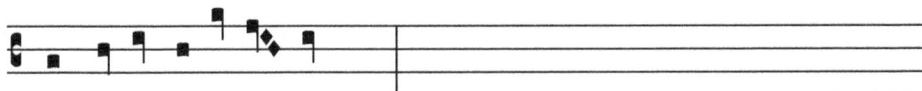

Vestra sit tu- í-ti- o.

Deinde ad altare convertat se sic dicens.

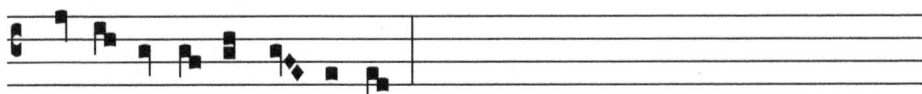

Qui vos emit et ré- demit.

Postea ad semetipsum reversus ponendo manum suam super pectus suum dicat.

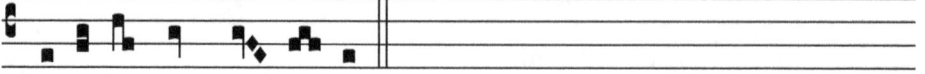

Su- e car-nis pré- ci- o.

Chorus respondeat sic.

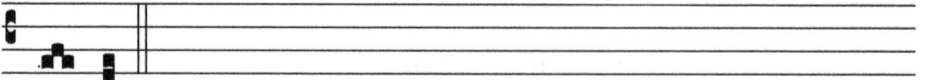

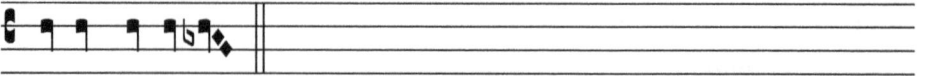

A-men.

Ad completorium hujus diei et ad missam in crastino, et ad secundas vesperas solent vicarii pro dominis suis in tabula coram episcopo et suis canonicis ministrare sicut ministrant pueri per reliquum tempus anni.

His itaque peractis, incipiat episcopus puerorum completorium de die more solito : post* Pater noster. *et* Ave María. [1].

Et post completorium cruciferarius ferens baculum episcopi dicat.

Humi-li- á-te vos ad be-ne-dic-ti- ónem.

Chorus respondeat sic.

De-o grá-ti- as.

Dicat episcopus puerorum ad chorum conversus sub tono predicto.

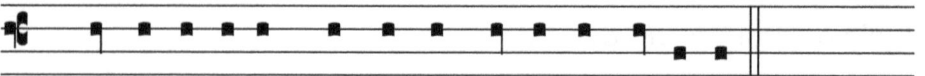

℣. Adju-tó-ri- um nostrum in nómi-ne Dómi-ni.

Chorus.

℟. Qui fe-cit ce-lum et terram.

Episcopus.

℣. Sit nomen Dómi-ni be-ne-díctum.

Chorus.

℟. Ex hoc nunc et usque   in sé-cu-lum.

Tunc episcopus dicat hoc modo.

℣. Be-ne-dí-cat vos omní-po-tens De-us : Pa-ter et Fí-

li- us et Spí-ri-tussanctus.

Chorus respondeat sic.

℟. Amen.

Ubi vero non fit processio de innocentibus : tunc fiat in primis de eis memoria ante memoriam de nativitate cum hac antiphona.

Ant.
II.i.

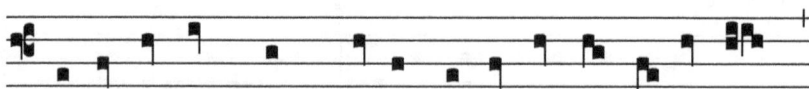

Nno-céntes pro Christo * infántes oc-cí- si sunt,

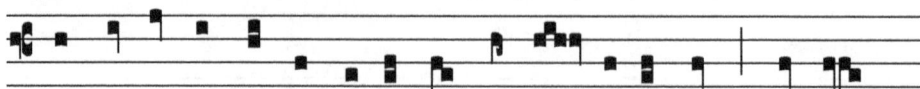

ab i-níquo re-ge lacténtes inter- fécti sunt : ipsum

sequúntur Agnum si-ne má-cu-la : et di-cunt semper

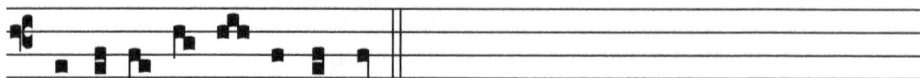

Gló-ri- a ti-bi Dómi-ne.

℣. Letámini in Dómino et exultáte justi.

℟. Et gloriámini omnes recti corde.

Oratio. Deus cujus hodiérna die precónium. 70.

❧ *In die sanctorum innocentium.*

xxviij. Decembris.

Ant. Tecum princípium. 44.

Ps. Dixit Dóminus. (*cix.*) [3]. *&c. ut supra.* 44.

Capitulum. Apoc. xiiij. 1.

Idi supra montem Syon Agnum stantem : et cum eo centum quadragínta quátuor mí-lia, habéntes nomen ejus et no-men Patris ejus scriptum in fróntibus suis. ℟. Deo grátias.

℟. Centum quadragínta. 68.

Hoc responsorium ab uno solo puero incipiatur ad gradum chori in capa serica, et suus versus ab omnibus pueris in superpelliciis cantetur in statione puerorum, cum prosa si placet : et etiam cum Glória Patri.

℣. Gló-ri- a   Pa-tri et Fí-li- o,   et Spi-rí-   tu- i

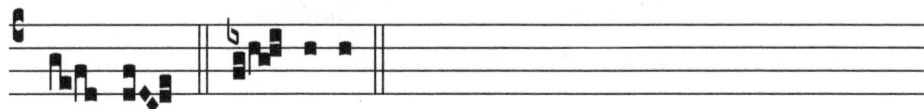

Sanc-to.   †I- de-o.

Hymnus. Rex glorióse. [212].

℣. Mirábilis Deus in sanctis suis.

℟. *privatim.* Et gloriósus in majestáte sua.

Ant.
I.v.

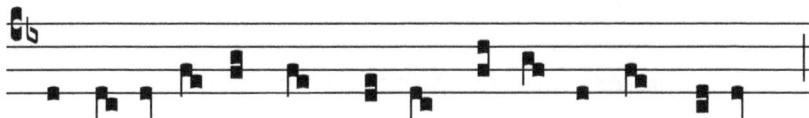

C-ce vi-di * Agnum stantem supra montem Sy-on :

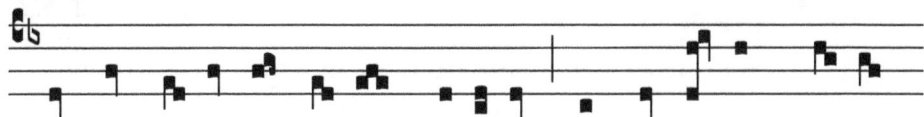

et cum e- o sanctó-rum mí-li- a :   et ha-bé-bant nomen

e- jus et nomen Pa- tris e- jus scrip-   tum   in

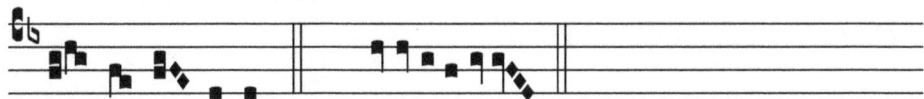

frón-ti-bus su- is. *Ps.* Magníficat. 16*.

Oratio. Deus cujus hodiérna. 70.

Memoria de nativitate.

Ant. Virgo verbo. *ut supra.* 56.

℣. Verbum caro factus est. ℟. Et habitávit in nobis allelúya.

Oratio. Concéde quésumus. 50.

Memoria de sancto Stephano.

Ubi processio prius de eo facta fuerit : cum hac

Ant.
VII.i.

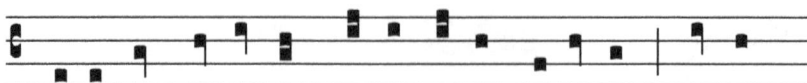

Api-des torréntes * il-li dulces fu-é-runt : ipsum

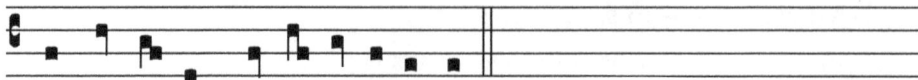

sequúntur omnes á-nime juste.

Ubi vero processio facta non fuerit : dicitur

Ant.
VIII.i.

Dhé-sit á- nima * me- a post te : qui- a ca-ro me-a

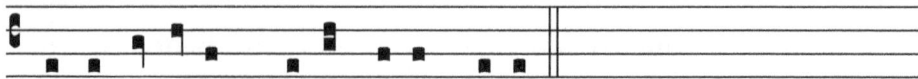

la-pi-dá-ta est pro te De- us me- us.

℣. Glória et honóre coronásti eum Dómine.

℟. Et constituísti eum super ópera mánuum tuárum.

Oratio. Da nobis quésumus. 53.

Memoria de sancto Johanne.

Ubi processio de eo prius facta fuerit : cum hac

Ant.
III.iv.

Ic est discí-pu-lus * il-le qui testimó-ni- um per-

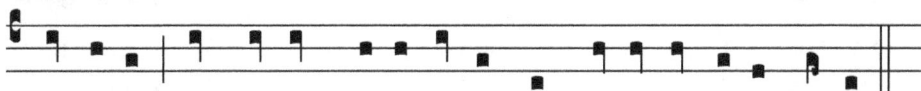

hí-bu- it : et scimus qui- a ve-rum est testimó-ni- um e-jus.

Ubi vero processio facta non fuerit : dicitur

Ant.
III.iv.

Ic est discí-pu-lus * me- us : sic e- um vo-lo ma-né-re

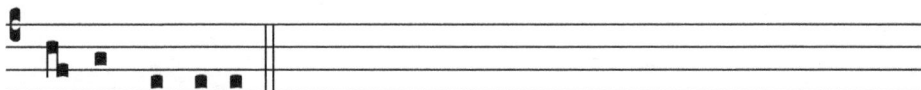

do-nec vé-ni- am.

℣. Valde honorándus est beátus Johánnes.

℟. Qui supra pectus Dómini in cena recúbuit.

Oratio. Ecclésiam tuam. 64.

Postea accipiat cruciferarius baculum episcopi puerorum : et cantet ant.
Princeps ecclésie. *sicut ad primas vesperas.* 72.

Similiter et episcopus puerorum benedicat populum supradicto modo. Et sic compleatur officium puerorum hujus diei.

Processio ad altare sancti Thome martyris.

Tunc eat processio ad altare sancti Thome martyris habitu non mutato, absque cereis in manibus : cantando responsorium cantore incipiente.

79

3. Resp.
V.

A- cet * gra-num opprés- sum pá- le-

a : Jus- tus ce- sus pra-vó- rum frá- me- a.

†Ce- lum do- mo cómmu-tans lú-

te- a.

Tres clerici dicat versum.

℣. Ca-dit custos vi-tis in ví-ne-a : Dux in cas- tris,

cultor in á- re- a. †Ce- lum.

Deinde dicatur prosa ab omnibus qui volunt in superpelliciis coram altare.

Prosa.
V.

Langat pastor in tu-ba córne- a. ℟.

Chorus respondeat cantum prose post unumquemque versum super litteram ℟.

℣. Ut lí-be-ra sit Chris-ti ví-ne- a. ℟. ℣. Quam

assúmpsit sub carnis trá-be- a. ℟. ℣. Li-be-rá-vit

cru-ce purpú-re- a. ℟. ℣. Advérsa-trix o-vis erró-

ne- a. ℟. ℣. Fit pastó-ris ce-de sanguíne- a.

℟. ℣. Pa-viménta Chris-ti marmó-re- a. ℟.

℣. Sacro ma-dent cru-ó-re rú-be- a. ℟.

℣. Martyr vi-te do-ná-tus láure- a. ℟. ℣. Ve-lut

gra-num purgá-tum pá-le- a. ℟. ℣. In di-ví-na transfértur hórre- a. †Ce- lum. ℣. Gló-ri- a Pa-tri et

Fí- li- o : et Spi- rí- tu- i Sanc- to. †Ce- lum.

❡ *Et notandum est quod per totum annum non cantatur hec prosa nisi tantum in hac processione et ante missam in processione si dominca fuerit.*

Ad hanc processionem non dicatur Glória Patri. *sed dum prosa canitur thurificet sacerdos altare : deinde imaginem beati Thome martyris et postea dicat modesta voce*

℣. Ora pro nobis beáte Thoma.

℟. Ut digni efficiámur promissiónibus Christi.

℣. Orémus.

Oratio.

Deus pro cujus ecclésia gloriósus póntifex Thomas gládiis impiórum occúbuit : presta quésumus ut omnes qui ejus implórant auxílium, petitiónis sue salutárem consequántur efféctum. Per.

In redeundo dicitur ℟. *vel antiphona de sancta Maria.* 407.

Ubi vero non fit processio de sancto Thoma : tunc fiat in primis de eo memoria ante memoriam de nativitate cum hac antiphona.

Ant.
I.v.

Pastor * ce- sus in gre-gis mé- di- o, Pa- cem

e- mit cru-ó-ris pré- ci- o : O   le-tus do- lor in tris-ti

gáu-di- o, Grex respí-rat pastó- re mórtu-o, Plangens

plau-dit ma- ter in fí-li- o, Qui- a vi- vit victor sub

glá-di- o.

℣. Ora pro nobis beáte Thoma.

℟. Ut digni efficiámur promissiónibus Christi.

Oratio. Deus pro cujus ecclésia. 82.

Memoria de nativitate.

Ant. Virgo verbo. 56.

℣. Verbum caro factus est. ℟. Et habitávit in nobis allelúya.

Oratio ut supra. 50.

Memoria de sancto Stephano.

Ant. Adhésit ánima. 78.

℣. Glória et honóre coronásti eum Dómine.

℟. Et constituísti eum super ópera mánuum tuárum.

Oratio ut supra. 53.

Memoria de sancto Johannes.

Ant. Hic est discípulus meus.   79.

℣. Valde honorándus est beátus Johánnes.

℟. Qui supra pectus Dómini in cena recúbuit.

Oratio ut supra. 64.

❡ *He sequentes antiphone dicantur ad memoriam de innocentibus per octavas quibus dictis dicantur antiphone de laudibus : et postea de nocturnis hoc modo.*

1. Ant.
I.v.

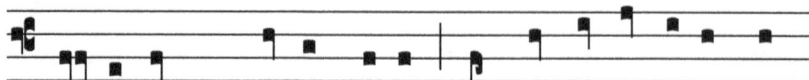

A-vé-runt * sto-las su-as : et cándi-das e-as fe-

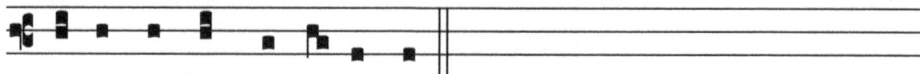

cé-runt in sángui-ne Agni.

2. Ant.
IV.i.

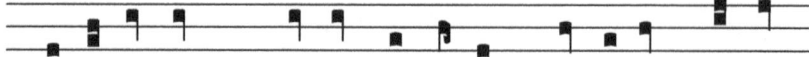

Mbu-lá-bunt * me-cum in albis quó-ni- am digni

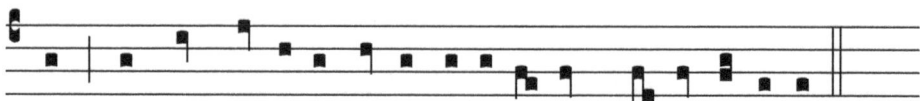

sunt : et non de-lébo nómi-na e-ó-rum de libro vi-te.

3. Ant.
VIII.ii.

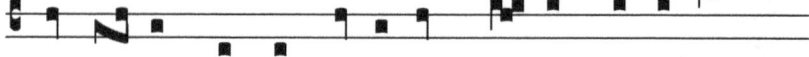

Antá- bant sancti * cánti-cum no- vum ante se-dem

De- i et Ag-ni : et re-so-ná-bat ter-ra in vo-ces il-ló-rum.

ℂ *In die sancti Thome martyris.*

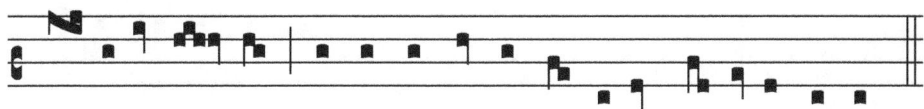

xxix. Decembris.

Ant. Tecum princípium. 44.

Ps. Dixit Dóminus. (*cix.*) [3]. *&c. ut supra.* 44.

Cap. Omnis póntifex. [199].

Dicatur ℟. *a tribus de superiori gradu sicut in ceteris festis duplicibus per annum.*

Resp.
II.

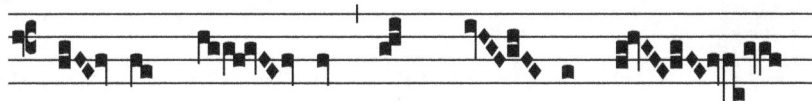

IE- su * bo- ne per Tho- me mé-

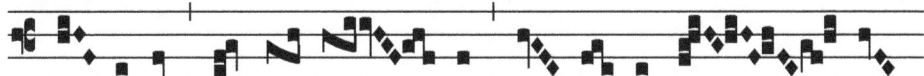

ri-ta, Nostra no- bis di- mít-te dé- bi-

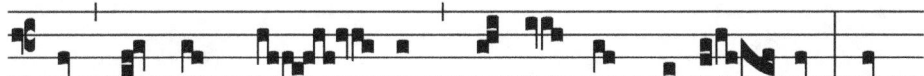

ta, Do-mum por- tam, se-púlchrum ví-si- ta. †Et

a tri- na nos mor- te sús-ci- ta.

℣. Ac-tu mente vel u-su pérdi- ta : Pi- e-tá- te restáu-ra

85

(chant notation)

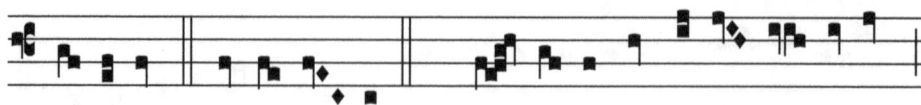

só- li-ta.   †Et a tri- na. ℣. Gló- ri- a Pa-tri et Fí- li-o :

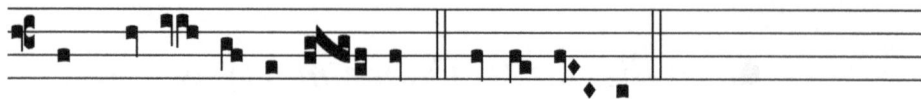

(chant notation)

et Spi-rí- tu- i Sanc- to.   †Et a tri- na.

Hymnus. Deus tuórum mílitum. [195].

℣. Justus germinábit sicut lílium.

℟. *privatim.* Et florébit in etérnum ante Dóminum.

Ant.
I.v.

(chant notation)

Al-ve * Thoma vir-ga justí- ci- e : Mundi ju-bar

(chant notation)

robur ecclé- si- e, Ple-bis a-mor cle- ri de-lí- ci- e :

(chant notation)

Sal-ve gre- gis tu- tor egré- gi- e, Sal-va tu- e gau-déntes

(chant notation)

gló-ri- e. *Ps.* Magníficat. 16*.

Oratio. Deus pro cujus ecclésia. 82.

Memoria de nativitate.

Ant. Virgo Dei génitrix. *ut supra.* 57.

℣. Verbum caro factus est. ℟. Et habitávit in nobis allelúya.

Oratio. Concéde quésumus. 50.

Memoria de sancto Stephano.

Ubi processio de eo prius facta fuerit, cum hac

Ant.
VIII.i.

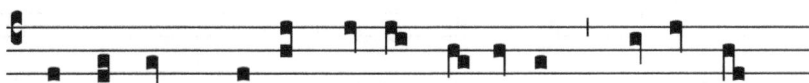

Tépha-nus * vi-dit ce-los a-pértos, vi-dit et

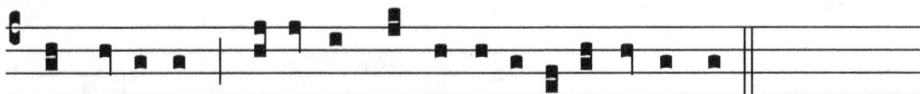

intro- í-vit : be- á-tus homo cu- i ce-li pa-té-bunt.

Ubi vero processio non fuerit facta, tunc dicatur

Ant.
IV.v.

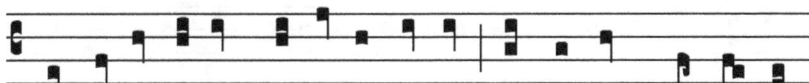

C-ce ví-de-o * ce-los a-pértos : et Je-sum stantem a

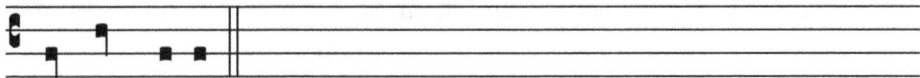

dextris De- i.

℣. Glória et honóre coronásti eum Dómine.

℟. Et constituísti eum super ópera mánuum tuárum.

Oratio. Da nobis quésumus. 53.

Memoria de sancto Johanne.

Ubi processio de eo facta fuerit, cum hac

Ant. I.i.

C-ce pu- er me- us * e-léctus quem e-lé-gi : pó-su- i

su-per e- um Spí- ri-tum me- um.

Ubi vero non fuerit processio facta, dicatur

Ant. I.i.

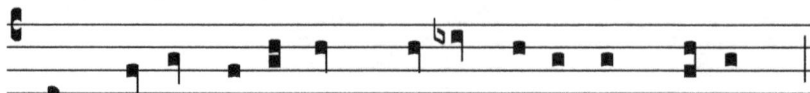

Unt de hic stánti-bus * qui non gustá-bunt mortem :

donec ví-de- ant Fí-li- um hómi-nis in regno su- o.

℣. Valde honorándus est beátus Johánnes.

℟. Qui supra pectus Dómini in cena recúbuit.

Oratio. Ecclésiam tuam. 64.

Memoria de innocentibus.

Ubi processio puerorum facta fuerit : cum hac ant. Lavérunt stolas. 84.
ubi vero non : dicatur ant. Ambulábunt mecum in albis. 84.

℣. Letámini in Dómino et exultáte justi.

℟. Et gloriámini omnes recti corde.

Oratio. Deus cujus hodiérna die. 70.

❧ Sancti Silvestri pape et confessoris.

xxxj. Decembris.

Ad primas vesperas.

Ant. Tecum princípium. 44.

Ps. Dixit Dóminus. (*cix.*) [3]. *&c. ut supra.* 44.

Cap. Ecce sacérdos magnus. [216].

℞. Miles Christi. [217].

Hymnus. Iste conféssor. [218].

℣. Amávit eum Dóminus et ornávit eum.

℞. *privatim.* Stola glórie índuit eum.

Ant. Conféssor Dómini. [221].

Ps. Magníficat. 16*.

℣. Oremus.

Oratio.

DA quésumus omnípotens Deus : ut beáti Silvéstri confessóris tui atque pontíficis veneránda solénnitas, et devotiónem nobis áugeat et salútem. Per Dóminum.

Memoria de nativitate.

Ant. Virgo hódie. 54.

℣. Verbum caro factus est. ℞. Et habitávit in nobis allelúya.

Oratio. Concéde quésumus. 50.

Memoria de sancto Stephano.

Ubi processio prius de eo facta fuerit : cum hac

Ant.
I.v.

E- á-tus * Stépha-nus ju-gi le-gis De- i me-di-ta-ti-óne robo-rá-tus : tanquam lignum fructí-fe-rum se-cus sa-lu-

tá-ri- um aquá- rum plantá-tum de-cúrsus fructum martý-ri-

i   in témpo-re su-o de-dit primus.

Ubi vero processio facta non fuerit : dicitur

Ant.
II.i.

Onsti-tú-tus * a De- o pre-di-cá-tor pre-ceptó-rum

e-jus   in timó-re sancto il-li serví-re stú-du-   it : of-fi-ci-

óque fi-dé-li-ter pe-rác-to   in monte sancto e- jus ascén-

de-re dignus fu- it.

℣. Glória et honóre coronásti eum Dómine.

℟. Et constituísti eum super ópera mánuum tuárum.

Oratio. Da nobis quésumus. 53.

Memoria de sancto Johanne.

Ubi processio facta fuerit : cum hac

Ant.
VIII.ii.

Ic e-um vo-lo * ma-né-re do-nec vé-ni- am :

tu me sequé-re.

Ubi vero non : tunc dicitur

Ant.
I.v.

O- hán- nes * a-pósto-lus et e-vange-lísta virgo

est e-léctus a Dómi-no at-que inter cé-te- ros ma- gis

di- léctus.

℣. Valde honorándus est beátus Johánnes.

℟. Qui supra pectus Dómini in cena recúbuit.

Oratio. Ecclésiam tuam. 64.

Memoria de innocentibus.

Ubi processio puerorum facta fuerit : cum hac ant. Cantábant sancti cánticum novum. 84. *ubi vero non : tunc dicitur*

Ant.
I.i.

E-ró-des i-rá- tus * occí-dit multos pú- e-ros : in

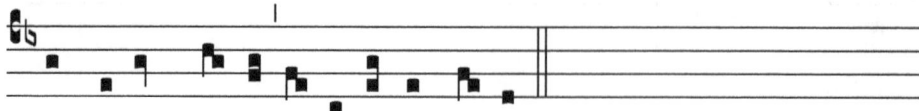

Béthle- em Ju-de ci- vi-tá-te Da-vid.

℣. Letámini in Dómino et exultáte justi.

℞. Et gloriámini omnes recti corde.

Oratio. Deus cujus hodiérna. 70.

Memoria de sancto Thoma.

Ubi processio de eo prius facta fuerit : cum hac

Ant.
I.v.

Ra-num ca-dit * có-pi- am gér-mi-nat fruménti :

A-la-bástrum frángi- tur, fragrat vis unguénti.

Ubi vero processio facta non fuerit : dicitur

Ant.
II.i.

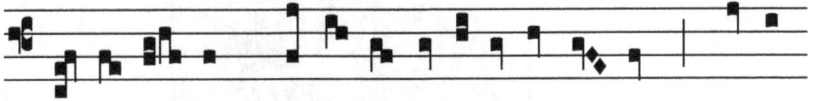

O-tus or-bis * márty- ris certat in amó- rem : Cu-jus

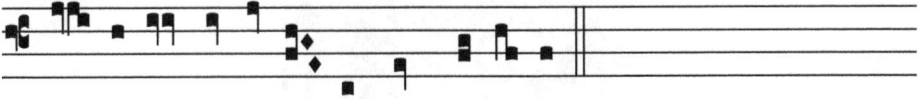

sig-na sín-gu-los a- gunt in stupó-rem.

℣. Ora pro nobis beáte Thoma.

℞. Ut digni efficiámur promissiónibus Christi.

Oratio. Deus pro cujus ecclésia. 82.

ℭ *In vigilia circuncisionis Domini.*

Ant. Tecum princípium. 44.

Ps. Dixit Dóminus. (*cix.*) [3]. *&c. ut supra.* 44.

Capitulum. Titus ij. 11-12.

Ppáruit grátia Dei salvatóris nostri ómnibus homínibus erúdiens nos, ut abnegántes im- pietátem et seculária desidéria : sóbrie et juste et pie vivámus in hoc século. ℟. Deo grátias.

℟. Verbum caro. 46. *Et dicitur hic sine prosa.*

Hymnus. A solis ortus cárdine. 47.

℣. Tanquam sponsus.

℟. *privatim.* Dóminus procédens de thálamo suo.

Ant.
III.i.

Ui de terra est *de terra lóqui-tur : qui de ce-lo

ve- nit su-per omnes est, et quod vi-dit et audí-vit hoc tes-

tá-tur, et testimó-ni- um e-jus nemo ácci-pit : qui autem

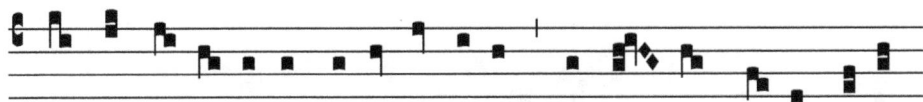

ac-cé-pe- rit e-jus testimó-ni- um, signá- vit qui- a De- us

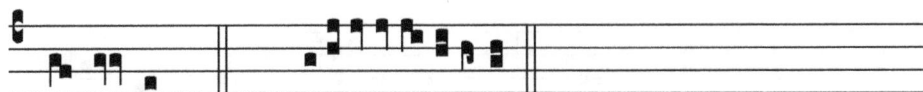

ve-rax est. *Ps.* Magníficat. [85].

Oratio.

Deus qui nobis nati Sal-vatóris diem celebráre con-cédis octávum : fac nos quésumus ejus perpétua divinitáte muníri, cujus sumus carnáli commércio reparáti. Qui tecum vivit et regnat.

Nulla fiat memoria ad has vesperas.

❦ *In die circuncisionis Domini.*

j. Januarii.

Ad secundas vesperas.

Ant. Tecum princípium. 44.
Ps. Dixit Dóminus. (*cix.*) [3]. *&c. ut supra.* 44.
Cap. Appáruit grátia. 94.

Resp. I.

Onfirmá- tum est * cor Vír- gi-nis in quo

di-ví-na mys-té- ri- a ánge- lo nar-ránte con-

cé- pit quem forma pre fí- li- is hó- mi- num, castis

con-cé-pit viscé-ri- bus. †Et be-ne-díc- ta in e-tér-

num De-um no- bis pró-tu- lit et hó-mi- nem.

℣. Domus pu-dí-ci pécto-ris templum re-pénte fit De- i,

intácta nésci- ens vi-rum verbo concé- pit Fí- li- um.

†Et be-ne-díc- ta. ℣. Gló-ri- a Pa-tri et Fí-li- o:

[musical notation]

et Spi-rí- tu- i Sanc-to.   †Et be-ne-díc- ta.

Hymnus. A solis ortus cárdine. 47.

℣. Benedíctus qui venit in nómine Dómini.

℟. *privatim.* Deus Dóminus et illúxit nobis.

Ant.
II.i.

[musical notation]

Ag- num * he-ré-di-tá-tis mysté- ri- um : temp-

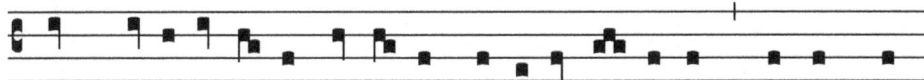

[musical notation]

lum De- i factus est ú-te-rus nesci- éntis vi-rum, non est pol-

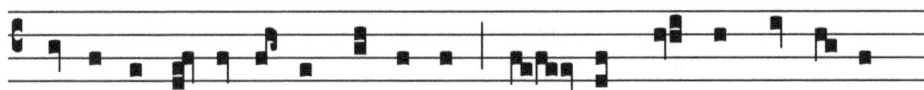

[musical notation]

lú-tus ex e- a carnem assúmens, om- nes gen-tes vé-ni- ent

[musical notation]

di-cén-tes : Gló-ri- a ti-bi Dó- mi-ne. *Ps.* Magníficat. 16*.

Oratio. Deus qui nobis. 95.

Memoria de sancto Stephano tantum.

Ant. Tu principátum. 53.

℣. Glória et honóre coronásti eum Dómine.

℟. Et constituísti eum super ópera mánuum tuárum.

Oratio. Da nobis quésumus. 53.

ℭ *In octava sancti Stephani.*

ij. Januarii.

In octavis sancti Stephani que de ipso erunt.

Ant. Tecum princípium. 44.

Ps. Dixit Dóminus. (*cix.*) [3]. *&c. ut supra.* 44.

Capitulum &c. omnia sicut in prima die dicantur 58. : *preter respon-sorium quod non dicetur.*

Memoria de sancto Johanne.

Sive de eo facta fuerit processio sive non.

Ant. Valde honorándus. 64.

℣. In omnem terram exívit sonus eórum.

℟. Et in fines orbis terre verba eórum.

Oratio. Ecclésiam tuam. 64.

Memoria de innocentibus.

Ubi processio puerorum facta fuerit : cum hac

Ant.
II.i.

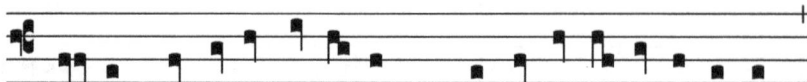

Ox in Rama audí-ta est * plo-rá-tus et u-lu-lá-tus,

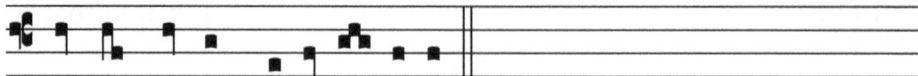

Rachel plo-rans fí-li- os su- os.

Ubi vero non : tunc dicatur

Ant.
VIII.ii.

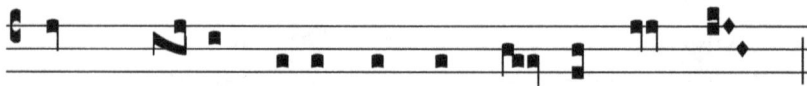

Ub thro-no De- i * omnes sanc-ti cla- mant :

98

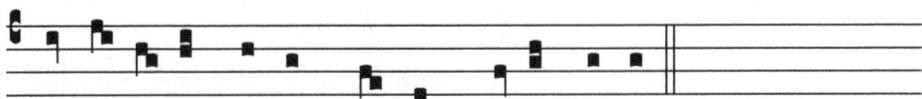

Víndi- ca sángui-nem nostrum De- us noster.

℣. Letámini in Dómino et exultáte justi.

℟. Et gloriámini omnes recti corde.

Oratio. Deus cujus hodiérna die. 70.

Memoria de sancto Thoma.

Ubi processio prius de eo facta fuerit : cum hac

Ant. VI.

D Tho- me * me-mó-ri- am qua-ter lux de-

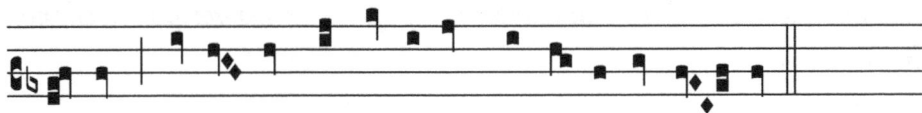

scéndit : Et in sancti gló-ri- am cé-re- os accén- dit.

Ubi vero processio facta non fuerit dicitur

Ant. VIII.i.

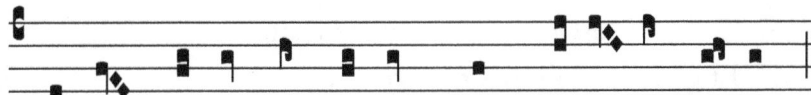

U per Thome * sángui-nem quem pro te impéndit :

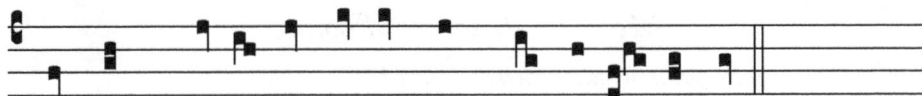

Fac nos Christe scánde-re quo Tho-mas as-céndit.

℣. Ora pro nobis beáte Thoma.

℟. Ut digni efficiámur promissiónibus Christi.

Oratio. Deus pro cujus ecclésia. 82.

Memoria de sancta Maria.

Sive dominica fuerit sive non : cum hac antiphona Quando natus es. [14].

℣. Speciósus forma pre filiis hóminum.

℟. Diffúsa est grátia in lábiis tuis. *Non dicitur ulterius.*

Oratio. Deus qui salútis. [14].

❡ *In octava sancti Johannis apostoli.*

iij. Januarii.

Vespere fiant de sancto Johanne.

Ant. Tecum princípium. 44.

Ps. Dixit Dóminus. (*cix.*) [3]. *&c. ut supra.* 44.

Antiphone, psalmi, capitulum, et cetera omnia sicut in prima die sancti Johannis dicantur ad secundas vesperas 65. *preter responsorium quod non dicetur.*

Memoria de innocentibus.

Sive de eis processio facta fuerit sive non.

Ant. Innocéntes. 76.

℣. Letámini in Dómino et exultáte justi.

℟. Et gloriámini omnes recti corde.

Oratio. Deus cujus hodiérna die. 70.

Memoria de sancto Thoma.

Ubi processio de eo prius facta fuerit : cum hac

Ant.
I.v.

Ummo * sa-cerdó- ti- o Thomas sublimá- tus : Est

100

in vi- rum á- li- um sú-bi-to mu-tá- tus.

Ubi vero non : tunc dicitur

Ant.
II.i.

Onáchus * sub clé- ri-co clam ci-li-ci- á- tus Carnis

carne fórti- or édomat co-ná-tus.

℣. Ora pro nobis beáte Thoma.

℟. Ut digni efficiámur promissiónibus Christi.

Oratio. Deus pro cujus ecclésia. 82.

Memoria de sancta Maria.

Sive dominica fuerit sive non : cum hac antiphona Quando natus. [14].

℣. Speciósus forma pre fíliis hóminum.

℟. Diffúsa est grátia in lábiis tuis. *Non dicitur ulterius.*

Oratio. Deus qui salútis. [14].

❧ *In octava sanctorum innocentium.*

iiij. Januarii.

Vespere de innocentibus dicantur.

Ant. Tecum princípium. 44.

Ps. Dixit Dóminus. (cix.) [3]. *&c. ut supra.* 44.

Capitulum et cetera omnia sicut in prima die sanctorum innocentium

101

dicuntur 76. : preter responsorium, quod non dicetur.

Memoria de sancto Thoma.

Si de eo facta fuerit processo sive non.

Ant. Pastor cesus. 82.

℣. Ora pro nobis beáte Thoma.

℞. Ut digni efficiámur promissiónibus Christi.

Oratio. Deus pro cujus ecclésia. 82.

Memoria de sancto Edwardo.

Deinde fiat memoria de sancto Edwardo : rege et confessore.

Ant. Conféssor Dómini. [221].

℣. Amávit eum Dóminus et ornávit eum.

℞. Stola glórie índuit eum.

Oratio.

Eus qui unigénitum Fílium tuum Dóminum nostrum Jesum Christum gloriosíssimo regi Edwárdo in forma visíbili demonstrásti, tríbue quésumus, ut ejus méritis et précibus ad etérnam ipsíus Dómini nostri Jesu Christi visiónem pertíngere mereámur. Qui tecum.

Sequatur memoria de sancta Maria.

Ant. Quando natus. [14].

℣. Speciósus forma pre filiis hóminum.

℞. Diffúsa est grátia in lábiis tuis. *Non dicitur ulterius.*

Oratio. Deus qui salútis. [14].

❡ *In die epyphanie.*

vj. Januarii.

Ad primas vesperas.

Ant. Tecum princípium. 44.

Ps. Dixit Dóminus. (*cix.*) [3]. *&c. ut supra.* 44.

Capitulum. Esai. lx. 1.

Urge illumináre Hierúsalem : quia venit lumen tuum : et glória Dómini super te orta est. ℞. Deo grátias.

Resp. II.

Eges Thar-sis * et ín-su- le mú- ne- ra óffe-

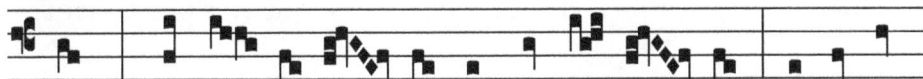

rent. †Re-ges A-ra- bum et Sa-ba do- na ‡Dómi-no

103

De- o ad- dú- cent. ℣. Et a-do-rá- bunt e-um omnes

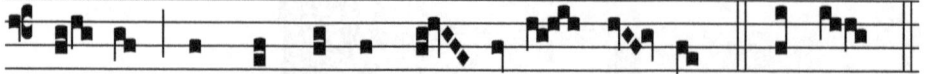

re- ges : omnes gentes sér- vi- ent e- i. †Re-ges.

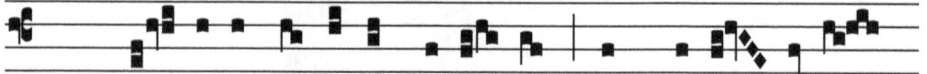

℣. Gló- ri- a Pa-tri et Fí-li- o : et Spi-rí- tu- i

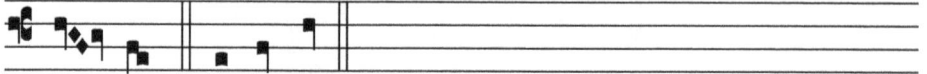

Sanc-to. ‡Dómi-no.

Hic cantus sequens dicatur super hunc hymnum ad has vesperas et in die epyphanie : et in dominica infra octavas et in ipsis octavis tam ad primas vesperas quam ad secundas vesperas.

Hymn.
III.

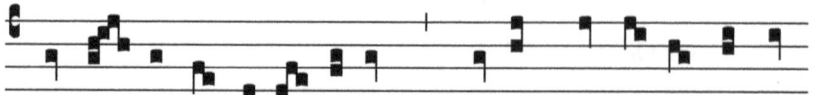

Ostis He-ró-des ímpi- e, * Christum ve-ní- re quid ti-

mes ? Non é- ri-pit mor-tá- li- a, Qui regna dat ce- lés-ti- a.

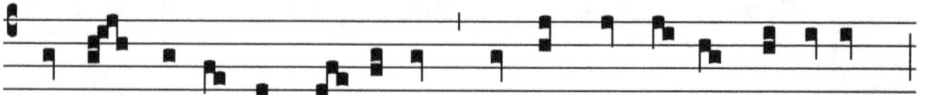

2. I-bant ma-gi quam ví- de-rant Stel-lam sequéntes pré-vi- am :

Lumen re-quí-runt lú-mi-ne, De-um fa-téntur mú- ne-re.

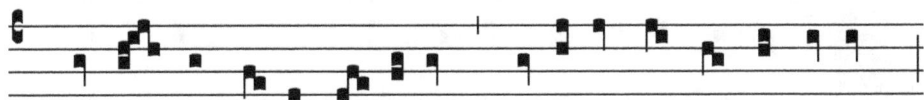

3. La-vá-chra pu- ri gúr-gi-tis Ce-léstis Agnus át-ti-git,

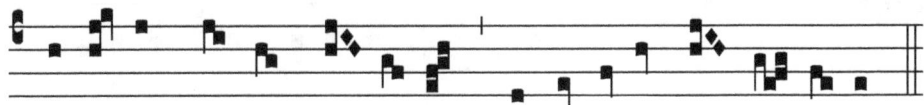

Peccá- ta que non dé- tu- lit, Nos ablu-éndo sús-tu- lit.

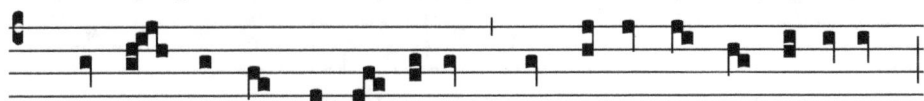

4. No-vum ge-nus po-tén-ti- e, Aque ru-bés-cunt ídri- e :

Vi-númque jus-sa fún-de-re Mu-tá-vit unda o- rí- gi-nem.

5. Gló-ri- a ti-bi Dó-mi-ne, Qui appa-ru- ís-ti hó-di- e :

Cum Pa-tre et Sancto Spí- ri- tu, In sempi-térna sé- cu- la.

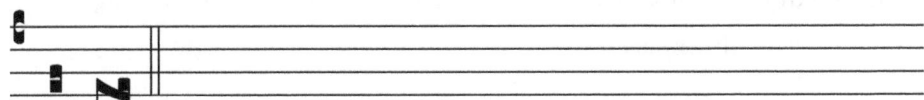

Amen.

Hic versus dicitur in fine omnium hymnorum ejusdem metri : per totas octavas et in octava.

℣. Omnes de Saba vénient. ℟. *privatim.* Aurum et thus deferéntes : et laudem Dómino annunciántes.

Ant.
VIII.i.

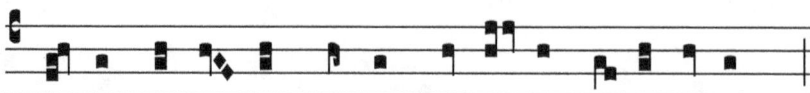

A-gi * vi-dén-tes stel-lam di-xé- runt ad-ínvi-cem :

Hoc signum magni re-gis est : e- á-mus et inqui-rámus e-um,

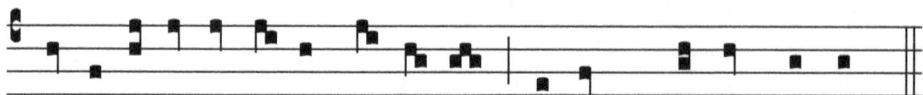

et offe-rámus e- i mú-ne-ra : aurum, thus et mir-ram.

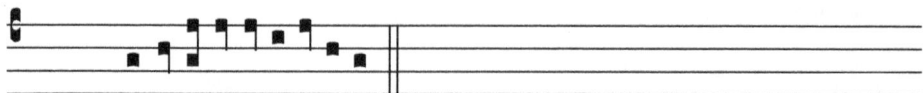

Ps. Magníficat. 16*.

Oratio.

Corda nostra quésumus Dó-mine ventúre solennitátis splendor illústret : quo mundi hujus ténebris carére valeámus, et perveniámus ad pátriam claritátis etérne. Per eúndem Dóminum.

Ad secundas vesperas.

Ant. Tecum princípium. 44.

Ps. Dixit Dóminus. (*cix.*) [3]. *et cetere antiphone et psalmi.* 44.

Cap. Surge illumináre. 103.

Resp. I.

[*T*]ri- a sunt * mú-ne-ra pre-ci- ó- sa que obtu-lé-

runt ma-gi Dómi- no in di- e is- ta : et ha-bent

in se di-ví- na mys-té- ri- a. †In au-ro ut

ostendá-tur re-gis po-tén- ti- a : in thu- re sa-cer-

dó-tem magnum consí-de- ra. ‡Et in mir- ra Domí-ni-

cam se-pul-tú- ram. ℣. Sa-lú-tis nostre auctó-rem

ma-gi ve-ne-rá-ti sunt in cu-ná-bu- lis : et de the-sáu-ris su- is

mýsti-cas e- i mú-ne- rum spé-ci- es obtu-lé- runt.

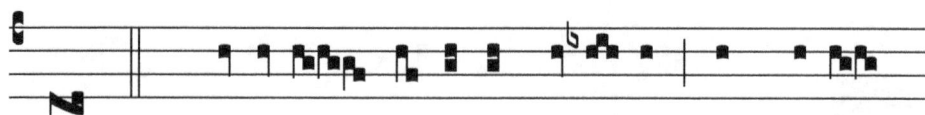

†In. ℣. Gló-ri- a Pa-tri et Fí-li- o : et Spi-rí-

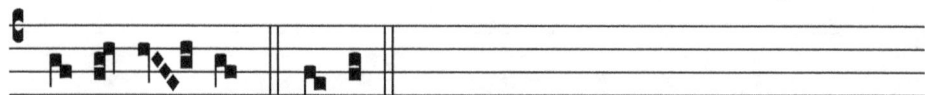

tu- i Sanc-to. ‡Et in.

Hymnus. Hostis Heródes ímpie. 104.

℣. Omnes de Saba vénient. ℟. *privatim.* Aurum et thus deferéntes :
et laudem Dómino annunciántes.

Ant.
VIII.i.

B o-ri- énte * ve-né-runt ma-gi in Béthle- em

a-do-rá-re Dómi-num : et a-pértis the-sáuris su- is pre-ci-

ó-sa mú-ne-ra obtu-lé-runt : aurum si-cut re-gi magno :

thus si-cut De-o ve-ro : mir-ram se-pultú-re e-jus al-le-

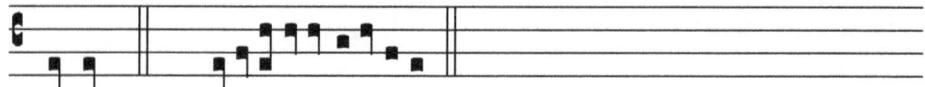

lú-ya. *Ps.* Magníficat. 16*.

Oratio.

DEus qui hodiérna die uni- génitum tuum géntibus stella duce revelásti : concéde propícius, ut qui jam te ex fide cognóvimus : usque ad con- templándam spéciem tue celsitú- dinis perducámur. Per eúndem.

Hac die nulla fiat memoria.

ℭ *Quotidie per octavas.*

Ant. Tecum princípium. 44.

Ps. Dixit Dóminus. (*cix.*) [3]. *&c. ut supra.* 44.

Cap. Surge illumináre. 103.

ℭ *Hic cantus sequens dicatur super hunc hymnus infra octavas tam ad matutinas quam ad vesperas nisi in dominica et in octava die.*

Hymn. VIII.

Ostis He-ródes ímpi- e, * Chris- tum ve-ní-re quid ti-mes ? Non é-ri-pit mortá-li- a, Qui regna dat ce-lés-ti- a.

2. I-bant ma-gi quam ví- de-rant Stel- lam sequéntes pré-vi-am : Lumen re-quírunt lúmi-ne, De- um fa- téntur mú-ne-re.

109

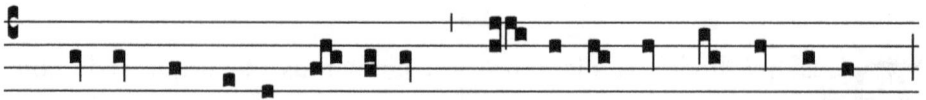

3. La-váchra pu-ri gúr-gi-tis Ce- léstis Agnus át-ti-git,

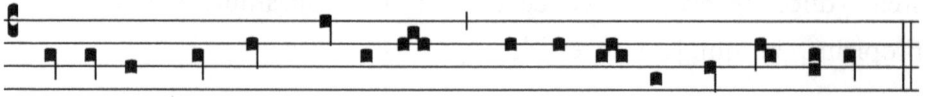

Peccá-ta que non dé-tu-lit, Nos ablu- éndo sús-tu-lit.

4. No-vum ge-nus po-tén-ti- e, A-que ru-béscunt ídri- e :

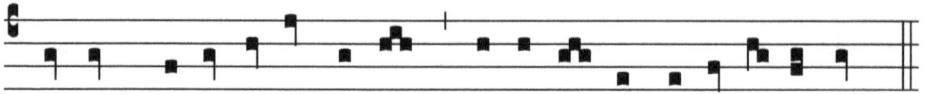

Vi-númque jussa fúnde-re Mu-tá-vit unda o-rí-gi-nem.

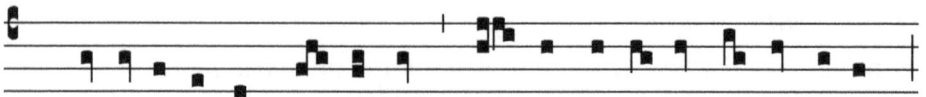

5. Gló-ri- a ti-bi, Dó-mi-ne, Qui appa-ru- ís-ti hó-di- e :

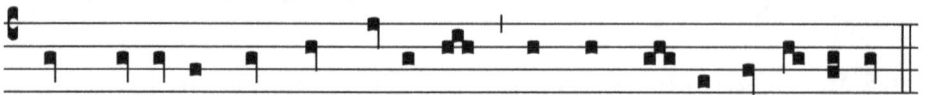

Cum Patre et Sancto Spí-ri-tu, In sempi- térna sé-cu-la.

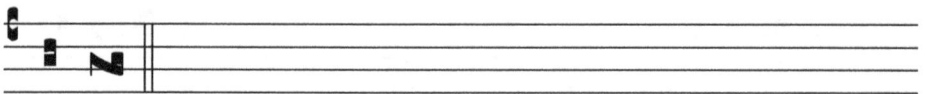

Amen.

℣. Omnes de Saba vénient. ℟. *privatim.* Aurum et thus deferéntes : et laudem Dómino annunciántes.

He sequentes antiphone dicuntur per octavas super ps. Benedíctus. *et* Magníficat. *et non alie : cum frequenti repetitione, nisi in dominica infra octavas.*

110

1. Ant.
VII.v.

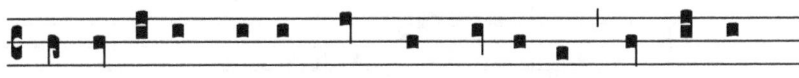

Tel-la ista * si-cut flamma cho-rúscat, et re-gem

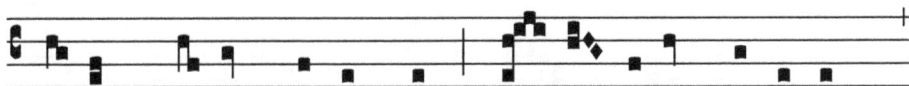

re-gum De- um demónstrat : ma- gi e- am vi-dé-runt,

et Christo re-gi mú-ne-ra obtu-lé-runt. Seculórum amen.

2. Ant.
VII.i.

I-déntes stel-lam ma-gi * ga-ví-si sunt gáudi- o

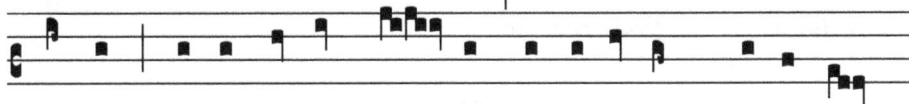

magno : et intrántes do- mum obtu-lé-runt Dómi-no

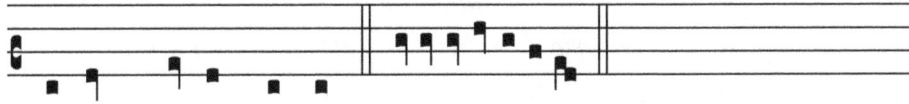

aurum thus et mir-ram. Seculórum amen.

3. Ant.
IV.i.

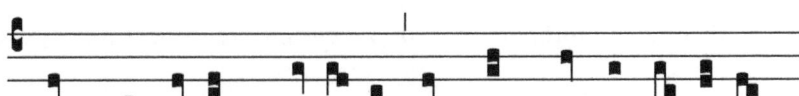

Ox de ce-lis * sónu- it et vox Pa-tris audí-ta

est : Hic est Fí-li- us me- us in quo michi complá-cu- it :

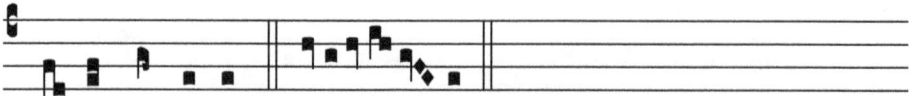

ipsum audí-te.　Seculórum amen.

4. Ant.
I.i.

Dmó-ni-ti ma- gi　* in　somnis　ab　ánge-lo :　per

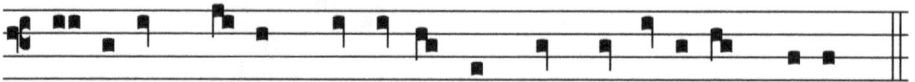

á- li- am　vi- am　re-vérsi　sunt　in　re-gi- ónem　su- am.

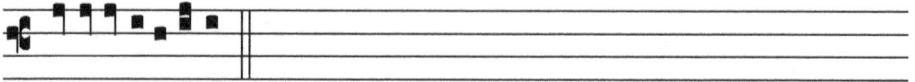

Seculórum amen.

Oratio. Deus qui hodiérna. 109.

❡ *Die ij.*

vij. Januarii.

Ad has vesperas fiat memoria de martyribus Luciano sociisque ejus.

Ant. Gaudent in celis. [208].

℣. Letámini in Dómino et exultáte justi.

℞. Et gloriámini omnes recti corde.

Oratio de communi plurimorum martyrum non pontificum. [209].

Deinde fiat memoria de sancta Maria. [30].

❡ *Dominica infra octavas epyphanie.*

Hymnus Hostis Heródes. 104. *antiphone et psalmi sicut infra octavas dicuntur.*

Ad utrasque vesperas omnia fiant sicut in prima die : preter responsorium quod non dicetur, cum oratione Deus qui hodiérna. 109.

Ad utrasque vesperas antiphona super psalmum Magníficat. *sicut in die epyphanie, similiter et oratio.*

Cum aliquod festum simplex ix. lectionum in octava die contigerit differatur usque ad proximam feriam vacantem ipsius ebdomade, ubi convenientius potest celebrari. Eadem regula fiat de octavis ascensionis Domini, et dedicationis ecclesie.

ℂ *In octava epyphanie.*

xiij. Januarii.

Ad j. vesperas.

Ant. Tecum princípium. 44.

Ps. Dixit Dóminus. (*cix.*) [3]. *et cetere antiphone et psalmi.* 44.

Capitulum. Esaie xxv. 1. ut in 70.

Domine Deus meus honorificábo te : laudem tríbuam nómini tuo qui facis mirábiles res, consílium tuum antíquum verum fiat. ℟. Deo grátias.

Resp. II.

IN co-lúmbe spé-ci- e * Spi-ri-tussánc- tus vi-

sus est : †Pa-tér- na vox audí-ta est, Hic est Fí-li- us

me- us di- léc- tus in quo michi be-ne complá- cu-

113

i. ‡Ip-sum au- dí- te. ℣. Vox Dó- mi-ni

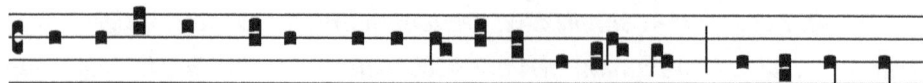

su-per aquas De- us ma-jestá- tis intónu- it : Dómi-nus su-

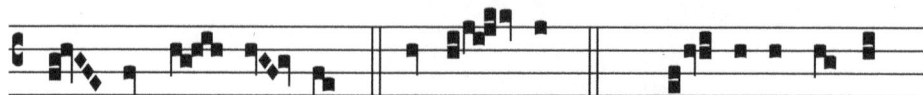

per aquas mul- tas. †Pa-tér- na. ℣. Gló- ri- a Pa-tri

et Fí-li- o : et Spi-rí- tu- i Sanc-to. ‡Ip- sum.

Hymnus. Hostis Heródes ímpie. 104.

℣. Omnes de Saba vénient. ℟. *privatim.* Aurum et thus deferéntes :
et laudem Dómino annunciántes.

Ant.
VIII.i.

Aptí-zat * mi-les Re-gem, servus Dómi-num su-

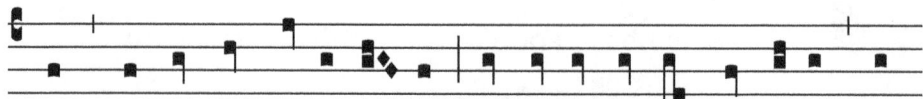

um, Jo-hánnes Salva-tó- rem, aqua Jordá-nis stú-pu- it, co-

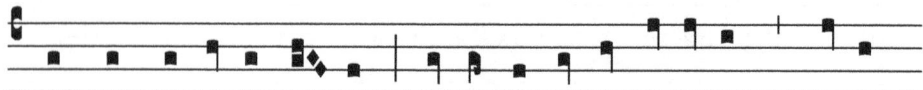

lúmba pro-testa-bá- tur : Pa-térna vox audí-ta est : Hic est

114

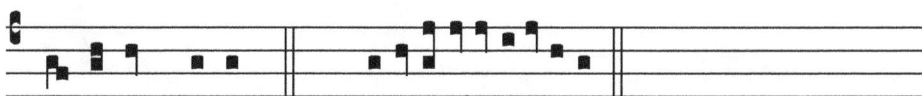

Fí- li- us me- us. *Ps.* Magníficat. 16*.

Oratio.

Eus cujus unigénitus in substántia nostre carnis appáruit, presta quésumus : ut per eum quem símilem nobis foris agnóvimus, intus reformári mereámur. Qui tecum vivit.

Memoria de sancto Hylario episcopo et confessore.

Ant. Conféssor Dómini. [221].

℣. Amávit eum Dóminus et ornávit eum.

℟. Stola glórie índuit eum.

Oratio.

Désto Dómine supplicatiónibus nostris : et intercessióne beáti Hylárii confessóris tui atque pontíficis cujus depositiónem celebrámus : perpétuam nobis misericórdiam benígnus impénde. Per Christum Dóminum.

Memoria de sancta Maria.

Ant. Quando natus. [14]. &c.

¶ *Ad secundas vesperas.*

Ant. Tecum princípium. 44.

Ps. Dixit Dóminus. (*cix.*) [3]. &c. *ut supra.* 44.

Cap. Dómine Deus. 113.

Hymn.
III.

Pa- tre U-ni-gé- ni-tus, * Ad nos ve-nit per Vírgi-

nem : Baptísma cru-ce cón-se-crans, Cunctos fi-dé-les gé-

ne-rans. 2. De ce- lo cel-sus pró- di- it : Suscé-pit formam hó-

mi-nis : Factú-ram mor-te ré- di-mens, Gáudi- a vi-te lár-

gi- ens. 3. Hoc te Re-démptor qué- sumus, Il-lá-be-re pro-

pí-ci- us : Cla-rúmque nostris sén-si-bus Lumen pre-be fi-

dé- li-bus. 4. Ma-ne no-bís-cum Dó-mi-ne, Noctem obscú-

ram rémo-ve, Omne de-líc-tum áb-lu- e, Pi- am me-dé-lam

trí- bu- e. 5. Quem jam ve-nís-se nó- vimus Re-dí-re i-

tem cré-dimus, Tu sceptrum tu- um ín-cli- tum, Tu-o de-fén-

de clí- pe- o. 6. Gló-ri- a ti-bi Dó-mi-ne, Qui appa-ru- ís-

ti hó-di- e, Cum Pa-tre et Sancto Spí- ri- tu, In sempi-tér-

na sé- cu- la. Amen.

℣. Vox Dómini super aquas.

℟. *privatim.* Deus majestátis intónuit, Dóminus super aquas multas.

Ant.
VIII.i.

Ontes * aquá-rum sancti-fi- cá- ti sunt Christo appa-

rénte in gló- ri- a orbis terrá- rum : háu-ri- te a- quas de

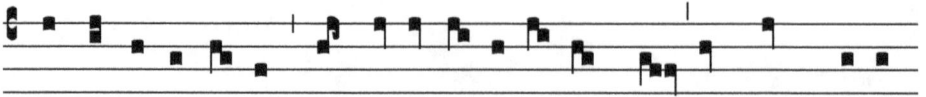

fonte Salva-tó- ris, sancti-fi-cá-vit e-nim nunc omnem cre- a-

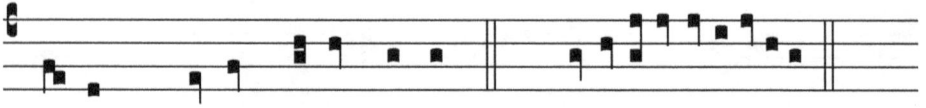

tú- ram Christus De- us noster. *Ps.* Magníficat. 16*.

Oratio. Deus cujus unigénitus. 115.

Memoria de sancto Felice episcopo et martyre.

Ant. Hic est vere martyr. [192].

℣. Glória et honóre coronásti eum Dómine.

℟. Et constituísti eum super ópera mánuum tuárum.

Oratio. Concéde quésumus omnípotens Deus ut ad meliórem. 121.

Memoria de sancta Maria. [13].

Si vero octave epyphanie in sabbato contigerint : tunc erunt vespere in ipso sabbato de octavis et solennis memoria de sancto Felice in primis : et postea de dominica, deinde de sancta Maria. Completorium vero de die epyphanie non mutatur : sive sabbatum fuerit sive non.

❧ *Sciendum est quod in octavis epyphanie, ascensionis Domini, Corporis Christi, ubi octava sunt cum regimine chori, visitationis, assumptionis, et nativitatis beate Marie, et dedicationis ecclesie semper ultime secunde vespere erunt de octavis licet in crastino nova hystoria fuerit inchoanda, vel festum ix. lectionum contigerit vel commemoratio beate Marie virginis vel sancti loci celebranda fuerit, nisi fuerit tale festum ix. lectionum quod suas ij. vesperas habere non poterit.*

❧ *Dominica j. post octavas epyphanie inchoetur hystoria* Dómine ne in ira.

118

Si vero octava epyphanie in dominica evenerit et tempus prolixum fuerit usque ad septuagesimam tota septimana fiat de festis sanctorum, scilicet de sancto Felice : de sancto Mauro, Marcello, et Sulpitio : ita quod commemoratio de sancto loci non omittatur, nec et de sancta Maria fiat : in sexta feria, et in sabbato de sancto Vulstano : et in sequenti dominica inchoetur hystoria Dómine ne in ira. *cum sua memoria tantum scilicet ad utrasque vesperas, et ad matutinas, et ad missam : et totum fiat servitium de festo sanctorum Fabiani et Sebastiani. Tamen si tempus breve fuerit inter octavas epyphanie et septuagesimam : tunc differatur festum sanctorum Fabiani et Sebastiani : usque in crastinum sancti Vincentii. Similiter fiat de sancto Vulstano si tempus breve fuerit quando in dominica contigerit. Si fuerit prolixum tempus inter dominicam qua incipienda est hystoria* Dómine ne in ira. *et septuagesimam : et festum sancti Vulstani fuerit in eadem dominica qua contigerit : fiat memoria de dominica ad utrasque vesperas et ad matutinas et ad missam que precedet memoriam beate Marie. Eodem modo fiat de festo sanctorum Fabiani et Sebastiani quando in dominica contigerit.*

Si vero inter octavas epyphanie et septuagesimam nulla dies dominica evenerit, tunc in dominica infra octavas vel in octava epyphanie si dominica fuerit : fiat memoria ad utrasque vesperas et ad matutinas et ad missam de hystoria Dómine ne in ira. *que precedet memoriam beate Marie. In mediis autem feriis tunc fiat feriale servitium : et nichil de hystoria dominicali. Et in eisdem feriis officium* In excélso throno. *et* Omnis terra. *et* Adoráte. *cantetur : scilicet cum propriis collectis, epistolis et evangeliis, sed tamen oratio prime dominice : scilicet oratio* Vota quésumus Dómine. *dicitur in illis tribus feriis tam ad vesperas quam ad matutinas et ad omnes alias horas. In aliis vero officiis, ut in* Omnis terra. *et* Adoráte. *sue proprie collecte dicantur ad missam tantum et nichil fiat tunc de festis iij. lectionum que in illis tribus feriis predictis contingere possunt : preter memoriam que fiet de eis ad vesperas et ad matutinas de sancta Maria : que prcecedet memoriam de*

Sancto Spiritu. Si septuagesima vero in festo sancti Vulstani forte contigerit : differatur festum usque in crastinum sancti Vincentii. Eodem modo fiet de festo sanctorum Fabiani et Sebastiani : et de sancta Agnete : et de sancto Vincentio.

Cum autem una dies dominica tantum inter octavas epyphanie et septuagesimam contigerit totum servitium fiat de dominica : et tantum memoria de festis iij. lectionum que ibi contingere possunt. Festa autem ix. lectionum differantur usque in crastinum sancti Vincentii. In sequentibus vero feriis tunc nichil fiat de feriali servitio sed de sanctis si habeatur. Ita tamen quod due misse que restant cantande : videlicet Omnis terra. *et* Adoráte. *in eisdem feriis vel festis iij. lectionum si ferie non vacaverint : cantentur. Ita tamen quod commemorationes beate Marie ac festi loci non omittantur : et tunc fiat totum servitium de festis iij. lectionum.*

Si vero in dominica in qua incipienda est hystoria Dómine ne in ira. *festum iij. lectionum de quo proprie lectiones et collecte habeantur evenerit et hystoria duratura fuerit : ita quod una dominica ad minus ante lxx. a festo vacaverit : tunc fiat de festo memoria et medie lectiones de sancto. Si autem nulla dominica a festo vacaverit ante lxx. tunc in prima dominica tota cantetur hystoria, et de festo tantum fiat memoria tam ad vesperas quam ad matutinas et ad missam. In mediis vero dominicis quando de dominica agitur quodcunque festum iij. lectionem evenerit, dicatur memoria et medie lectiones de eo fiant.*

℃ *Sciendum est quod in inceptione omnium hystoriarum totius anni in quarum initio ad vesperas sabbato cantatur responsorium scilicet quod si hystoria a sua dominica usque ad aliam differatur vel in mediis feriis cantatur : et in dominica in qua inchoanda erat facta fuerit memoria, deinceps ad ejus inceptionem ubicunque incipiatur : nullum ad vesperas cantabitur responsorium et ubi non precesserit ejus memoria semper cum responsorio incipitur.*

ℭ Sancti Felicis martyris.

xiiij. Januarii.

Tres lectiones, invitatorium simplex.

Oratio.

ℭOncéde quésumus omnípotens Deus ut ad meliórem vitam sancti Felícis mártyris tui exémpla nos próvocent : quátenus cujus solénnia ágimus, étiam actus imitémur. Per Christum Dóminum nostrum.

Ab hac die usque ad quartam feriam in capite jejunii fiat memoria de sancta Maria et de omnibus sanctis ad vesperas et ad matutinas in festis iij. lectionum et in feriis quando fuerint sine regimine chori, sicut in ij. feria post Dómine ne in ira. *patebit.*

ℭ Sancti Mauri abbatis et confessoris.

xv. Januarii.

Invitatorium simplex, tres lectiones fiant.

Vespere fiant de sancto Mauro abbate : et nichil de sancto Felice. Nulla enim festa iij. lectionum sine regimine chori suas habeant secundas vesperas, nec etiam memoriam loco secundarum vesperarum.

Ad primas vesperas.

ℭ *Ad vesperas de sancto Mauro antiphone et psalmi feriales. Et hoc observetur per totum annum in festis iij. lectionem sine regimine chori : nisi infra octavas sanctorum quando de octavis dicitur.*

Capitulum Justus cor suum. [232].

Oratio.

𝔇Eus qui etérne glórie partícipem concessísti fieri beatíssimum Maurum lévitam atque abbátem : concéde nobis propícius ipso intercedénte áditum regni celéstis, cujus ad bene vivéndum informámur exémplis. Per Dóminum.

Et cetera de communi unius confessoris et abbatis. [231].
Memoria de sancta Maria et de omnibus sanctis. [30].

❡ *Hic primo fiant vigilie mortuorum ut in adventu* [108]. *: et fiant usque ad cenam Domini.*

❡ Sancti Marcelli pape et martyris.

xvj. Januarii.

Tres lectiones fiunt.

Ad primas vesperas.

Capitulum. Omnis póntifex. [199].

Oratio.

℞Reces pópuli tui quésumus Dómine cleménter exáudi : ut beáti Marcélli mártyris tui atque pontíficis méritis adjuvémur, cujus passióne letámur. Per Dóminum.

Et cetera de communi unius martyris et pontificis. [199].

❡ Sancti Sulpicii episcopi et confessoris.

xvij. Januarii.

Tres lectiones fiant.

Ad primas vesperas.

Oratio.

℞Resta quésumus omnípotens Deus : ut qui beáti Sulpícii confessóris tui atque pontíficis depositiónem cólimus, ejus apud te intercessiónibus adjuvémur. Per Dóminum nostrum.

Et cetera de communi unius confessoris et pontificis. [216].

❧ *Sancte Prisce virginis et martyris.*

xviij. Januarii.

Tres lectiones fiant de communi.

Ad primas vesperas.

Oratio.

DA quésumus omnípotens Deus : ut qui beáte Prisce vírginis et mártyris tue natalícia cólimus, et ánnua solennitáte letémur, et tante fidei proficiámus exémplo. Per Dóminum.

Cetera de communi unius virginis et martyris. [240].

❧ *Ab octavis epyphanie usque ad quinquagesimam singulis sabbatis fiat servitium de sancta Maria nisi festum ix. lectionum impedierit. Et si tale festum impedierit : tunc fiet servitium de ea in aliqua feria ipsius ebdomade ut supra in adventu plenius notatum est. Si lxx. vero ante purificationem evenerit : nichilominus fiat de sancta Maria.*

❡ *Dominica j. post octavas epyphanie.*

Dómine ne in ira.

Ad j. vesperas.

Ant. Benedíctus. [75]. *Psalmus ipsum ut in Psalterio notatum est in locis suis propriis.* [75].

Iste antiphone cum suis psalmis dicuntur omnibus sabbatis per annum quando de dominica agitur preterquam in paschali tempore. Idem autem ordo servetur in secundis vesperis in suis antiphonis dicendis.

Cap. Benedíctus Deus et Pater. [81].

Resp. IV.

E-us * qui se- des su-per thro- num et jú- di-cas

e-qui-tá- tem: esto re-fú-gi- um páu-pe- rum in

tri- bu-la- ti- ó- ne. †Qui- a tu so-lus la-bó-rem

et do-ló-rem con- sí-de- ras. ℣. Ti-bi e-nim de-

re-líc-tus est pau- per: pu-píl-lo tu e- ris ad- jú- tor.

124

†Qui- a. ℣. Gló-ri- a   Pa-tri et Fí-li- o : et Spi-

rí- tu- i Sanc-to. †Qui- a.

Hymnus. Deus Creátor ómnium. [81].

℣. Vespertína orátio ascéndat ad te Dómine.

℟. *privatim.* Et descéndat super nos misericórdia tua.

Iste versus dicatur in omnibus sabbatis ad vesperas usque ad xl. et a Deus ómnium. *usque ad adventum Domini quando de dominica agitur.*

Ant.
I.i

Eccá-ta * me-a Dómi-ne   si- cut sa-gít- te in-

fí-xa sunt in me, sed   ántequam vúlne-ra gé- ne-rent

in me : sa-na me Dómi-ne me- di-ca-mén- to pe-ni-

tén-ci- e De-us. *Ps.* Magníficat. 16*.

Hec antiphona dicatur in omnibus sabbatis super psalmum Magníficat. *ad vesperas usque ad lxx. vel ad memoriam de dominica cum de aliquo festo ix.*

lectionum fit servitium.

Oratio.

Ota quésumus Dómine sup-plicántis pópuli celésti pie-táte proséquere : ut et que agénda sunt vídeant : et ad implénda que víderint convaléscant. Per Dó-minum.

Memoria de sancta Maria ut supra usque ad purificationem. [13].

❡ *Si in hoc sabbato, vel in alio sabbato abhinc usque ad passionem Domini vel ab octavis pasche usque ad ascensionem Domini, vel a festo Trinitatis usque ad adventum Domini, aliquod simplex festum ix. lectionum evenerit, vespere fiant de dominica et memoria de festo, nisi tale fuerit quod in vigilia precedenti suas vesperas habere non poterat : vel nisi octave epyphanie in hoc sabbato contigerint, et nisi tale festum in dominica contigerit de quo totum servitium fieri debeat : tunc enim in sabbato vespere de ipso festo erunt : cum toto suo servitio in ipsa dominica, usque ad lxx. si tempus prolixum fuerit, et memoria de dominica et postea de sancta Maria scilicet usque ad puri-ficationem. Tamen si aliquod festum iij. lectionum in ipsa dominica con-tigerit, tunc in primis fiat de eo memoria, deinde de dominica, et postea de sancta Maria ad j. vesperas et ad matutinas et ad missam. Quandocunque vero festum ix. lectionum in ipsa secunda feria contigerit, semper in dominica erunt vespere de festo et memoria de dominica nisi duplex festum in sabbato precedenti celebratum fuerit.*

❡ *A lxx. usque ad passionem Domini si aliquod festum ix. lectionum in dominica contigerit licet duplex festum fuerit, semper differatur in crastinum et fiat servitium de dominica.*

❡ *Ad secundas vesperas.*

Ant. Sede a dextris. [3].

Ps. Dixit Dóminus. (*cix.*) [3].

126

Et alie antiphone cum suis psalmis sicut in Psalterio notatum est.

Cap. Dóminus autem dírigat corda. [8].

Hymnus. Lucis Creátor. [9].

℣. Dirigátur Dómine ad te orátio mea.

℟. *privatim.* Sicut incénsum in conspéctu tuo.

Ant. VI.

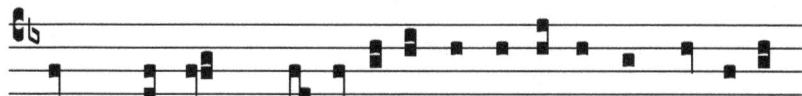

U-er Je-sus * pro-fi-ci- é-bat e-tá-te et sa-pi- én-ti- a : co-ram Dé-o et homí-ni-bus. *Ps.* Magníficat. 16*.

Oratio. Vota quésumus Dómine. 126.

Ebdomada j. post octavas epyphanie.
❡ Feria ij.

Ant. Inclinávit. [17].

Ps. Diléxi. (*cxiiij.*) [17].

Et alie antiphone cum suis psalmis ut in Psalterio ibidem notatum est.

Cap. Dóminus autem dírigat. [8].

Hymnus. Imménse celi cónditor. [21].

℣. Dirigátur Dómine ad te orátio mea.

℟. *privatim.* Sicut incénsum in conspéctu tuo.

Ant. Magníficet. [22].

Ps. Magníficat. 16*.

Preces [23]. *et oratio ut supra.* 126.

Memoria de sancta Maria. [37].

127

Memoria de omnibus sanctis. [38].

❡ *Feria iij.*

Ant. In domum. [42].

Ps. Letátus. (*cxxj.*) [42].

Et alie antiphone cum suis psalmis ut in Psalterio ibidem notatum est.

Cap. Dóminus autem dírigat. [8].

Hymnus. Tellúris ingens cónditor. [46].

℣. Dirigátur Dómine ad te orátio mea.

℞. *privatim.* Sicut incénsum in conspéctu tuo.

Ant. Exultávit. [47].

Ps. Magníficat. 16*.

Preces [23]. *et oratio ut supra.* 126.

❡ *Feria iiij.*

Ant. Beátus vir. [49].

Ps. Nisi Dóminus. [49].

Et alie antiphone cum suis psalmis ut in Psalterio ibidem notatum est.

Cap. Dóminus autem dírigat. [8].

Hymnus. Celi Deus. [53].

℣. Dirigátur Dómine ad te orátio mea.

℞. *privatim.* Sicut incénsum in conspéctu tuo.

Ant. Respexísti. [54].

Ps. Magníficat. [85].

Preces [23]. *et oratio ut supra.* 126.

❡ *Feria v.*

Ant. Et omnis. [55].

Ps. Meménto. (*cxxxj.*) [55].

Et alie antiphone cum suis psalmis ut in Psalterio ibidem notatum est.

Cap. Dóminus autem dírigat. [8].

Hymnus. Magne Deus poténtie. [62].

℣. Dirigátur Dómine ad te orátio mea.

℟. *privatim.* Sicut incénsum in conspéctu tuo.

Ant. Depósuit. [63].

Ps. Magníficat. 16*.

Preces [23]. *et oratio ut supra.* 126.

❡ *Feria vj.*

Feria vj. ad vesperas quando non fit plenum servitium de sancta Maria nec de aliquo festo ix. lectionum ut in vigiliis et iiij. temporum, et per quadragesimam super psalmos ant. In conspéctu angelórum. [65].

Ps. Confitébor *iij.* (*cxxxvij.*) [65].

Et alie antiphone cum suis psalmis ut in Psalterio ibidem notatum est.

Cap. Dóminus autem dírigat. [8].

Hymnus. Plasmátor hóminis. [71].

℣. Dirigátur Dómine ad te orátio mea.

℟. *privatim.* Sicut incénsum in conspéctu tuo.

Ant. Suscépit Deus. [73].

Ps. Magníficat. [85].

Preces [23]. *et oratio ut supra.* 126.

❡ *Dominica ij. post octavas epyphanie.*
Ad primas vesperas.

Ant. Benedíctus. [75].

Ps. Ipsum. (*cxliij.*) [75]. *&c.*

Capitulum, hymnus, versus et antiphona super psalmum Magníficat. *ut supra in prima dominica precedenti.* 124.

Oratio.

Mnípotens sempitérne De- us qui celéstia simul et terréna moderáris, supplicatiónes pópuli tui cleménter exáudi : et pacem tuam nostris concéde tempóribus. Per Dóminum.

Ad secundas vesperas.

Ant. I.i.

E- fi-ci- énte * vi-no jussit Je-sus implé-re ýdri- as aqua, que in vi-num convérsa est al-le- lú-ya.

Ps. Magníficat. 16*.

Oratio ut supra.

❡ *Feria ij. et quotidie in omnibus feriis supradictus ordo feriarum servetur usque ad xl. nisi de responsoriis infra septuagesimam : tunc enim dicuntur responsoria de hystoria dominicali.*

❡ *Dominica iij. post octavas epyphanie.*

Ad primas vesperas.

Oratio.

Mnípotens sempitérne De- us infirmitátem nostram propícius réspice : atque ad prote- géndum nos déxteram tue majes- tátis exténde. Per Dóminum.

Ad secundas vesperas.

Ant.
I.iii.

O- mi-ne * pu- er me- us ja-cet pa-ra-lí-ti-cus in

domo, et ma-le torqué-tur. Amen di-co ti-bi : e-go vé-

ni- am et cu-rá-bo e-um. *Ps.* Magníficat. 16*.

Oratio ut supra. 130.

ℭ *Dominica iiij. post octavas epyphanie.*

Ad primas vesperas.

Oratio.

Eus qui nos in tantis pe-rículis constitútos pro humána scis fragilitáte non posse subsístere : da nobis salútem mentis et córporis, ut ea que pro peccátis nostris pátimur, te adjuvánte vincámus. Per Dóminum nostrum.

Ad secundas vesperas.

Ant.
VIII.i.

Urgens * Je- sus impe-rá-vit ven-tis et ma-ri :

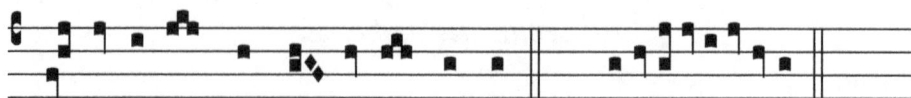

et facta est tranquíl-li-tas magna. *Ps.* Magníficat. 16*.

Oratio ut supra. 131.

ℭ *Dominica v. post octavas epyphanie.*
Ad primas vesperas.
Oratio.

FAmíliam tuam quésumus Dómine contínua pietáte custódi : ut que in sola spe grátie celéstis innítitur, tua semper protectióne muniátur. Per Dóminum.

Ad secundas vesperas.

Ant. I.i.

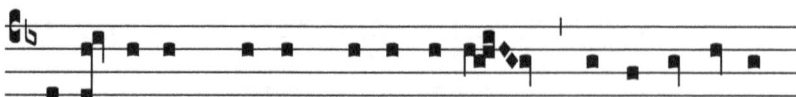

Ollí- gi-te * primum zi-zá-ni- a et al-li-gá-te

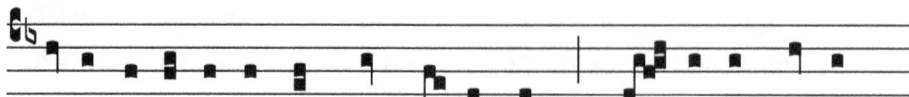

e-a fascí-cu-los ad combu-réndum : trí- ti-cum autem

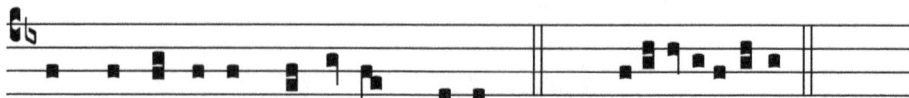

congre-gá-te in hórre-um me-um. *Ps.* Magníficat. 16*.

Oratio ut supra.

ℭ *Dominica in septuagesima.*

Ad primas vesperas.

Ad vesperas et abhinc usque ad missam in vigilia pasche non dicatur Allelúya. *sed in principio vesperarum et horarum loco* Allelúya. *dicetur hoc modo.*

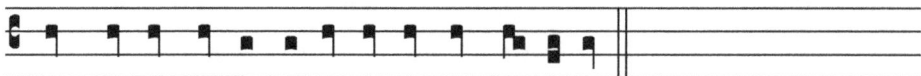

Laus ti-bi Dómi-ne rex e-térne gló- ri- e.

Ant. Benedíctus. [75].

Ps. Ipsum. (*cxliij.*) [75]. *et cetere antiphone cum suis psalmis.*

Capitulum. 1. *Corinth. ix.* 24.

Escitis quod hi qui in stádio currunt, omnes quidem currunt sed unus áccipit brávium : sic cúrrite ut comprehendátis. ℟. Deo grátias.

Resp. I.

- gi-tur * perféc-ti sunt ce-li et ter- ra

et omnis orná-tus e-ó- rum, comple-vítque De-us di- e

sépti-mo opus su- um quod fé- ce- rat. †Et re-qui-

133

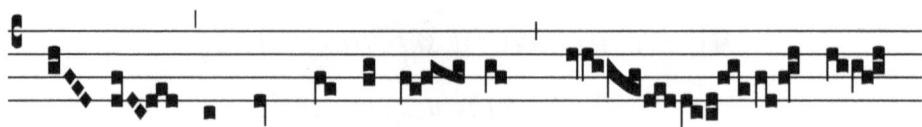

é- vit　　ab omni óp-e-　re quod　　　　pa-

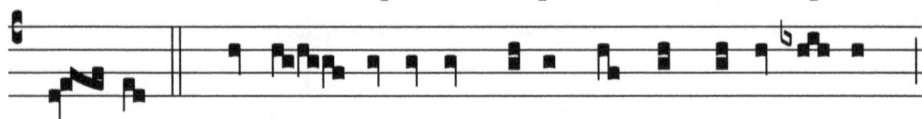

trá-　rat. ℣. Vi-dit　　í-gi-tur De-us cuncta que fé-ce- rat :

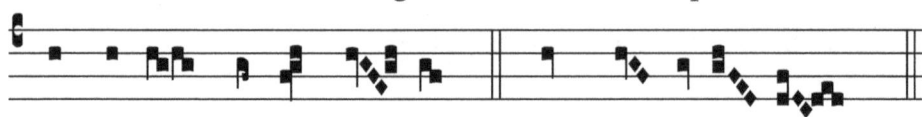

et e-rant valde bo- na.　　†Et re-qui- é- vit.

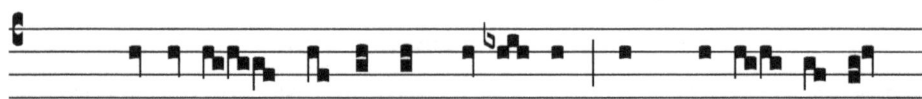

℣. Gló-ri- a　　Pa-tri et Fí-li- o : et Spi-rí- tu- i

Sanc-to.　†Et re-qui- é- vit.

Hymnus. Deus Creátor. [81].

℣. Vespertína orátio : ascéndat ad te Dómine.

℟. *privatim.* Et descéndat super nos misericórdia tua.

Ant.
IV.i.

Lantá- ve-rat * Dómi-nus De- us pa-ra-dý-sum

vo-luptá- tis a prin-cí-pi- o : in quo pó-su- it hómi- nem

134

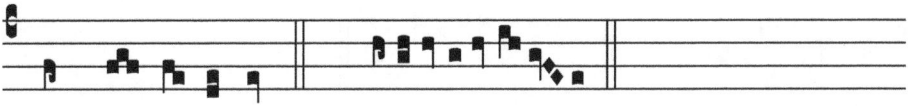

quem formá-ve-rat. *Ps.* Magníficat. 16*.

Oratio.

PReces pópuli tui quésumus Dómine cleménter exáudi : ut qui juste pro peccátis nostris afflígimur, pro tui nóminis glória misericórditer liberémur.   Per Dóminum.

Nulla fit memoria nisi aliquod festum iij. lectionum in dominica contigerit vel in sabbato festum ix. lectionum celebratum fuerit, vel si lxx. ante purificationem evenerit : tunc fiat memoria de sancta Maria ut supradictum est ad primas vesperas hystorie Dómine ne in ira. *126.*

❧ *Ad secundas vesperas.*

Ant. Sede a déxtris. [3].

Ps. Dixit Dóminus. (*cix.*) [3].

Capitulum. Néscitis quod. 133.

Hymnus. Lucis Creátor óptime. [9].

℣. Dirigátur Dómine ad te orátio mea.

℞. *privatim.* Sicut incénsum in conspéctu tuo.

Ant.
VIII.i.

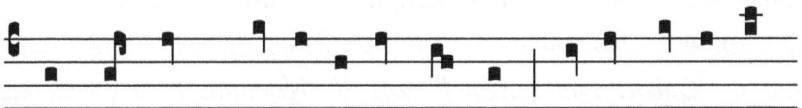

Um au-tem * se-ro factum es-set : dix-it dómi-nus

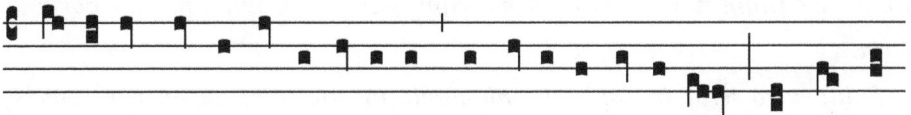

ví-ne-e pro-cu-ra-tó-ri su-o, Vo-ca ope-rá-ri- os :   et redde

135

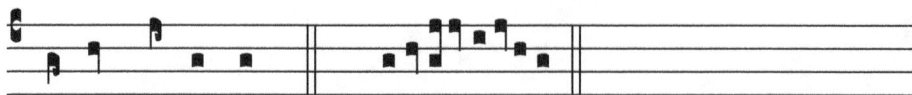

il-lis mercé-dem. *Ps.* Magníficat. 16*.

Oratio. Preces pópuli tui. 135.

❦ *Quod si festum purificationis beate Marie in hac dominica vel in dominica lx. contigerit nichil fiat de dominica preter memoriam tantum. Hystoria vero dominicalis per ebdomadam dicitur : scilicet in tertia et quinta et sexta feriis. Et tunc antiphone super laudes et capitulum de hystoria, et antiphone super psalmos* Magníficat. *et* Benedíctus. *et antiphone super horas : eo anno omnino pretermittantur.*

Eodem etiam anno nichil fiat de festo sanctorum Vedasti et Amandi preter memoriam ad vesperas et ad matutinas de sancta Maria que precedet memoriam de Sancto Spiritu. Similiter fiat si festum purificationis in dominica sexagesima evenerit.

Cum vero in dominica l. festum purificationis beate Marie contigerit : hystoria dominicalis per ebdomadam in ij. et vj. feriis et sabbato cantetur, et tunc nichil fiat de sancto Blasio : nisi tantum memoria ad vesperas et ad matutinas de sancta Maria. Quodcunque autem festum ix. lectionum in hac die dominica vel alia die dominica usque ad cenam Domini contigerit licet duplex festum fuerit : semper differatur usque ad proximam feriam vacantem ipsius ebdomade, nisi fuerit festum purificationis vel dedicationis ecclesie. Tamen infra passionem nichil fiat de festis sanctorum : nisi duplex festum fuerit. Quodcunque autem festum iij. lectionum in hac ebdomada vel in duabus sequentibus ebdomadis contigerit usque ad iiij. feriam in capite jejunii, totum servitium fiat de festo : et hoc cum nocturno et nulla fiat memoria de feria.

A iiij. vero feria in capite jejunii usque in crastinum octavarum pasche, neque servitium fiat de festo iij. lectionum neque memoria nisi ad vesperas et ad matutinas de sancta Maria tantum : que precedet memoriam de Sancto Spiritu.

❡ *He sequentes antiphone dicuntur per ebdomadam super psalmum* Bene-díctus. *et* Magníficat. *quando de feria fit servitium tantum.*

1. Ant.
VIII.i.

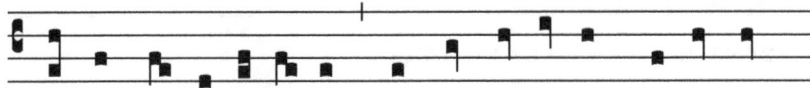

V O-ca * o-pe-rá-ri- os   et redde il-lis mercé-dem

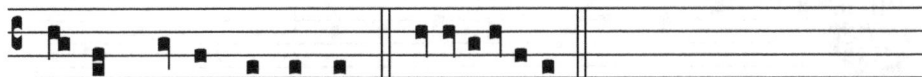

su- am di-cit dómi-nus. Seculórum amen.

2. Ant.
VIII.i.

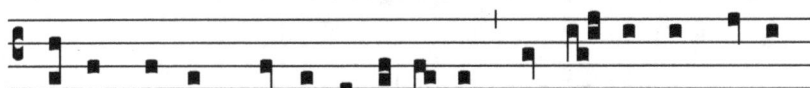

Ix-it * autem pa-terfamí-li- as, Amí- ce non fá-ci-

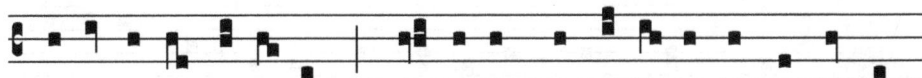

o ti-bi in-jú-ri- am : nonne ex de-ná-ri- o conve-nís-ti

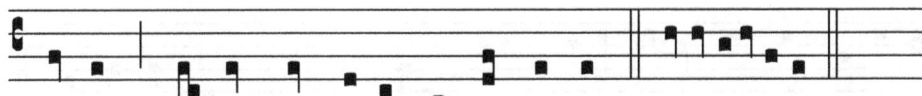

me-cum : tol-le quod tu- um est et va-de.   Seculórum amen.

3. Ant.
VII.iii.

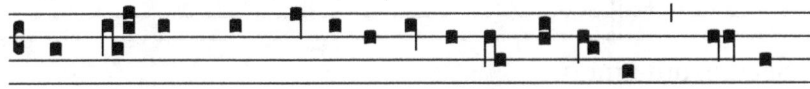

A - mí- ce * non fá-ci-o ti-bi in-jú-ri- am, nonne

137

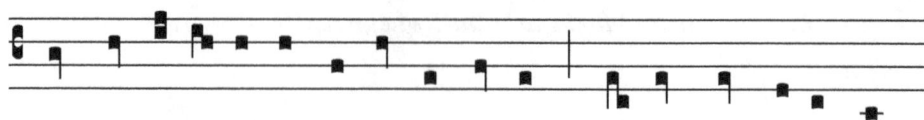

ex de-ná-ri- o conve-nís-ti me-cum : tol-le quod tu-um est

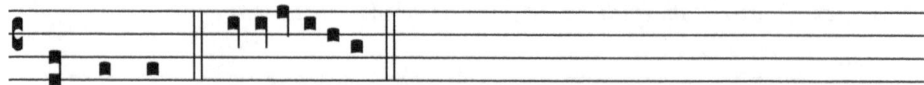

et va-de.   Seculórum amen.

4. Ant.
VIII.ii.

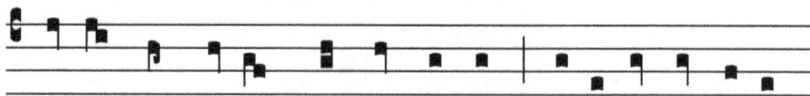

Olle quod tu-um * est et va-de : qui- a e-go bonus

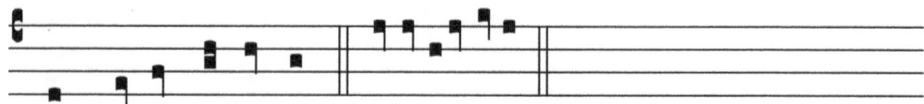

sum di-cit dómi-nus.   Seculórum amen.

5. Ant.
VIII.i.

On li-cet * michi fá-ce-re quod vo-lo :   an ó- cu-lus

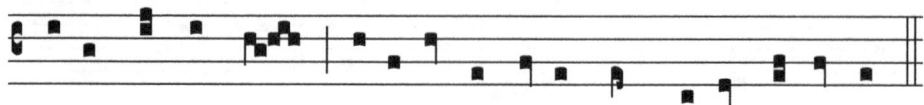

tu- us nequam est : qui- a e-go bonus sum di-cit dómi-nus.

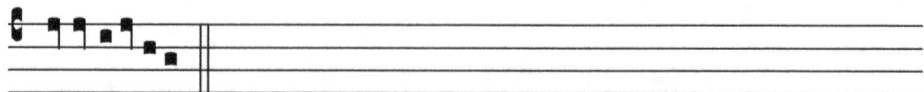

Seculórum amen.

138

6. Ant.
I.iv.

- runt primi * no-víssi-mi, et no-víssimi primi :

mul- ti sunt e-nim vo-cá- ti, pauci ve-ro e-lécti di-cit

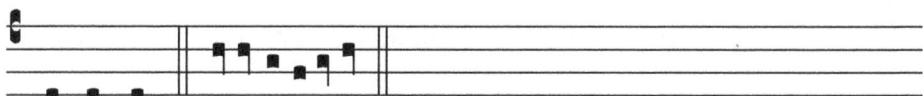

Dómi-nus. Seculórum amen.

7. Ant.
VIII.i.

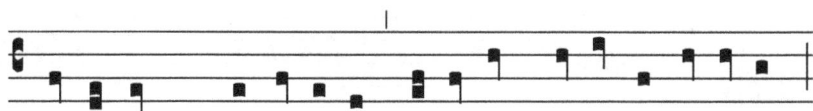

Ic e-runt * no-víssimi, primi et primi no-víssimi :

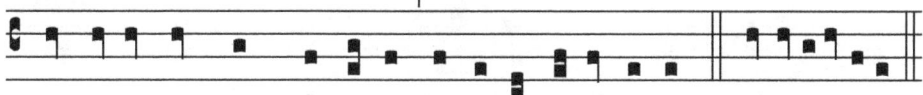

mul-ti e-nim sunt vo-cá-ti, pauci ve-ro e-lécti. Amen.

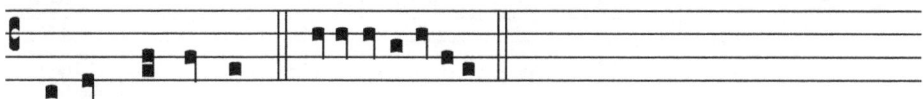

8. Ant.
VIII.i.

Ul-ti * e-nim sunt vo-cá- ti : pau-ci ve-ro e-lécti

di-cit Dómi-nus. Seculórum amen.

ℂ *Dominica in sexagesima.*

Ad primas vesperas.

Ant. Benedíctus. [75].

Ps. Ipsum. (*cxliij.*) [75]. *&c.*

Capitulum. 2. *Cor. xj.* 19.

Ibénter suffértis insipiéntes cum sitis ipsi sapiéntes. Sustinétis enim si quis vos in servitútem rédigit, si quis dévorat, si quis áccipit, si quis extóllitur, si quis in fáciem vos cedit. ℟. Deo grátias.

Resp. VIII.

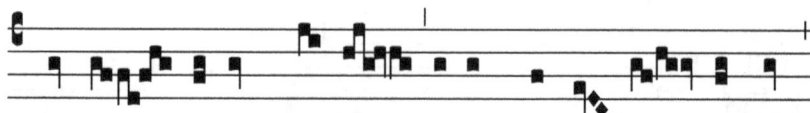

O-lens No-e * sci- re si jam cessás-sent aque,

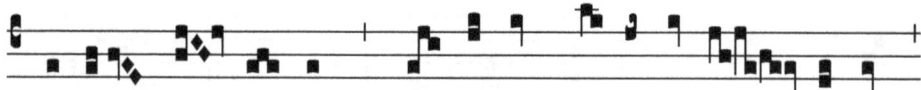

emí-sit co- lúmbam, que ramum vi- réntis o- lí-ve

in o- re su-o dé- fe-rens. †Ad archam re-vér-

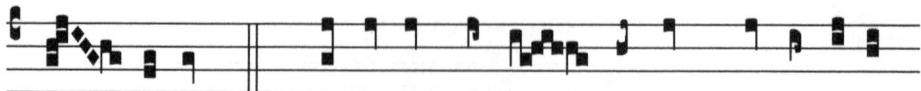

sa est. ℣. Dé-fe-rens autem signum cleménti- e

De- i co-lúmba in o- re su- o. †Ad. ℣. Gló-

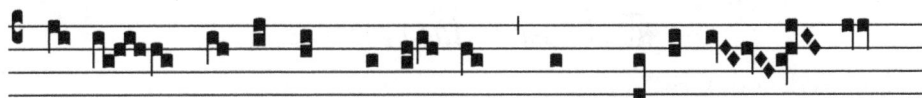

ri- a   Pa-tri et Fí-li- o :   et Spi-rí-tu-   i

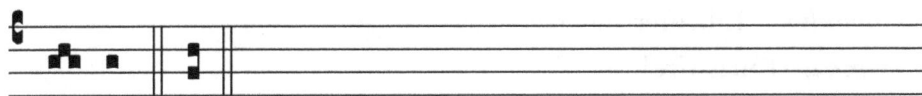

Sancto. †Ad.

Hymnus. Deus Creátor. [81].

℣. Vespertína orátio : ascéndat ad te Dómine.

℟. *privatim.* Et descéndat super nos misericórdia tua.

Ant.
VI.

Oquens Dó-mi-nus * ad No-e   a- it, Po-nam

ar-cum me- um in nú- bi-bus ce-li :   et e-rit sig-num

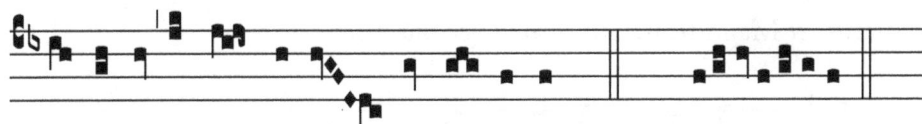

fé-de-ris inter me et   inter terram. *Ps.* Magníficat. 16*.

Oratio.

Eus qui cónspicis quia ex nulla nostra actióne confidimus : concéde propícius, ut contra ómnia advérsa, doctóris géntium protectióne muniámur. Per Dóminum.

❡ *Ad secundas vesperas.*

Ant. Sede a dextris. [3].

Ps. Dixit Dóminus. (*cix.*) [3]. &c.

Capitulum. Libénter suffértis. 140.

Hymnus. Lucis Creátor. [9].

℣. Dirigátur Dómine ad te orátio mea.

℟. *privatim.* Sicut incénsum in conspéctu tuo.

Ant.
I.i.

Ui verbum De- i ré-ti-nent * corde perfécto et ópti-

mo : fructum áffe-runt in pa-ti- énti- a. *Ps.* Magníficat. 16*.

Oratio. Deus qui cónspicis. *ut supra.* 141.

❡ *He sequentes antiphone dicuntur per ebdomadam super psalmum Be-*
nedíctus. *et* Magníficat. *Antiphona hoc modo sic.*

1. Ant.
III.iv.

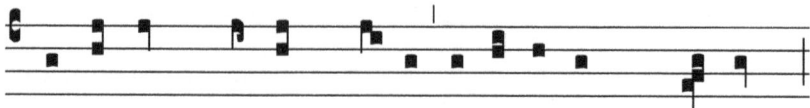

Emen est * verbum De- i, sa-tor autem Chris-tus :

omnis qui audit e- um ma-né-bit in e-térnum. Amen.

2. Ant.
I.i.

Uod au-tem * cé-ci-dit in terram bo-nam, hi sunt

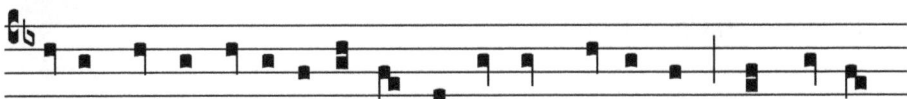

qui in corde bono et ópti-mo verbum ré-ti-nent : et fructum

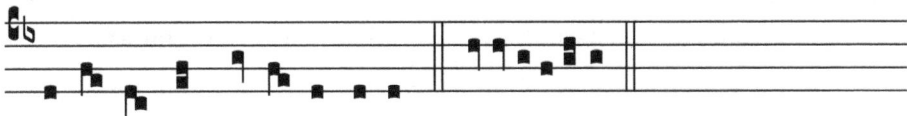

áffe-runt in pa-ti- énti- a. Seculórum amen.

3. Ant.
VII.ii.

I ve-re fratres * dí-vi-tes esse cú-pi-tis : ve-ras

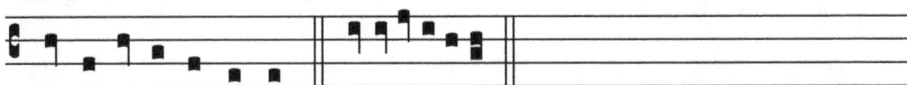

di-ví-ti- as amá-te. Seculórum amen.

4. Ant.
VII.ii.

I culmen * ve-ri honó- ris qué-ri-tis : ad il-lam

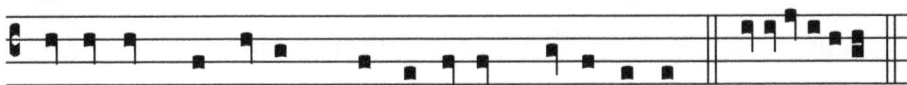

ce-léstem pá-tri- am quantó-ti- us prope-rá-te. Amen.

143

ℭ *Dominica in quinquagesima.*

Ad primas vesperas.

Ant. Benedíctus. [75].

Ps. Ipsum. (cxliij.) [75]. *&c.*

Capitulum. 1. Cor. xiij. 1.

SI linguis hóminum loquar et angelórum, charitátem autem non hábeam : factus sum velut es sonans, aut cýmbalum tínniens. ℟. Deo grátias.

Resp. VIII.

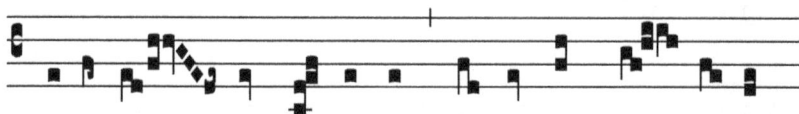

Evertén- ti * Abra-ham a ce-de quát- tu- or re-gum : occúr- rit rex Sa-lem Melchí-se-dech óf- fe-rens pa-nem et vi-num. †E-rat e-nim De- i sa-cér- dos. ‡Et be-ne-dí- xit il- li. ℣. Be-ne-díc-tus Abra-ham De- o al- tíssimo : qui cre- á-vit ce-lum et ter- ram. †E-rat.

144

℣. Gló-ri- a Pa-tri et Fí- li- o : et Spi- rí-tu- i Sanc- to.

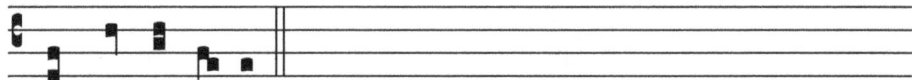

‡Et be-ne-dí-xit.

Hymnus. Deus Creátor. [81].
℣. Vespertína orátio : ascéndat ad te Dómine.
℟. *privatim.* Et descéndat super nos misericórdia tua.

Ant.
I.v.

Um sta-ret * Abra-ham ad ra-dí-cem Mambre,

vi- dit tres pú- e-ros descendén-tes per vi- am : tres vi- dit,

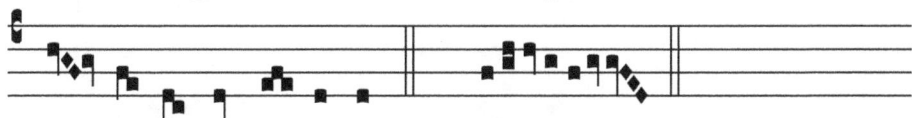

et u-num a-do- rá-vit. *Ps.* Magníficat. 16*.

Oratio.

PReces nostras quésumus Dómine cleménter exáudi : atque a peccatórum vínculis ab-solútos, ab omni nos adversitáte custódi. Per.

ℂ *Ad secundas vesperas.*

Ant. Sede a dextris. [3].

Ps. Dixit Dóminus. (*cix.*) [3]. &c.

Capitulum. Si linguis. 144.

Hymnus. Lucis Creátor óptime. [9].

℣. Dirigátur Dómine ad te orátio mea.

℟. *privatim.* Sicut incénsum in conspéctu tuo.

Ant.
I.v.

Tans autem Je-sus * jussit ce-cum addú-ci   ad se :

et   a- it   il-li, Quid vis fá-ci- am ti-bi ? Dómi-ne   ut

ví-de-am : et Je-sus a- it il-li, Réspi-ce,   fi-des tu-a te

salvum fe-cit : et confés-tim vi-dit,   et seque-bá- tur il-lum

magní-fi-cans De- um. *Ps.* Magníficat. 16*.

Oratio. Preces nostras. *ut supra.* 145.

146

❡ *Feria ij.*

❡ *Hac die erunt vespere de sancta Maria cum pleno servitio in crastino si a festo vacaverit, sin autem fiat servitium in secunda feria precedente.*

Ant.
VII.i.

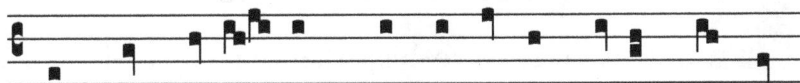

T qui pre- í- bant *incre-pá-bant e-um ut tá-

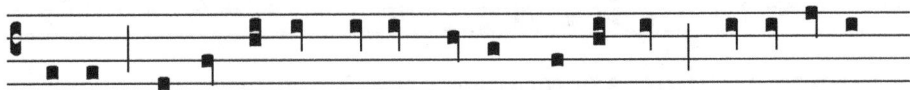

ce-ret : ipse ve-ro multo ma-gis clamá-bat : mi-se-ré-re

me- i Fi- li Da-vid. *Ps.* Magníficat. [85].

❡ *Feria iij.*

Ant.
VIII.ii.

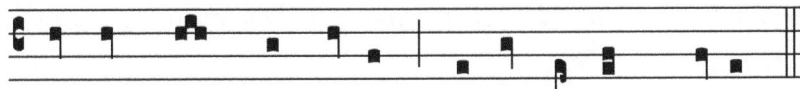

M-nis plebs *ut vi-dit : de-dit laudem De-o.

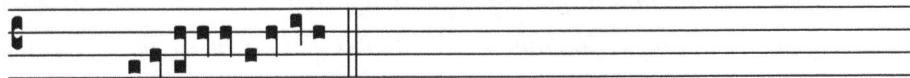

Ps. Magníficat. 16*.

Oratio ut supra. 145.

❡ *Feria iiij. in capite jejunii.*

Antiphone et psalmi feriales. [49].

Capitulum. Dóminus autem dírigat. [8].

Hymnus. Celi Deus. [53].

147

℣. Dirigátur Dómine ad te orátio mea.

℟. *privatim.* Sicut incénsum in conspéctu tuo.

Ant.
I.i.

He-sauri-zá-te vo-bis * the-sáuros in ce-lo :   u-bi nec

e-rú-go nec tí-ne- a demo- lí-tur. *Ps.* Magníficat. 16*.

Oratio.

INclinántes se Dómine majes- | celéstibus semper nutriántur aux-
táti tue propiciátus inténde : | íliis. Per Dóminum.
ut qui divíno múnere sunt refécti,

❡ *Quotidie ab hac die usque ad cenam Domini quando de feria agitur, oratio que dicitur ad missam super populum dicitur ad vesperas nisi in sabbatis.*

Quotidie fiat memoria pro penitentibus ad vesperas et ad matutinas ab hac die usque ad cenam Domini quando de feria agitur. [32].

Quodcunque festum ix. lectionum licet duplex festum fuerit hac die contigerit : semper differatur. Servitium vero hujus diei nullo modo debet mutari propter aliquod festum.

Ab hac die usque in crastinum octavarum pasche : nichil fiat de festis iij. lectionum nisi tantum memoria ad vesperas et ad matutinas de sancta Maria : que precedet memoriam de Sancto Spiritu.

Quandocunque festum ix. lectionum ab hac die usque ad cenam Domini celebratur : licet duplex festum fuerit : fiat solennis memoria de jejunio ad utrasque vesperas et ad matutinas sed non ad missam. Nam post missam de festo missa dicitur de jejunio utraque ad principale altare : et ad missam de jejunio fiat prostratio post Sanctus. *More solito dicantur preces feriales : licet duplex festum fuerit ipso die.*

ℂ *Feria v.*

Antiphone et psalmi feriales. [55].

Capitulum. Dóminus autem dírigat. [8].

Hymnus. Magne Deus. [62].

℣. Dirigátur Dómine ad te orátio mea.

℞. *privatim.* Sicut incénsum in conspéctu tuo.

Ant.
I.iii.

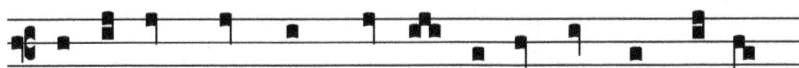

Omi-ne * non sum dignus ut intres sub tectum

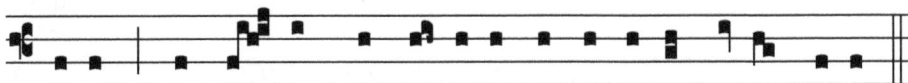

me-um : sed tan-tum dic verbo et sa-ná-bi-tur pu-er me-us.

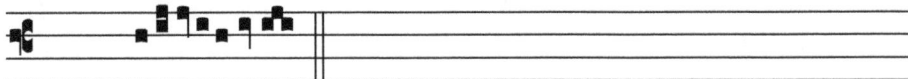

Ps. Magníficat. 16*.

Oratio.

Arce Dómine parce pópulo tuo : ut dignis flagellatió- nibus castigátus, in tua mise- ratióne respíret. Per Dóminum.

ℂ *Feria vj.*

Antiphone, psalmi, hymnus et ℣. *illius ferie.* [65].

Cap. Dóminus autem dírigat. [8].

Hymnus. Plasmátor. [71].

℣. Dirigátur Dómine ad te orátio mea.

℞. *privatim.* Sicut incénsum in conspéctu tuo.

Ant.
I.i.

U autem cum o-rá-ve-ris * intra in cu-bí-cu-lum :

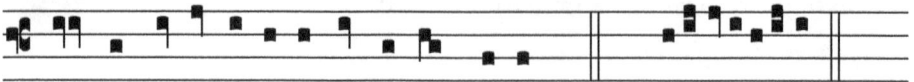

et clauso ósti- o o-ra Patrem tu-um. *Ps.* Magníficat. 16*.

Oratio.

TUére Dómine pópulum tu-um et ab ómnibus peccátis cleménter emúnda : quia nulla ei nocébit advérsitas, si nulla ei dominétur iníquitas. Per Dóminum.

❧ *Dominica j. quadragesime.*

Ad primas vesperas.

Ant. Benedictus. [75].

Ps. Ipsum. (cxliij.) [75]. &c.

Capitulum. 2. *Cor. vj.* 1.

HOrtámur vos ne in vácuum grátiam Dei recipiátis : ait enim, Témpore accépto exaudívi te : et in die salútis adjúvi te. ℞. Deo grátias.

Resp.
II.

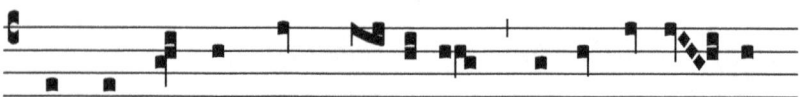

- mendé-mus * in mé- li- us que igno-rán- ter

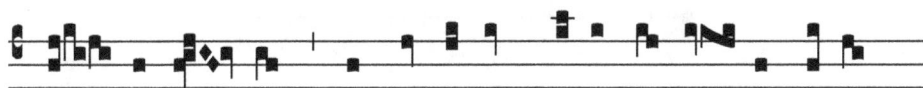

pec- cá-vi- mus, ne sú-bi-to pre-occu-pá- ti di- e

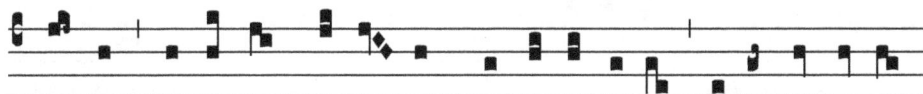

mor-tis que-rámus spá-ci- um pe-ni-ténti- e et inve-ní-re

non póssi- mus. †At-ténde Dómi- ne et mi-se-ré-

re qui- a peccá- vi-mus ti- bi. ℣. Peccá- vimus

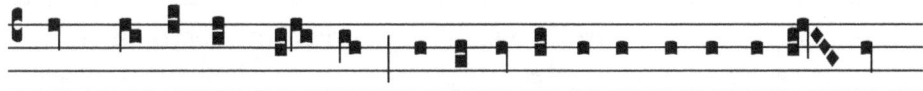

cum pá-tri-bus nos-tris : injúste é-gimus, i-niqui-tá- tem

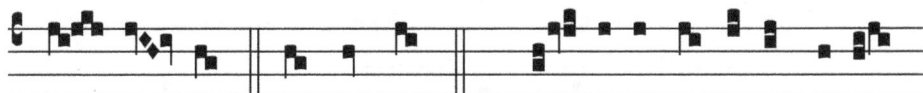

fé- ci- mus. †At-ténde. ℣. Gló- ri- a Pa-tri et Fí-li-

o : et Spi-rí- tu- i Sanc-to. †At-ténde.

Hymn.
II.

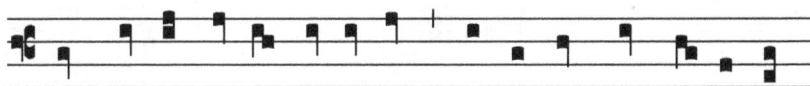

X mo-re docti mýsti-co, * Servémus hoc je-jú-ni-

151

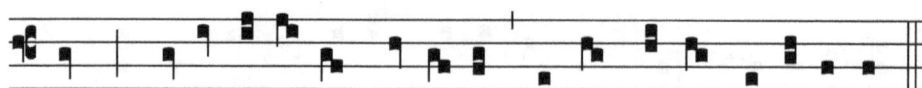

um : Deno di- é-rum círcu-lo, Ducto qua-ter no-tíssimo.

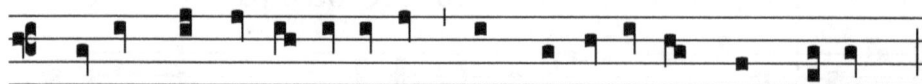

2. Lex et prophé-te prími-tus, Hoc pre-tu-lé-runt póstmodum :

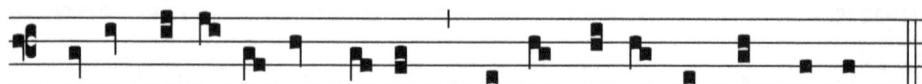

Christus sacrá-vit ómni- um, Rex atque fac-tor témpo-rum.

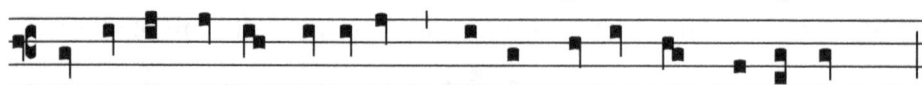

3. U-támur ergo párci- us, Verbis ci-bis et pó-ti-bus :

Somno jo-cis et ár-ti- us, Persté-mus in custó-di- a.

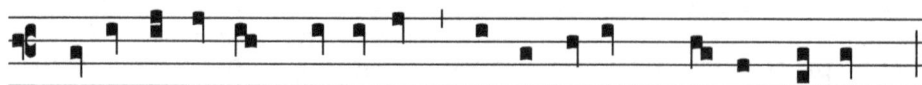

4. Vi-témus autem péssima, Que súbru-unt mentes va-gas :

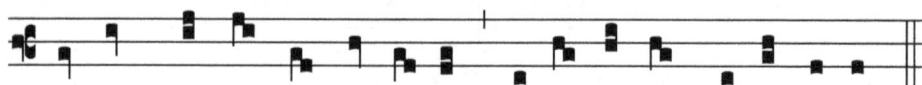

Nul-lúmque de-mus cál-li-do, Hosti lo-cum ty-ránni-dis.

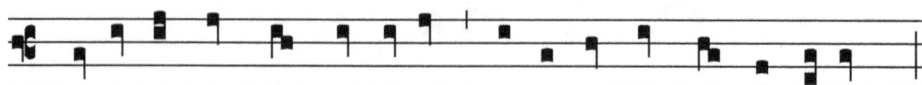

5. Di-cámus omnes cérnu- i, Clamémus atque síngu-li :

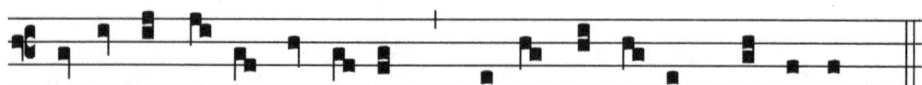

Plo-rémus ante jú-di-cem, Flectá-mus i- ram víndi-cem.

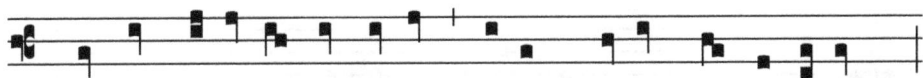

6. Nostris ma-lis of-féndimus, Tu- am De- us cle-ménti- am :

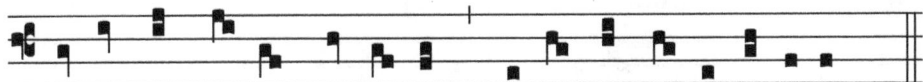

Effúnde no-bis dé-su-per, Remís-sor indulgénti- am.

7. Meménto quod su-mus tu- i, Li-cet ca-dú-ci plásma-tis :

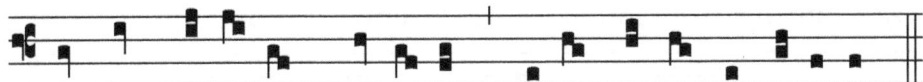

Ne des honó-rem nómi-nis, Tu- i pre-cá-mur álte-ri.

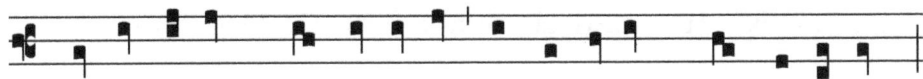

8. La-xa ma-lum quod géssimus, Auge bonum quod póscimus :

Pla-cé-re quo tandem ti-bi, Póssi-mus hic et pérpe-tim.

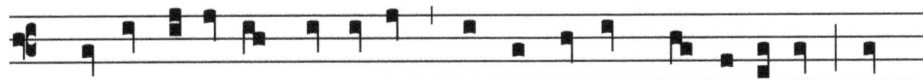

9. Presta be- á-ta Trí-ni-tas, Concé-de simplex Uni-tas : Ut

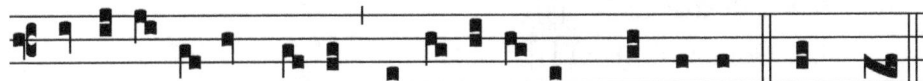

fructu- ó-sa sint tu- is, Je-ju-ni- ó-rum mú-ne-ra.   A- men.

℣. Angelis suis Deus mandávit de te.

℟. *privatim.* Ut custódiant te in ómnibus viis tuis.

153

Ant.
VIII.i.

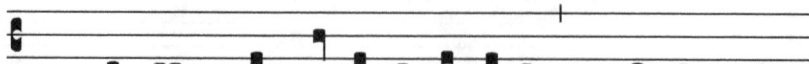

C- ce nunc * tempus acceptá-bi-le, ecce nunc di-

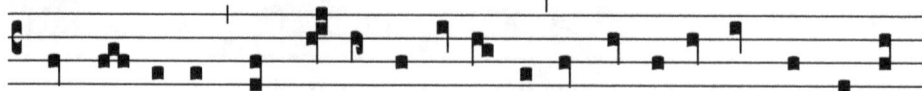

es sa- lú-tis, in his ergo di- é-bus exhi-be- ámus nos si-cut

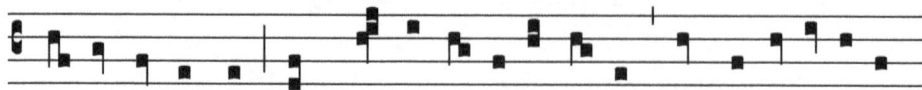

De- i mi-nístros : in mul-ta pa- ti- énti- a, in vi-gí-li- is in

je-jú-ni- is : et in ca-ri-tá- te non ficta. *Ps.* Magníficat. 16*.

Oratio.

Eus qui ecclésiam tuam ánnua quadragesimáli observatióne puríficas : presta família tue, ut quod a te obtinére abstinéndo nítitur, hoc bonis opéribus exequátur. Per Dóminum.

❡ *Ad secundas vesperas.*

Ant. Sede a dextris meis. [3].

Ps. Dixit Dóminus. (*cix.*) [3].

Cap. Hortámur vos. 150.

Resp.
VI.

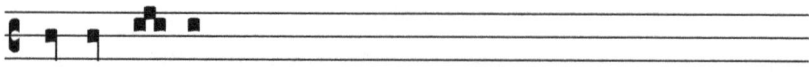

S-to no- bis

Chorus prosequatur.

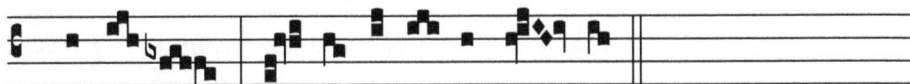

*Dómi- ne   †Tur- ris forti- tú-di-   nis.

Clericus dicat.

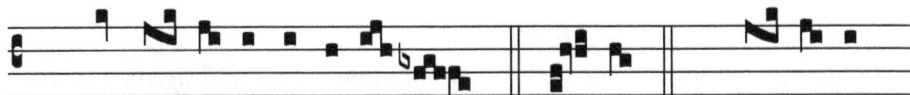

℣. A fá- ci- e i-nimí- ci.   †Tur- ris. ℣. Gló- ri- a

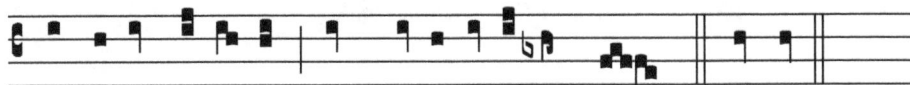

Pa-tri et Fí-li- o : et Spi-rí-tu- i Sancto.   Esto.

❡ *Hoc* ℟. *dicatur quotidie ad vesperas per xv. dies : nisi in sabbato et in festis sanctorum.*

Hymnus. Ex more docti. 151.

℣. Angelis suis Deus mandávit de te.

℟. *privatim.* Ut custódiant te in ómnibus viis tuis.

Ant.
III.iv.

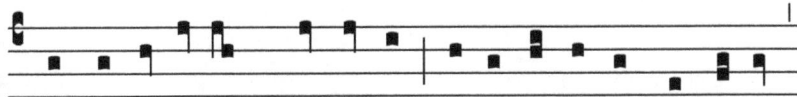

E- líquit e-um * tentá-tor : et accessé-runt ánge-li

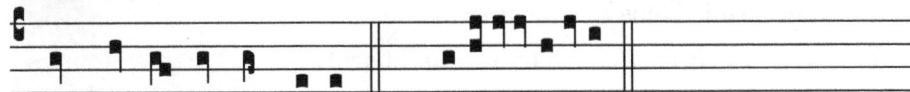

et mi-nistrá-bant e- i. *Ps.* Magníficat. [85].

Oratio. Deus qui ecclésiam tuam. 154.

❡ *Feria ij. j. ebdomade xl.*

❡ *In omnibus feriis per totam xl. usque ad quartam feriam ante pascha : post missam ante vesperas dicatur* Placébo. [108]. *nisi in sequenti die fiant ix. lectiones et nisi quando corpus in crastino sepeliendum fuerit. Si vero tale corpus fuerit dicatur* Placébo. *et* Dírige. *post prandium ante completorium more solito scilicet usque ad laudes.*

❡ *Sciendum est quod in hac feria et in omnibus feriis quadragesime quando de feria agitur in inceptionem matutinarum, laudum, vesperarum, completorium, et cujuslibet hore diei fiat genuflectio.*

Ad vesperas.

Antiphone et psalmi feriales. [17].

Capitulum. Ezek. xviij. 20.

ANima que peccáverit ipsa moriétur, fílius non portábit iniquitátem patris : et pater non portábit iniquitátem fílii, ait Dóminus omnípotens. ℟. Deo grátias.

Hoc capitulum dicitur quotidie ad vesperas usque ad passionem Domini quando de feria agitur.

℟. Esto nobis. 154.

Hymnus. Ex more docti. 151.

℣. Angelis suis Deus mandávit de te.

℟. *privatim.* Ut custódiant te in ómnibus viis tuis.

Ant.
I.v.

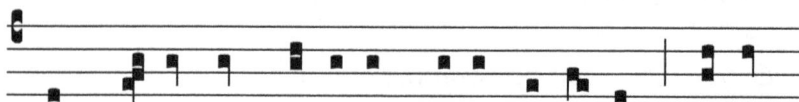

Uod u-ni * ex mí-nimis me- is fe-cís-tis : michi

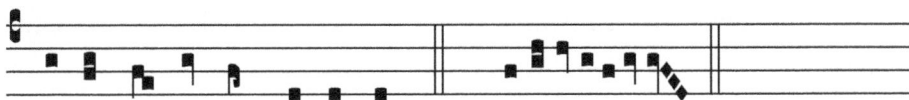

fe-cís-tis di- cit Dómi-nus. *Ps.* Magníficat. 16*.

Oratio.

Bsólve quésumus Dómine nostrórum víncula ómnium delictórum : et quicquid pro eis merémur, propiciátus avérte. Per.

Predicti hymni precedentis dominice dicuntur suis locis per xv. dies. 151.

❡ *Pulsato bis ad collationem sed utraque vice tam in duplicibus festis quam in aliis cum una sola campana : dicantur vigilie mortuorum : scilicet* Dírige. [118]. *usque ad laudes tantum in congregatione clericorum : sed et post ultimum* ℟. *dicitur* Kyrie eléyson. Christe eléyson. Kyrie eléyson. [151]. Pater noster. [1]. *sine pronunciatione* Et ne nos. *dicitur ps.* Exaltábo. (xxix.) [151]. *Deinde preces cum collectis, ut in Psalterio notantur : postea immediate legatur collatio scilicet liber pastoralis beati Gregorii pape : qui sic incipit* Pastorális cure. *vel dyalogus ejusdem Gregorii de miraculis sanctorum patrum, qui sic incipit* Quadam die nimis. *que quidem collatio ab hinc quotidie usque ad cenam Domini ante completorium exceptis tantum diebus Dominicis in pulpito legetur : habitu non mutato sic,* Jube dómine benedícere. *Excellentior qui est in choro : dicat benedictionem. Et cum pro discretione satis lectum fuerit dicat* Tu autem. *Lector vero prosequatur* Dómine miserére nostri. *Ad quam etiam collationem legendam ita scribantur clerici : quod semper fiat inceptio ab excellentiore ex parte chori et legatur in superiori gradu usque ad passionem Domini. Sabbato autem in passione et deinceps : legatur in secunda forma. Ita tamen quod in quarta feria ante pascha : in prima forma legatur. In festis tamen duplicibus, que infra passionem celebrantur : in superiori gradu legatur.*

Finita collatione statim pulsatur ad completorium cum unica campana :

sed in duplicibus festis cum duabus, et hoc semper semel : et sequatur completorium.

ℭ *Feria iij.*

Ant.
I.i.

- bi- it * Je-sus for- as extra ci-vi-tá-tem in Beth-

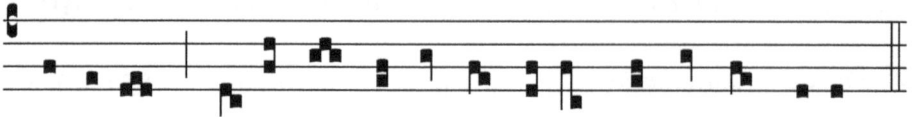

á-ni- am : i-bíque do-cé-bat e-os de regno De- i.

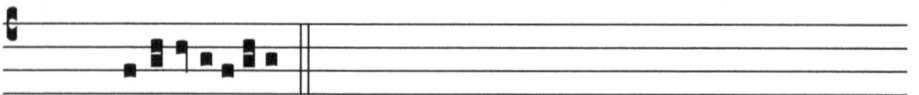

Ps. Magníficat. 16*.

Oratio.

Scéndant ad te Dómine preces nostre : et ab ecclé- | sia tua cunctam repélle nequí-ciam. Per.

ℭ *Feria iiij.*

Ant.
IV.v.

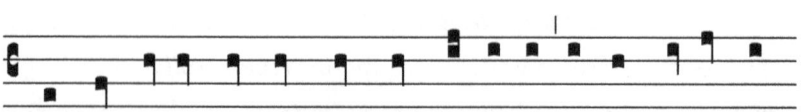

I- cut fu- it Jo-nas * in ventre ce-ti tri-bus di- é-bus

et tri-bus nócti-bus : i-ta e-rit Fí-li- us hómi-nis in

corde terre. *Ps.* Magníficat. 16*.

Oratio.

MEntes nostras quésumus Dómine lúmine tue claritátis illústra : ut vidére póssimus que agénda sunt, et que recta sunt ágere valeámus. Per Dóminum.

❦ *Feria v.*

Ant.
IV.ii.

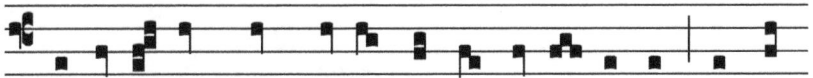

- go e-nim * ex De-o pro-cés-si et ve-ni : neque e-nim a me- ípso ve-ni, sed Pa-ter me-us il-le me mi-sit.

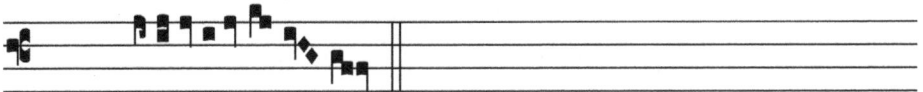

Ps. Magníficat. 16*.

Oratio.

DA quésumus Dómine pópulis Christiánis : et que profiténtur agnóscere, et celéste munus dilígere quod frequéntant. Per Dóminum nostrum.

159

ℂ *Feria vj.*

Ant.
I.i.

Ui me sa-num fe-cit : * il-le michi pre-cé-pit :

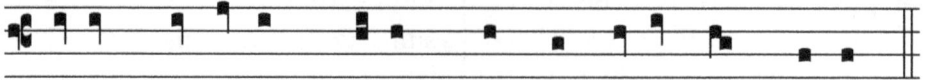

tolle gra-bá-tum tu- um, et ámbu-la in pa-ce.

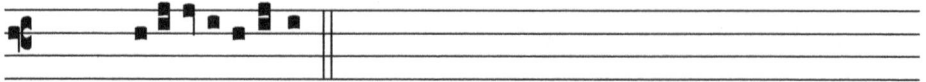

Ps. Magníficat. 16*.

Oratio.

EXáudi nos miséricors Deus : et méntibus nostris grátie tue lumen osténde. Per Dómi-num nostrum.

ℂ *Dominica ij. quadragesime.*

Ad primas vesperas.

Antiphona. Benedíctus. [75].
Ps. Ipsum. (*cxliij.*) [75]. *&c.*

Capitulum. 1. *Thessa. iiij.* 1.

ROgámus vos et obsecrámus in Dómino Jesu : ut quem-ádmodum accepístis a nobis quó- modo vos opórteat ambuláre et placére Deo, sic et ambulétis ut abundétis magis. ℞. Deo grátias.

Resp.
VII.

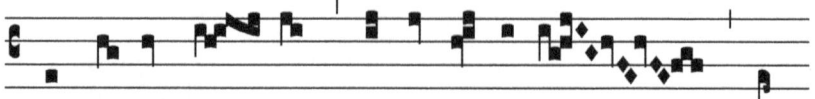

Et ti-bi De- us * de ro-re ce-li et

160

de pingué-di-ne terre a-bun- dánti- am, sérvi- ant ti-

bi tri-bus pó- pu- li. †Esto dómi- nus

fra- trum tu- ó- rum. ℣. Et incurvén- tur ante te

fí-li- i ma-tris tu- e. †Esto. ℣. Gló- ri-

a Pa-tri et Fí-li- o : et Spi-rí- tu- i Sanc-

to. †Esto.

Hymnus. Ex more docti. 151.

℣. Angelis suis Deus mandávit de te.

℟. *privatim.* Ut custódiant te in ómnibus viis tuis.

Ant.
I.iii.

O- mi-ne * bonum est nos hic esse, si vis fa-ci-

161

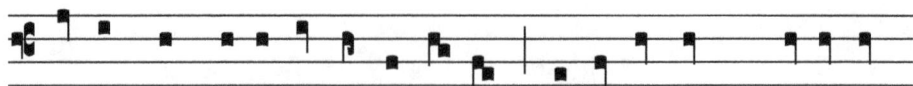

ámus hic tri- a ta-berná-cu- la : ti-bi u-num, Mó-y-si

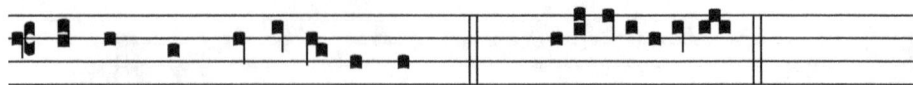

u-num, et He-lý- e u-num. *Ps.* Magníficat. 16*.

Oratio.

Eus qui cónspicis omni nos virtúte destítui, intérius exteriúsque custódi : ut ab ómnibus adversitátibus muniámur in córpore, et a pravis cogitatiónibus mundémur in mente. Per Dóminum.

❡ *Ad secundas vesperas.*

Ant. Sede a dextris. [3.]

Ps. Dixit Dóminus. (*cix.*) [3.] *&c.*

Capitulum. Rogámus vos. 160.

℟. Esto nobis. 154.

Hymnus. Ex more docti. 151.

℣. Angelis suis Deus mandávit de te.

℟. *privatim.* Ut custódiant te in ómnibus viis tuis.

Ant.
VIII.i.

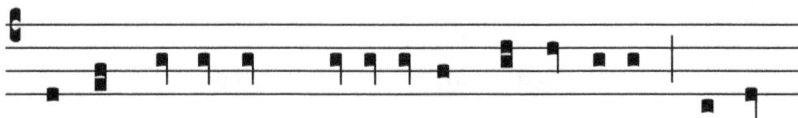

I- xit Dómi-nus * mu-lí- e-ri Cha-na-né- e : Non est

bonum súme-re pa-nem fi-li- ó- rum, et mítte-re cá-ni-

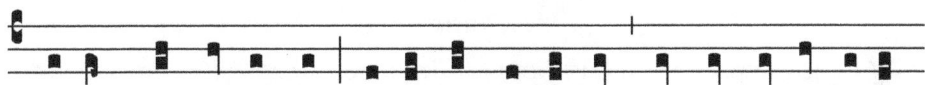

bus ad mandu-cándum, ú-tique Dómi-ne, nam et ca-tél-li e-

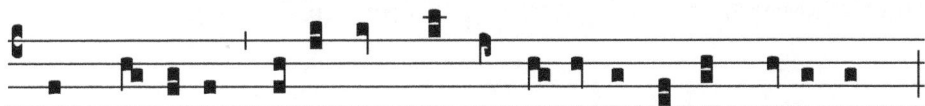

dunt de mi-cis que ca-dunt de mensa domi-nó-rum su-ó-rum :

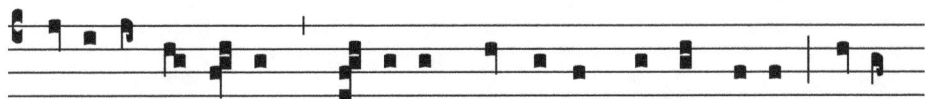

a- it il-li Je-sus, Mú- li- er magna est fi-des tu- a : fi- at

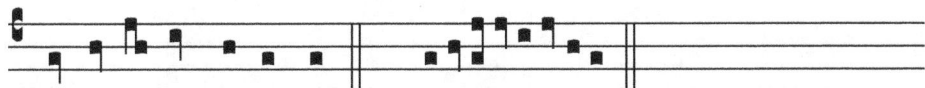

ti-bi si- cut pe-tís-ti. *Ps.* Magníficat. 16*.

Oratio. Deus qui cónspicis. 162.

ℂ *Feria ij.*

Ant.
I.v.

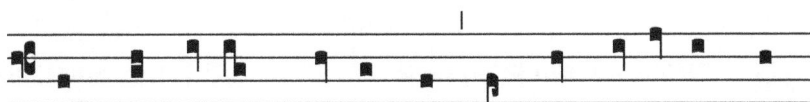

Ui me mi-sit * me-cum est, et non re-líquit me

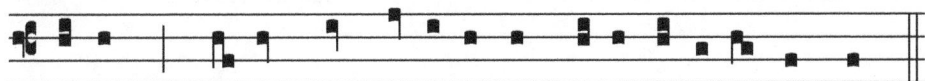

so-lum : qui- a que plá-ci-ta sunt e- i fá-ci- o semper.

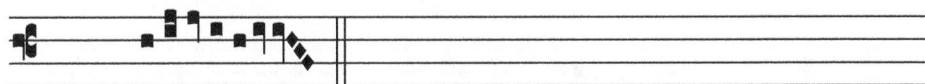

Ps. Magníficat. 16*.

163

Oratio.

ADésto supplicatiónibus nostris omnípotens Deus : et quibus fidúciam speránde pietátis indúlges, consuéte misericórdie tríbue benígnus efféctum. Per Dóminum.

ℭ *Feria iij.*

Ant. VIII.i.

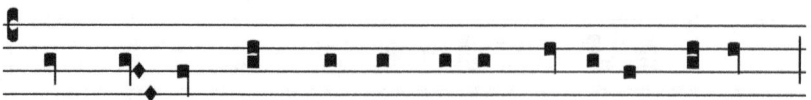

Ui ma- jor * est vestrum e-rit mi-níster vester : qui- a omnis qui se ex-ál-tat hu-mi-li- á-bi-tur di-cit Dómi-nus. *Ps.* Magníficat. 16*.

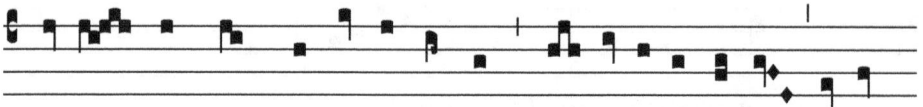

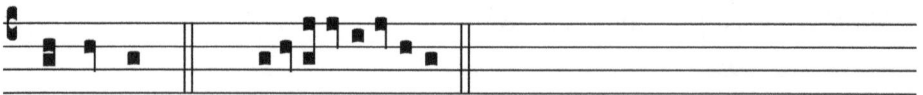

Oratio.

PRopiciáre Dómine supplicatiónibus nostris, et animárum nostrórum medére languóribus : ut remissióne percépta, in tua semper benedictióne letémur. Per Dóminum nostrum.

ℭ *Feria iiij.*

Ant. VII.i.

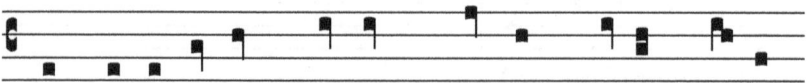

E- dé-re autem me-cum * non est me-um da-re

164

♪ *(chant notation)*

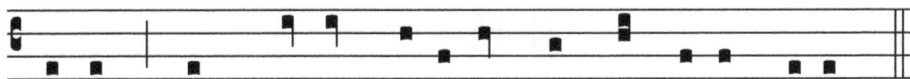

vo-bis : sed qui-bus pa-rá-tum est a Patre me-o.

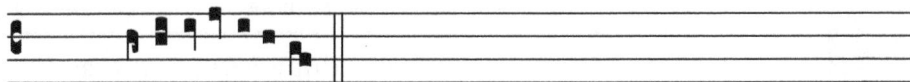

♪ *(chant notation)*

Ps. Magníficat. [85].

Oratio.

Deus innocéntie restitútor et amátor, dírige ad te tuórum corda servórum : ut Spíritus tui fervóre concépto, et in fide in-veniántur stábiles, et in ópere efficáces. Per Dóminum. In unitáte éjúsdem Spiritussáncti Deus.

❦ *Feria v.*

Ant.
VIII.i.

♪ *(chant notation)*

- pe-ra * que e-go fá-ci- o, testimó-ni- um perhí-

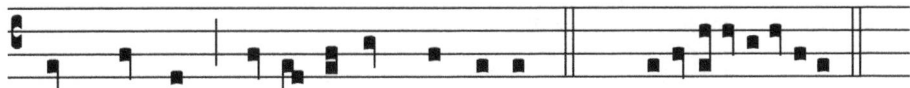

♪ *(chant notation)*

bent de me : qui- a Pa-ter me mi-sit. *Ps.* Magníficat. 16*.

Oratio.

Adésto Dómine fámulis tuis, et perpétuam benignitátem largíre poscéntibus : ut his qui te auctóre et gubernatóre gloriántur, et congregáta restáures, et restauráta consérves. Per Dóminum.

ℂ *Feria vj.*

Ant.
III.iv.

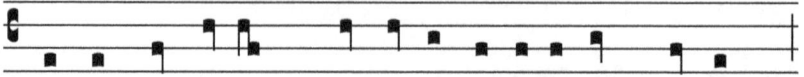

Uerén-tes e-um * te-né-re timu-é-runt turbas :

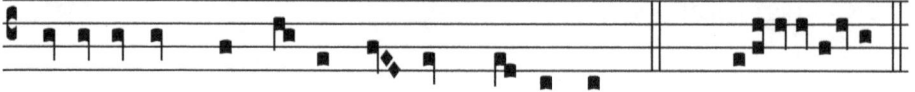

qui- a si-cut prophé-tam e- um ha-bé-bant. *Ps.* Magníficat. [85].

Oratio.

DA quésumus Dómine pópulo tuo salútem mentis et córporis : ut bonis opéribus inheréndo, tue semper virtútis mereátur protectióne deféndi. Per Dóminum.

ℂ *Dominica iij. quadragesime.*

Ad primas vesperas.

Ant. Benedíctus. [75].
Ps. Ipsum. (*cxliij.*) [75]. &c.

Capitulum. Ephes. v. 1.

EStóte imitatóres Dei sicut filii charíssimi, et ambuláte in dilectióne sicut et Christus diléxit nos : et trádidit semetípsum pro nobis oblatiónem et hóstiam Deo in odórem suavitátis. ℟. Deo grátias.

Resp.
II.

- gi-tur * Jo- seph ductus est in E- gýptum,

fu- ítque Dó- mi-nus cum e- o. †Per quem e- rat vir

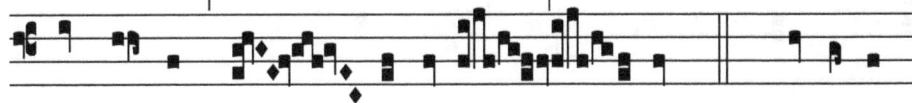

in cunctis prós- pe-re a- gens. ℣. Mi-sértus

e-nim est De- us il-lí- us : et ómni- a e- jus ó-pe-ra

di-ri- gé- bat. †Per quem. ℣. Gló-ri- a Pa-tri et

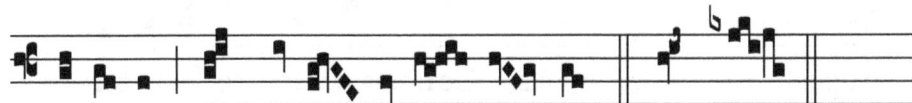

Fí-li- o : et Spi-rí- tu- i Sanc-to. †Per quem.

Hymn.
III.

C- ce tempus i-dóne- um, * Me-di-cí-na peccámmi-

num : Qui-bus De- um offéndi-mus, Corde, verbis, opé-ri-

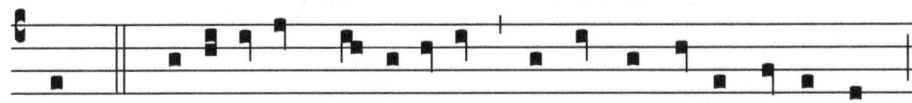

bus. 2. Qui pi- us ac pro-pí-ti- us, No-bis pe-pércit hácte-nus :

167

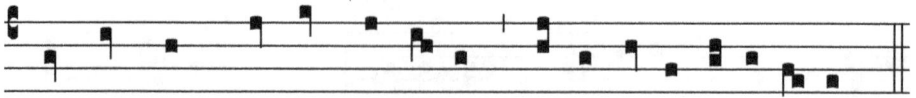

Ne nos cum nostris pérde-ret, Tantis i-niqui-tá-ti-bus.

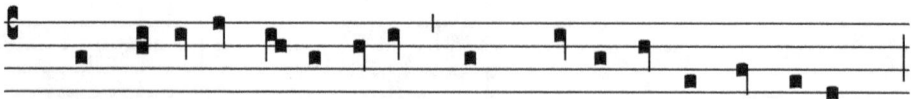

3. Hunc í-gi-tur je-jú-ni- is, Cum pré-ci-bus et láchrimis :

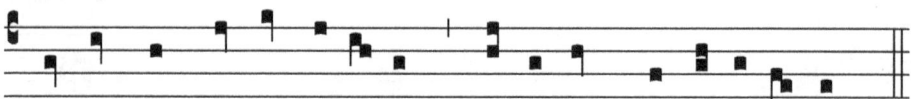

Mul-tísque bo-nis á-li- is, Pla-cémus de-vo-tíssi-mi.

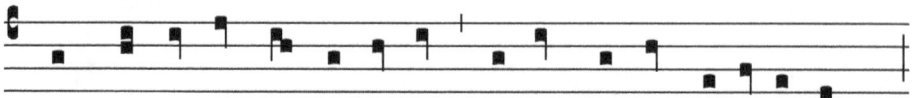

4. Ut nos a cunctis sórdi-bus, Purgans ornet virtú-ti-bus :

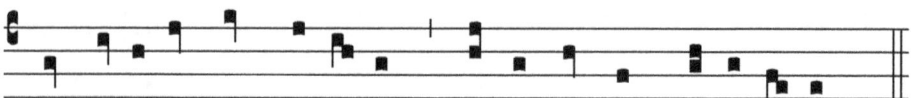

Angé-li-cis et cé-ti-bus, Conjúngat in ce-lésti-bus.

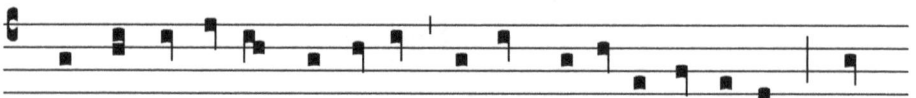

5. Sit be-ne-díctus Gé-ni-tor, E-júsque Uni-gé-ni-tus : Cum

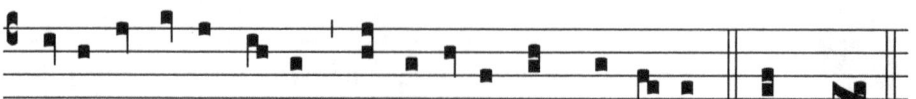

Spí-ri-tu Pa-rá-cli- to, Tri-nus et u-nus Dómi-nus.   A- men.

℣. Angelis suis Deus mandávit de te.

℟. *privatim.* Ut custódiant te in ómnibus viis tuis.

Ant.
VII.vii.

E-dit pa-ter * pe-ni-ténti fí-li- o sto-lam primam

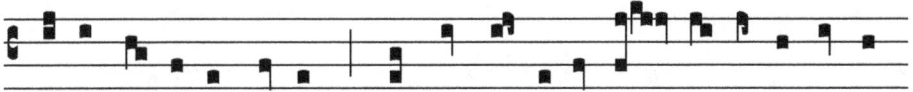

pá-ri- ter et ánnu-lum : nam et cal-ci- amén- ta il-li trí-bu-

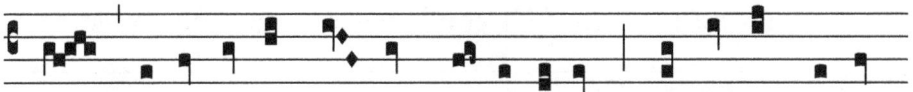

ens ce-lebrá-vit mag-num conví-vi- um : ha-bémus sto-lam

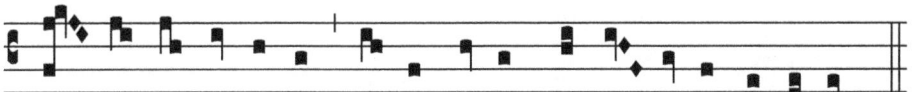

pri- mam in la-vácro et ánnu-lum fí-de- i signá-cu-lum.

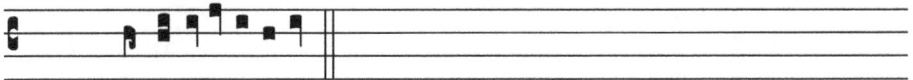

Ps. Magníficat. [85].

Oratio.

Uésumus omnípotens Deus vota humílium réspice : atque ad defensiónem nostram, déxteram tue majestátis exténde. Per Dóminum nostrum Jesum.

ℂ *Ad secundas vesperas.*

Ant. Sede a dextris. [3].
Ps. Dixit Dóminus. (*cix.*) [3]. &c.
Cap. Estóte imitatóres. 166.

Resp.
II.

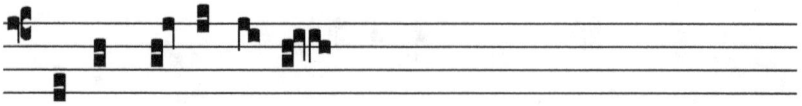

- duc de cárce-re

Chorus prosequatur.

* á-nimam me- am. †Ut confi- te- á- tur nó- mi-ni

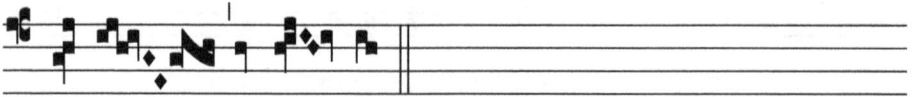

tu- o Dómi- ne.

Clericus.

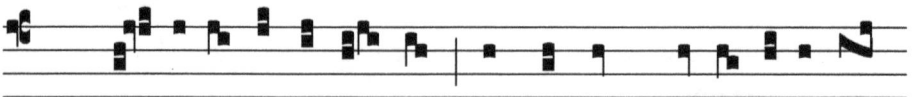

℣. Pé- ri- it fu-ga a me : et non est qui re-quírat á-

nimam me- am. †Ut. ℣. Gló- ri- a Pa-tri et Fí-li- o :

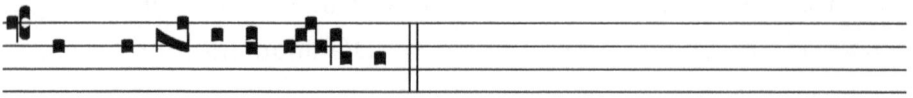

et Spi-rí- tu- i Sanc- to.

Chorus repetatur ℟.

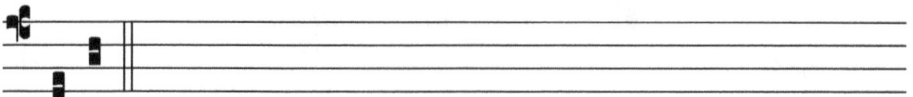

Educ.

Hoc predictum ℟. dicatur quotidie ad vesperas per hanc ebdomadam quando de feria agitur.

Hymnus. Ecce tempus idóneum. 167.

℣. Angelis suis Deus mandávit de te.

℟. *privatim.* Ut custódiant te in ómnibus viis tuis.

Ant.
VIII.i.

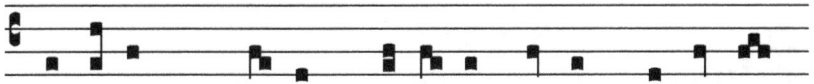

X-tóllens * que-dam mú-li- er vo-cem de turba

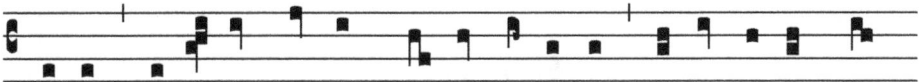

di-xit, Be- á-tus venter qui te portá-vit, et ú-be-ra que

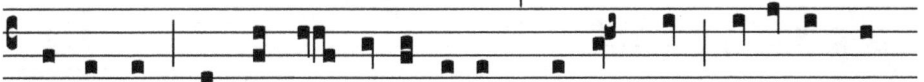

sux-ís-ti : at Je-sus dix-it e- i, Qui-nímmo : be- á-ti qui

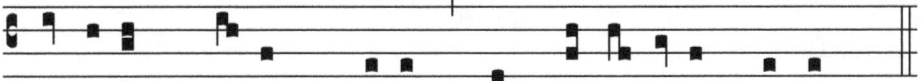

áudi- unt verbum De- i, et custó-di- unt il-lud.

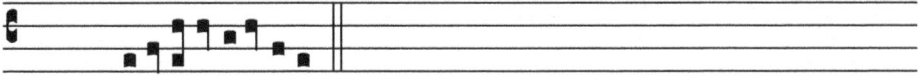

Ps. Magníficat. 16*.

Oratio. Quésumus omnípotens Deus. 169.

Supradictus hymnum hujus dominice servetur per quindecim dies.

ℂ *Feria ij.*

Ant.
I.i.

E-sus autem * tránsi- ens per mé-di- um il-ló-rum

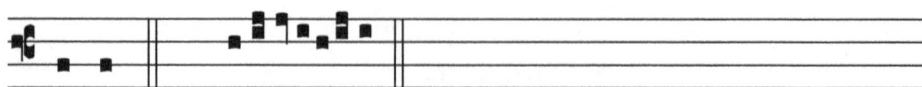

i-bat. *Ps.* Magníficat. 16*.

Oratio.

Ubvéniat nobis quésumus Dómine misericórdia tua : ut ab imminéntibus peccatórum nostrórum perículis, te mereámur protegénte éripi, te liberánte salvári. Per Dóminum nostrum.

ℭ *Feria iij.*

Ant. IV.v.

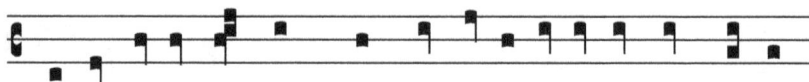

- bi du-o vel tres * congre-gá-ti fú- e-rint in nómi-

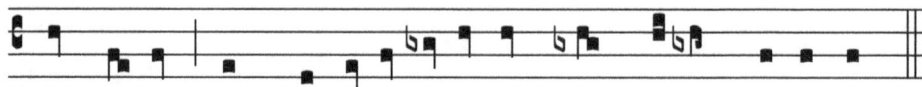

ne me- o : in mé-di- o e-ó-rum sum di-cit Dómi-nus.

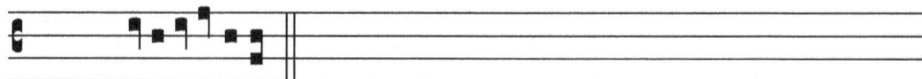

Ps. Magníficat. 16*.

Oratio.

Ua nos Dómine protectióne defénde : et ab omni sem- per iniquitáte custódi. Per Dóminum nostrum.

ℭ *Feria iiij.*

Ant. VII.i.

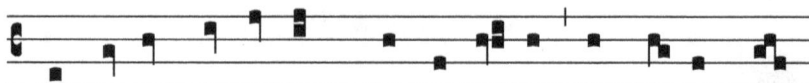

on lo-tis má-ni-bus * mandu-cá- re non co- ínqui-

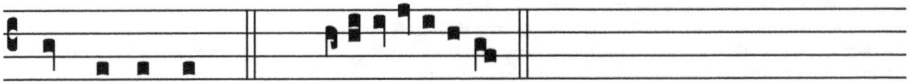

nat hómi-nem. *Ps.* Magníficat. [85].

Oratio.

Oncéde quésumus omnípotens Deus, ut qui protectiónis tue grátiam quérimus : liberáti a malis ómnibus secúra tibi mente serviámus. Per Dóminum.

ℂ *Feria v.*

Ant.
VII.ii.

a-nis e-nim De- i est * qui descéndit de ce-lo : et

dat vi-tam mundo. *Ps.* Magníficat. [85].

Oratio.

Ubjéctum tibi pópulum quésumus Dómine propiciátio celéstis amplíficet : et tuis semper fáciat inherére mandátis. Per Dóminum.

ℂ *Feria vj.*

Ant.
VIII.i.

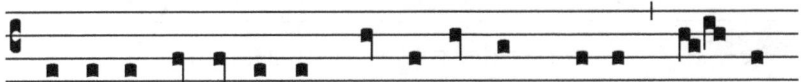

E-ri a-do-ra-tó-res * a-do-rá-bunt Patrem in spí-

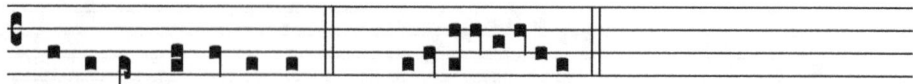

ri-tu et ve-ri-tá-te. *Ps.* Magníficat. 16*.

Oratio.

Resta quésumus omnípotens Deus : ut qui in tua protectióne confídimus, cuncta nobis adversántia te adjuvánte vincámus. Per Dóminum.

ℂ *Dominica iiij. quadragesime.*

Ad primas vesperas.

Ant. Benedíctus. [75].

Ps. Ipsum. (*cxliij.*) [75]. *&c.*

Capitulum. Gala. iiij. 22-23.

Scriptum est quóniam Abraham duos fílios hábuit, unum de ancílla et unum de líbera : sed qui de ancílla secúndum carnem natus est, qui autem de líbera per repromissiónem. ℟. Deo grátias.

Resp. II.

U-di Is- ra- el * pre-cépta Dó-mi- ni : et

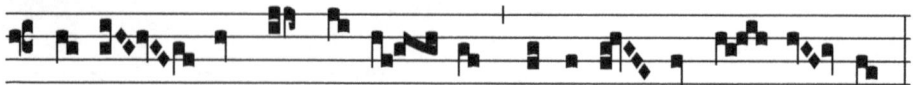

e- a in cor-de tu- o qua-si in libro scri- be.

174

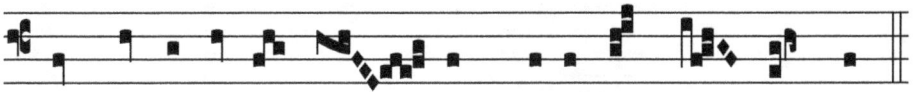

†Et da-bo ti-bi ter- ram flu-éntem lac et mel.

℣. Ob- sér-va í-gi-tur et audi vo-cem me- am : et i-ni-

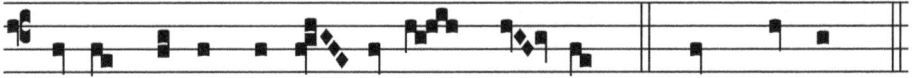

mí-cus e-ro i-ni- mí-cis tu- is. †Et da-bo.

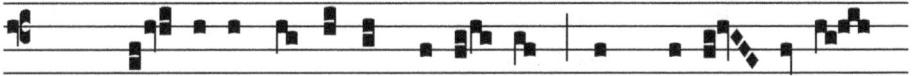

℣. Gló- ri- a Pa-tri et Fí-li- o : et Spi-rí- tu- i

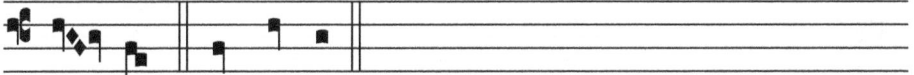

Sanc-to. †Et da-bo.

Hymnus. Ecce tempus. 167.

℣. Angelis suis Deus mandávit de te.

℟. *privatim.* Ut custódiant te in ómnibus viis tuis.

Ant.
VIII.i.

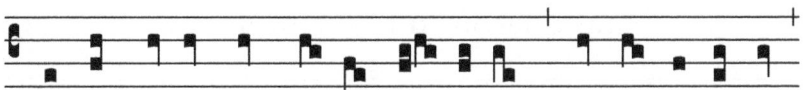

Emo * te condemná-vit mú- li- er ? Nemo Dómi-ne,

Nec e-go te condemná- bo : jam ámpli- us no-li peccá-re.

175

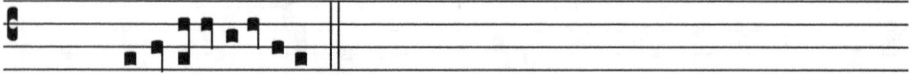

Ps. Magníficat. 16*.

Oratio.

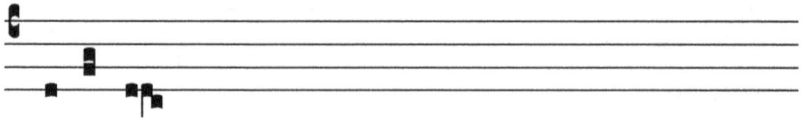

Oncéde quésumus omnípo-
tens Deus : ut qui ex mérito
nostre actiónis afflígimur, tue
grátie consolatióne respirémus.
Per Dóminum nostrum.

ℂ *Ad secundas vesperas.*

Ant. Sede a dextris. [3].

Ps. Dixit Dóminus. (*cix.*) [3]. *&c.*

Capitulum. Scriptum est. 174.

Resp.
I.

Ddú-xit

Chorus prosequatur totum ℟.

* e-os Dó-mi- nus in forti-tú- di-ne mag- na : ci-bá-

vit e-os nas-cén- ti- is agró- rum. †Sux-é-runt mel

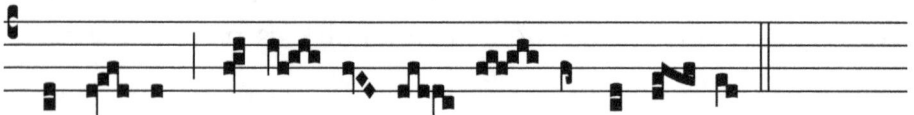

de pe- tra : et ó- le- um de firma pe- tra.

Clericus.

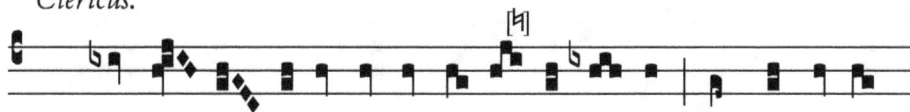

℣. Ci-bá- vit e-os ex á-di-pe frumén-ti : et de petra

mel-le sa-tu- rá-vit e- os. †Sux-é-runt. ℣. Gló-ri-

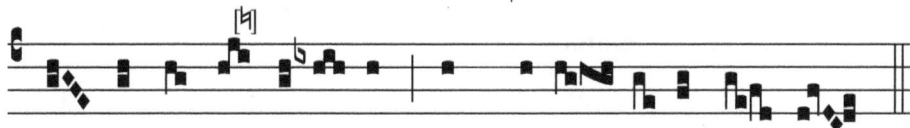

a Pa-tri et Fí-li- o : et Spi-rí- tu- i Sanc-to.

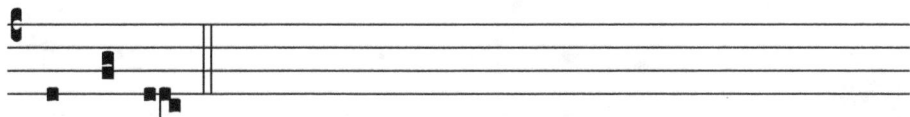

Addú-xit.

Hoc ℟. dicatur quotidie ad vesperas usque ad passionem Domini cum de feria agitur.

Hymnus. Ecce tempus. 167.

℣. Angelis suis Deus mandávit de te.

℟. *privatim.* Ut custódiant te in ómnibus viis tuis.

Ant.
I.vi.

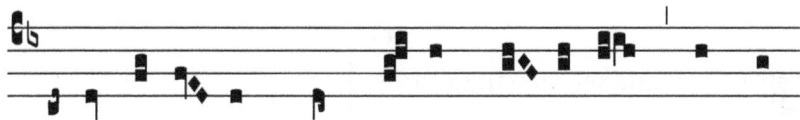

L-li hómi- nes * cum signum vi- díssent quod fac-

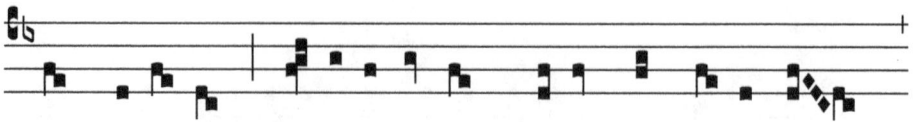

tum fú- e- rat : glo- ri-fi-cá-bant De- um et di-cé-bant

qui- a hic est Sal-vá-tor mundi. *Ps.* Magníficat. 16*.

Oratio. Concéde quésumus. 176.

❡ *Feria ij.*

Ant.
V.i.

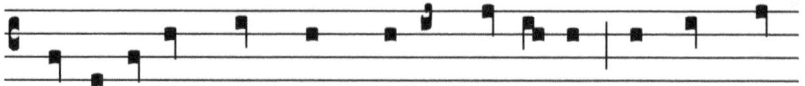

Olvi-te templum hoc * di-cit Dómi-nus : et post tri-

du- um re- e-di- fi-cá-bo il-lud, hoc autem di-cé-bat de

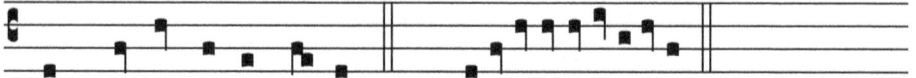

templo córpo-ris su- i. *Ps.* Magníficat. [85].

Oratio.

Eprecatiónem nostram qué-sumus Dómine benígnus exáudi : et quibus supplicándi prestas afféctum, tríbue defensiónis auxílium. Per Dóminum nostrum.

178

ℂ *Feria iij.*

Ant.
III.iv.

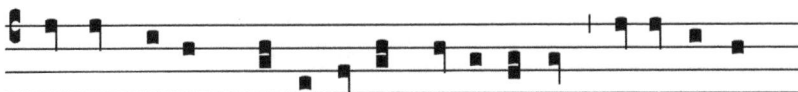

- num opus * fe-ci et admi-rámi-ni qui- a to-tum

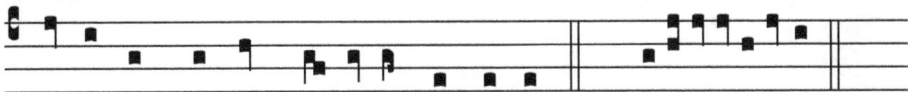

hómi-nem sa-num fe- ci in sábba-to. *Ps.* Magníficat. [85].

Oratio.

Iserére quésumus Dómine pópulo tuo : et contínuis tribulatiónibus laborántem, pro- │ pícius respiráre concéde. Per Dóminum.

ℂ *Feria iiij.*

Ant.
III.iv.

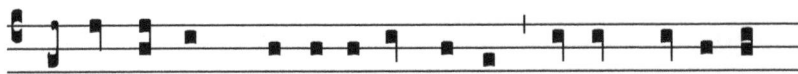

L-le homo * qui dí-ci-tur Je-sus lu-tum fe-cit ex

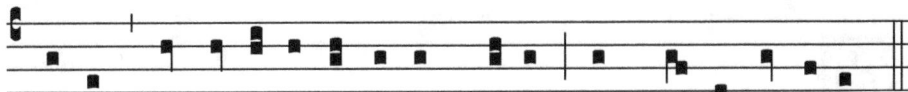

spu-to, et li-ní-vit ó-cu-los me-os : et mo-do ví-de-o.

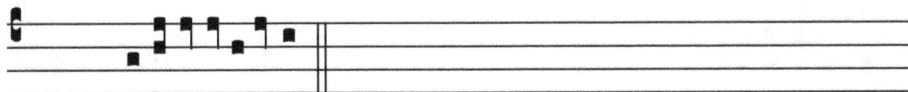

Ps. Magníficat. [85].

Oratio.

Ateant aures misericórdie tue Dómine précibus sup- │ plicántium : et ut peténtibus desideráta concédas, fac eos que tibi

179

sunt plácita postuláre. Per | Dóminum.

ℂ *Feria v.*

Ant.
IV.v.

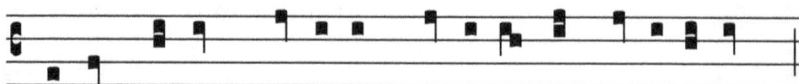

I-cut Pa-ter * súsci-tat mórtu-os et vi-ví-fi-cat :

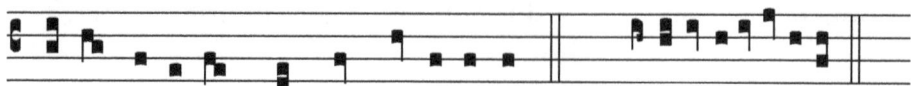

sic et Fí-li- us quos vult vi-ví-fi-cat. *Ps.* Magníficat. 16*.

Oratio.

POpuli tui Deus institútor et | plácitus, et tuo munímine sit
rector, peccáta quibus im- | secúrus. Per.
pugnátur expélle : ut semper tibi

ℂ *Feria vj.*

Ant.
I.iii.

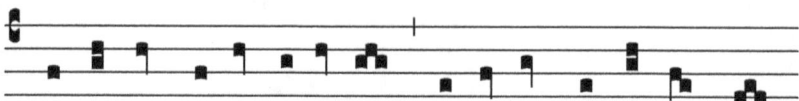

Omi-ne * si hic fu- ísses, Lá-za-rus non esset mor-

tu- us : ecce jam fe-tet : qua-tri-du- á-nus in monu-ménto.

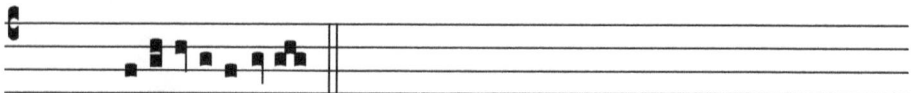

Ps. Magníficat. 16*.

180

Oratio.

DA quésumus omnípotens Deus : ut qui infirmitátis nostre cónscii de tua virtúte confídimus, sub tua semper protectióne gaudeámus. Per Dóminum.

❦ Dominica in passione Domini.

Ad primas vesperas.

Ant. Benedíctus. [75].

Ps. Ipsum. (cxliij.) [75]. *&c.*

Deinceps non dicatur neuma in fine antiphone usque ad octavas pasche : versus tamen et Benedicámus. *cum neuma dicuntur more solito : usque ad cenam Domini.*

Capitulum. Thre. iij. 58.

JUdicásti Dómine causam ánime mee, defénsor vite mee : Dómine Deus meus. ℞. Deo grátias.

Resp.
II.

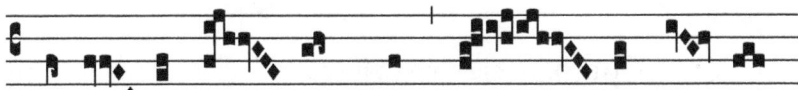

Ircun- de-dé- runt me * vi- ri men-dá-ces, si- ne cau- sa : fla-gél- lis ce-ci-dé-runt me. †Sed tu Dó-mi- ne de-fén-sor vín- di-ca me.

181

℣. Quó- ni- am tri-bu-lá- ti- o pró-xima est,

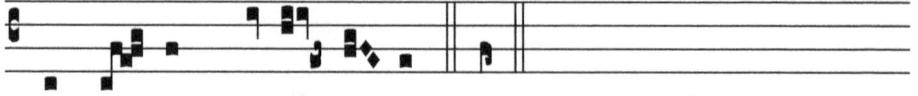

et non est qui ád- ju- vet. †Sed.

Non dicitur ℣. Glória Patri. *sed repetatur responsorium* Circundedérunt.

Hymn.
I.

Ex-íl-la re- gis pró-de- unt, * Fulget cru-cis mysté-

ri- um : Quo carne carnis Cóndi-tor, Suspén-sus est pa-tí-

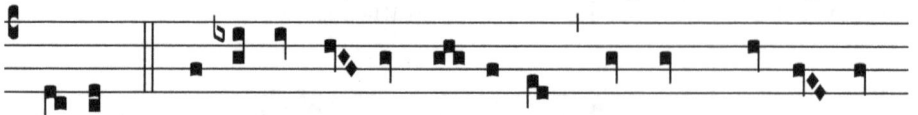

bu-lo. 2. Confíx-a cla- vis vís-ce-ra, Tendens ma-nus ves-

tí-gi- a : Re-dempti- ó-nis grá- ti- a, Hic immo-lá- ta

est hósti- a. 3. Quo vulne-rá- tus ín-su-per, Mucróne

182

di- re lánce- e : Ut nos la-vá-ret crí-mi-ne, Ma-ná- vit

un-da sángui-ne. 4. Implé-ta sunt que cón-ci-nit, Da-vid

fi-dé- lis cármi-ne : Di-céndo na- ti- ó-ni-bus, Regná- vit

a ligno De- us. 5. Arbor de-có- ra et fúl-gi-da, Orná-

ta re- gis púrpu-ra : E-lécta digno stí-pi-te, Tam sanc-

ta membra tánge-re. 6. Be- á-ta cu- jus bra-chi- is, Pré-ci-

um pe-pén-dit sé-cu- li : Sta-té-ra fac-ta est córpo-ris,

Pre-dámque tu- lit tárta- ris.

Ad istum versum O crux ave. *convertat se chorus ad altare : usque ad inceptionem psalmi* Magníficat.

7. O crux a-ve spes ú- ni-ca, Hoc passi- ó- nis témpo-re :

Auge pi- is justí- ci- am, Re- ís-que do- na vé-ni- am.

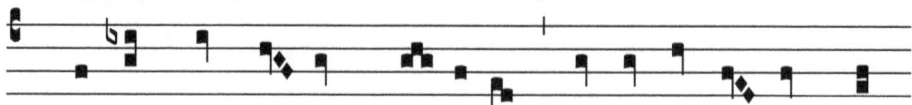

8. Te summa De- us Trí- ni-tas, Col-láudet omnis spí-

ri- tus : Quos per cru-cis mysté- ri- um, Salvas re-ge per

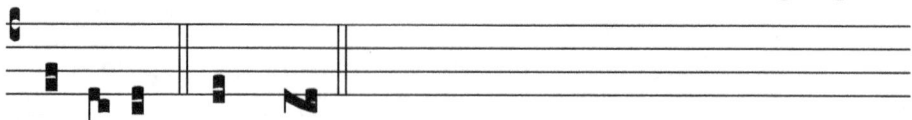

sé-cu- la. A- men.

℣. Dedérunt in escam meam fel.

℟. *privatim.* Et in siti mea potavérunt me acéto.

Ant.
VIII.i.

- go sum * qui tes-ti-mó-ni- um perhí-be-o de

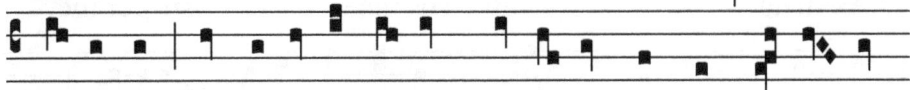

me- ípso : et testimó-ni- um pérhi-bet de me qui mi- sit

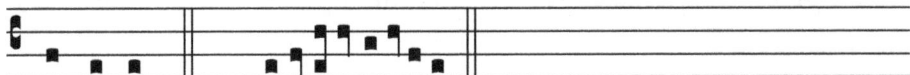

me Pa-ter. *Ps.* Magníficat. 16*.

Oratio.

QUésumus omnípotens Deus famíliam tuam propícius réspice : ut te largiénte regátur in córpore, et te servánte custodiátur in mente. Per.

❧ *Ad secundas vesperas.*

Ant. Sede a dextris. [3].

Ps. Dixit Dóminus. (*cix.*) [3]. *&c.*

Capitulum. Hebr. ix. 11.

CHristus assístens póntifex futurórum bonórum, per- ámplius et perféctius tabérná- culum non manufáctum, id est non hujus creatiónis, neque per sánguinem hyrcórum aut vitu- lórum, sed per próprium sángui- nem introívit semel in sancta, etérna redemptióne invénta. ℟. Deo grátias.

Resp.
IV.

Squequo

Chorus prosequatur totum.

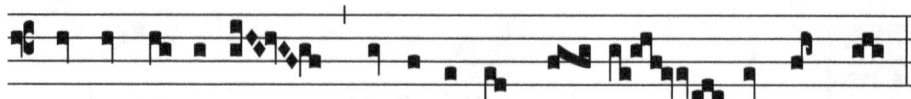

♪ *ex-al-tá-bi-tur*   *i-nimí-cus me- us*   *su-per me.*

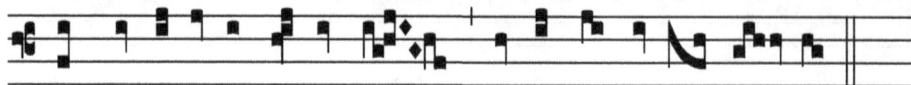

†Ré-spi-ce et ex-áudi me   Dó-mi-ne De- us me- us.

Clericus.

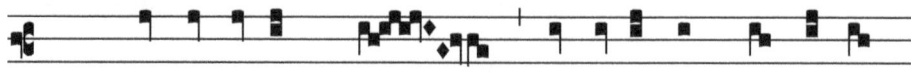

℣. Qui trí-bu-lant me   ex-ultá-bunt si mo-tus

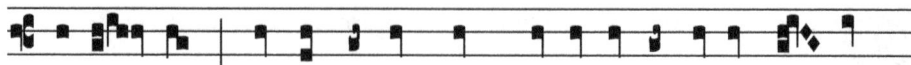

fú- e- ro :   e-go autem in mi-se-ri-córdi- a tu- a

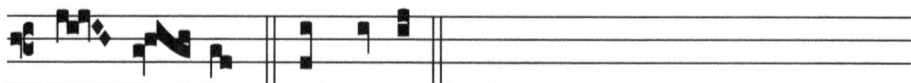

spe- rá- vi. †Ré-spi-ce.

Non dicitur Glória. *sed responsorium reincipiatur.*

Hoc ℟. *dicitur quotidie ad vesperas per ebdomadam, quando de temporali agitur.*

Hymnus. Vexílla regis pródeunt. 182.

℣. Dedérunt in escam meam fel.

℟. *privatim.* Et in siti mea potavérunt me acéto.

Ant.
I.i.

- men a-men * di-co vo-bis   ántequam Abra-

ham fí- e-ret e-go sum. Sustu-lé-runt lá-pi-des Ju-dé- i

ut já-ce-rent in Je-sum. Je-sus au-tem abscóndit se : et ex-

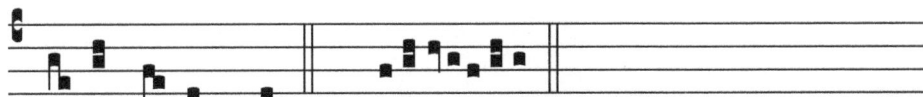

í- vit de templo. *Ps.* Magníficat. 16*.

Oratio. Quésumus omnípotens Deus. 185.

❦ *Feria ij. in passione Domini.*

Antiphone et psalmi feriales. [17].

Capitulum. *Thre. iij.* 58.

Judicásti Dómine causam a-
nime mee, defénsor vite mee : | Dómine Deus meus. ℟. Deo
grátias.

❦ *Hoc capitulum dicitur ad vesperas usque ad quartam feriam ante pascha : quando de feria agitur.*

℟. Usquequo. 185.

Hymnus. Vexílla regis pródeunt. 182.

℣. Dedérunt in escam meam fel.

℟. *privatim.* Et in siti mea potavérunt me acéto.

Ant.
IV.v.

S I quis si-tit * vé-ni- at et bi-bat : et de ventre e-jus

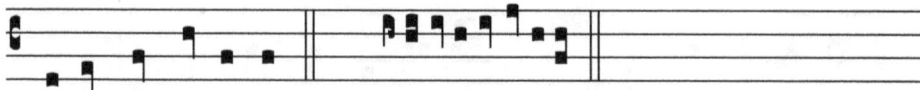

flu- ent aque vi-ve. *Ps.* Magníficat. 16*.

Oratio.

DA quésumus Domine pópu-lo tuo Spíritum veritátis et pacis : ut te tota mente cognós-cat, et que tibi plácita sunt, pia devótione exérceat. Per Dómi-num ejúsdem.

❡ *Feria iij. in passione Domini.*

Ant.
I.vi.

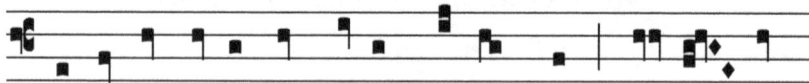

V Os ascéndi-te * ad di- em festum hunc : e-go non ascéndam, qui- a tempus me-um non dum advé-nit.

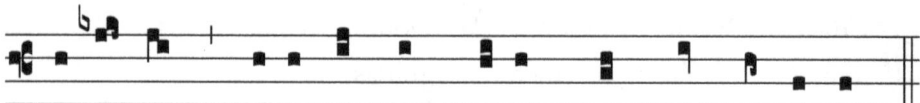

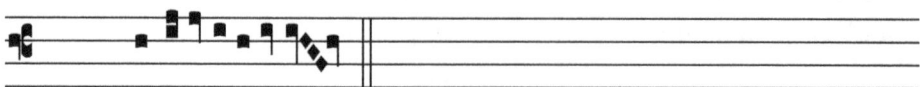

Ps. Magníficat. 16*.

Oratio.

DA nobis quésumus Dómine perseverántem in tua volun-táte famulátum : ut in diébus nostris et mérito et número pópulus tibi sérviens augeátur. Per.

188

ℂ Feria iiij. in passione Domini.

Ant.
IV.v.

Ulta bo-na ópe-ra * ope-rá-tus sum vo-bis : propter

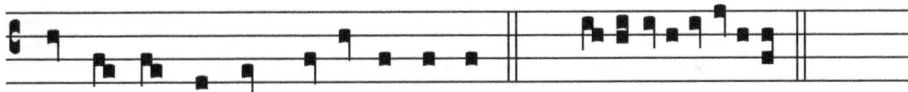

quod o-pus vul-tis me occí-de-re. *Ps.* Magníficat. 16*.

Oratio.

ADvéniat quésumus Dómine misericórdia tua speráta supplícibus : et eis celéstis munificéntia tribuátur, quátenus et recte peténda póstulent, et postuláta percípiant. Per.

ℂ Feria v. in passione Domini.

Ant.
I.iv.

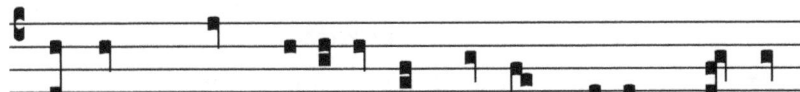

It-tens * hec mú-li- er in corpus me- um hoc un-

guén- tum : ad se-pe-li- éndum me fe-cit. *Ps.* Magnficat. 16*.

Oratio.

ESto quésumus Dómine propícius plebi tue : ut que tibi non placent respuéntes, tuórum pótius repleántur delectatiónibus mandatórum. Per Dóminum.

189

❡ Feria vj. in passione Domini.

Ant.
I.v.

Rín-ci-pes * sa-cerdó-tum consí-li- um fe-cé-runt ut Je-sum occí-de-rent, di-cé-bant au-tem, Non in di- e fes-to : ne forte tumúltus fí- e-ret in pópu-lo.

Ps. Magníficat. 16*.

Oratio.

Oncéde nobis quésumus Dómine véniam peccató-rum, et religiónis augméntum : atque ut in nobis tua dona multíplices, tuis fac mandatis promptióres. Per.

❡ Dominica in ramispalmarum.

Ad primas vesperas.

Ant. Benedíctus. [75].

Ps. Ipsum. (*cxliij.*) [75]. *&c.*

190

Capitulum. Philip. ij. 5.

HOc fratres sentíte in vobis quod et in Christo Jesu, qui cum in forma Dei esset non rapínam arbitrátus est esse se equálem Deo : sed semetípsum exinanívit formam servi accípiens. ℞. Deo grátias.

℞. Circundedérunt. *ut supra in ebdomada proximo precedente.* 181.

❧ *Hoc* ℞. *dicitur quotidie ad vesperas usque ad cenam Domini : nisi in secundis vesperis hujus dominice.*

Hymnus. Vexílla regis. 182.

℣. Dedérunt in escam meam fel.

℞. *privatim.* Et in siti mea potavérunt me acéto.

Ant.
I.i.

Cla-rí-fi- ca me Pa- ter * a-pud teme-típsum, cla-ri-tá-te quam há-bu- i pri- úsquam mundus fí- e-ret.

Ps. Magníficat. 16*.

Oratio.

OMnípotens sempitérne Deus, qui humáno géneri ad imitándum humilitátis exémplum, Salvatórem nostrum carnem súmere, et crucem subíre fecísti : concéde propícius, ut patiéntie ipsíus habére documénta, et resurrectiónis consórtia mereámur. Per eúndem.

191

ℭ *Ad secundas vesperas.*

Ant. Sede a dextris. [3].

Ps. Dixit Dóminus. (*cix.*) [3]. &c.

Capitulum. Hoc fratres. 191.

Resp.
VIII.

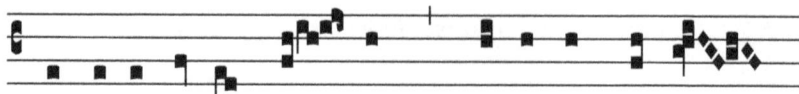

C O-gi-ta-vé-runt au- tem * prínci-pes sa-cer-

dó- tum : ut et Lá-za- rum inter-fí-ce- rent. †Prop-ter

quem mul-ti ve-ni- é- bant et cre-dé-

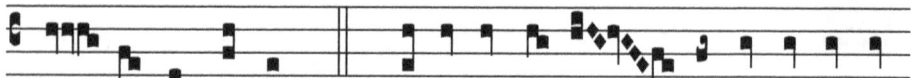

bant in Je-sum. ℣. Testimó-ni- um ergo perhi-bé-

bat tur-ba que e-rat cum e-o quando Lá-za-rum vo-cá-vit

de monumén-to : et susci-tá-vit e- um a mórtu- is.

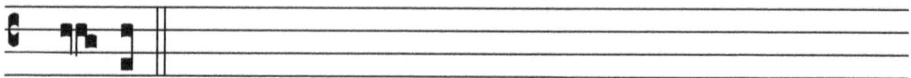

†Prop-ter.

Repetatur ℟. *Hoc responsorium dicatur ab uno solo clerico de superiori gradu loco nec habitu mutato.*

Hymnus. Vexílla regis. 182.

℣. Dedérunt in escam meam fel.

℟. *privatim.* Et in siti mea potavérunt me acéto.

Ant.
VIII.i.

C-cúrrunt * turbe cum fló-ri-bus et palmis Re-demp-
tó-ri óbvi- am : et vícto-ri tri- umphánti digna dant ob-
séqui- a : Fí-li- o De- i o-re gentes pré-di-cant : et in
laudem Chris-ti vo-ces to-nant per nú-bi-la o-sánna.

Ps. Magníficat. 16*.

Oratio. Omnípotens sempitérne Deus. 191.

❈ *Feria ij.*

Responsorium Circundedérunt me. 181.

Ant.
IV.v.

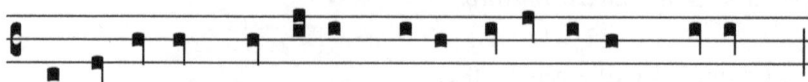

P O-testá-tem há-be-o * ponéndi á-nimam me-am :

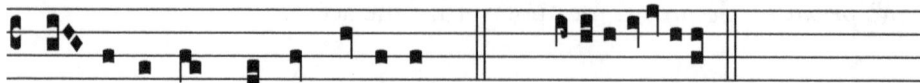

et í-te-rum suméndi e-am. *Ps.* Magníficat. 16*.

Oratio.

A Djuva nos Deus salutáris noster : et ad benefícia recolénda quibus nos instauráre dignátus es, tríbue veníre gaudéntes. Per Dóminum nostrum.

ℂ *Feria iij.*

Ant.
II.i.

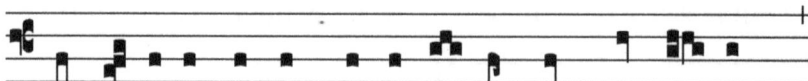

Q Uotí-di-e * a-pud vos e-ram in templo do-cens,

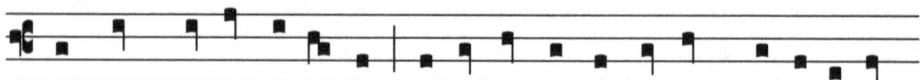

et non me te-nu-ís-tis : et ecce fla-gel-lá-tum dú-ci-tis ad

cru-ci-fi-géndum. *Ps.* Magníficat. 16*.

Oratio.

T Ua nos misericórdia Deus, et ab omni surreptióne vetustátis expúrget : et capáces sancte novitátis effíciat. Per Dóminum.

194

❧ *Hac die dicuntur vigilie mortuorum cum ix. lectionibus in conventu solenniter : et cum missa in crastino : nisi aliquod duplex festum in quarta feria impedierit : et tunc fiat predictum servitium in aliqua feria precedente istius ebdomade videlicet in dominica vel in secunda feria. Et sic compleatur servitium mortuorum usque ad octavas pasche : nisi corpus forte presens fuerit ut supra dictum est in prima dominica adventus Domini.*

❧ *Feria iiij.*

Ant. Beátus vir. [49].

Ps. Nisi Dóminus. (*cxxvj.*) [49]. *et cetere antiphone cum suis psalmis, ut in Psalterio.*

Capitulum. Esai. liij. 6.

Mnes nos quasi oves errávimus, unusquísque a via sua declinávit : et Dóminus pósuit in eo iniquitátem ómnium nostrum, oblátus est quia ipse vóluit, et non apéruit os suum. ℟. Deo grátias.

℟. Circundedérunt. *ut supra.* 181.

Et dicitur in secunda forma ab uno solo puero ex parte chori : loco nec habitu mutato.

Hymnus. Vexílla regis. 182.

℣. Dedérunt in escam meam fel.

℟. *privatim.* Et in siti mea potavérunt me acéto.

Ant.
IV.i.

Anto témpo-re vo-bíscum * e- ram do-cens vos in

templo, et non me te-nu- ís-tis : mo-do fla-gel-lá-tum dú-

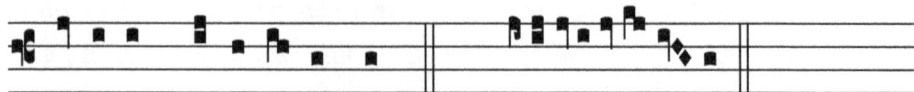

ci-tis ad cru-ci-fi-géndum. *Ps.* Magnificat. 16*.

Ad has vesperas non incensetur altare : nec preces dicantur nec fiat prostratio : nec ulla fiat memoria propter solennitatem cene : nisi aliquod duplex festum hac quarta feria celebratum fuerit. Sacerdos vero executor officii ad orationem dicendam habitu non mutato et absque cappa serica ad gradum chori incedat : nullis sibi astantibus ceroferariis sed solo puero sibi librum cum lumine more solito ministrante : quia chorus non regitur.

℣. Orémus.

Oratio.

Espice quésumus Dómine super hanc famíliam tuam : pro qua Dóminus noster Jesus Christus non dubitávit mánibus tradi nocéntium, et crucis subíre torméntum. Qui tecum.

Hec oratio dicatur ad omnes horas in his tribus diebus sequentibus nisi ad completorium hac die : et nisi ad vesperas in cena Domini : et ad vesperas in vigilia pasche.

Ad has vesperas nulla fiat memoria propter solennitatem cene, nisi aliquod duplex festum in hac quarta feria celebratum fuerit.

Hac die non dicuntur vespere de sancta Maria in conventu : nec cetera que dici solent : nisi tantum servitium diei usque in crastinum post octavas pasche.

❡ *Si festum annunciationis beate Marie vel aliquod aliud festum duplex hac die forte contigerit : licet festum loci vel dedicationis ecclesie fuerit : ibi solenniter celebretur, vespere tamen de feria supradicto modo dicuntur : et solennis memoria de festo. Si vero ab hac die usque ad octavas pasche aliquod duplex festum contigerit : differatur usque post octavas pasche : et ubi convenientius possit celebrari celebretur, scilicet ubi potest habere utrasque vesperas.*

❦ *Feria quinta in cena Domini.*

Vespere etiam hac die simul in choro festive cantantur sine Deus in adjutórium. *et sine* Glória Patri. *et sine regimine chori.* *Cantata communione : incipiatur prima antiphona super psalmos in superiori gradu hoc modo ut sequitur.*

1. Ant.
II.i.

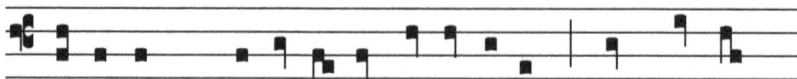

A-li-cem * sa-lu-tá- ris accí-pi- am : et nomen

Dómi-ni invo-cá-bo *Ps.* Crédidi propter. (*cxv.*) [18].

2. Ant.
VIII.i.

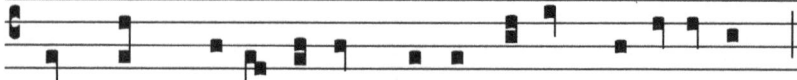

Um his * qui o-dé-runt pa-cem e-ram pa-cí-fi-cus :

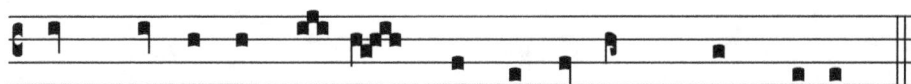

cum loqué-bar il- lis impugná-bant me gra-tis.

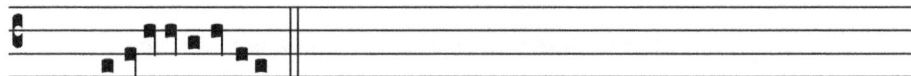

Ps. Ad Dóminum cum tribulárer. (*cxix.*) [19].

3. Ant.
VIII.i.

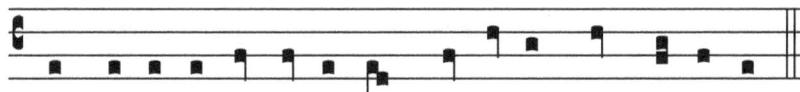

B homí-ni-bus i-níquis * lí-be-ra me Dómi-ne.

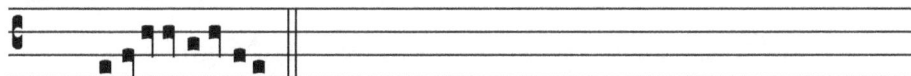

Ps. Eripe me Dómine. (*cxxxix.*) [68].

4. Ant.
VII.i.

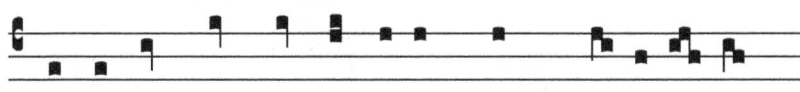

Ustó-di me * a láque-o quem sta-tu-é- runt

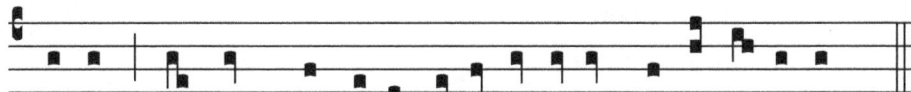

michi : et ab scánda-lis ope-ránti- um i-niqui- tá-tem.

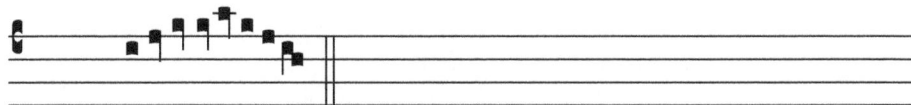

Ps. Dómine clamávi. (*cxl.*) [69].

5. Ant.
VII.i.

Onsi-de-rá-bam * ad déxte-ram et vi-dé-bam : et

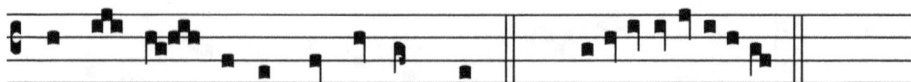

non e- rat qui cognósce-ret me. *Ps.* Voce mea.*ij.* (*cxlj.*) [70].

Finitis antiphonis et psalmis statim incipiatur antiphona hoc modo sic.

Ant.
I.i.

Enánti-bus au-tem * accé-pit Je-sus pa-nem : be-ne-

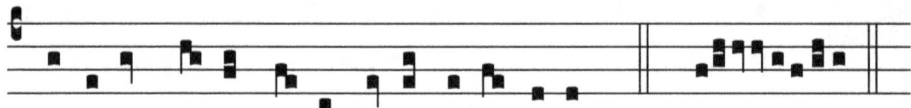

díx-it ac fre-git de-dit discí-pu-lis su- is. *Ps.* Magníficat. 16*.

His itaque peractis : dicat sacerdos ad populum conversus, Dóminus vo-bíscum. *et* Orémus 19* : *deinde postcommunionem.*

Oratio.

Eféciti vitálibus aliméntis quésumus Dómine Deus noster, ut quod témpore nostre mortalitátis exéquimur : immor-talitátis tue múnere consequámur. Per Dóminum nostrum Jesum Christum. *more solito.*

Qua finita : dictoque Dóminus vobíscum. 20*. *a sacerdote : dicat dia-conus* Benedicámus Dómino. 22*.

Si vero episcopus celebraverit : dicat diaconus

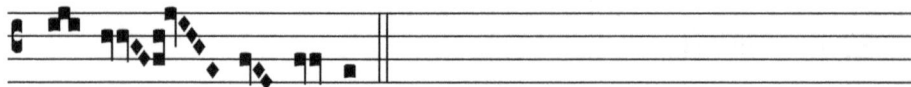

I- te   mis-sa   est.

Et sic missa et vespere simul finiantur.

ℂ *Feria sexta in die parasceves.*

Vesperas etiam hac die non cantando sed privatim dicendo : alternatim a choro stando coram altari dicant hoc modo.

Ant. Cálicem * salutáris accípiam : et nomen Dómini invocábo.

Ps. Crédidi propter. (*cxv.*) [18].

Et cetere antiphone cum suis psalmis ut in die cene.

Ant. Cenántibus autem * accépit Jesus panem : benedíxit ac fregit dedit discípulis suis.

Ps. Magníficat. [85]. *que tamen omnia privatim dicantur.*

Finita antiphona post psalmum Magníficat. *dicatur* Pater noster. *et* Ave María. [1]. *deinde ps.* Miserére. [25]. *similiter privatim sine* Glória Patri. *in prostratione.* Quo finito statim dicat sacerdos in audientia sed sine nota orationem scilicet

Espice quésumus Dómine super hanc famíliam tuam : pro qua Dóminus noster Jesus Christus non dubitávit mánibus tradi nocéntium : et crucis subíre torméntum. *sine* Qui tecum.

Et sic missa et vespere simul finiantur : non dicitur Benedicámus Dómino. *nec* Ite missa est.

201

ℂ *Sabbato sancto in vigilia pasche.*

Officium hujus diei sic incipiatur quatenus post horam ix. dictam : missa dicatur. Sacerdote sic dicente : Pax Dómini sit semper vobíscum. *et choro respondente :* Et cum spíritu tuo. *Non dicatur* Agnus Dei. *nec pax detur : sed facto intervallo ad vesperas sine regimine chori alta voce in superiori gradu incipiatur.*

Ant.
VII.v.

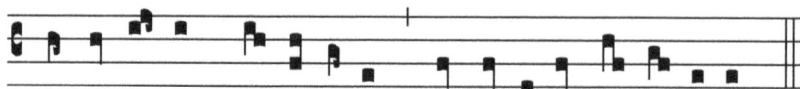

L-le-lú- ya * al-le-lú-ya   al-le-lú-ya al-le- lú-ya.

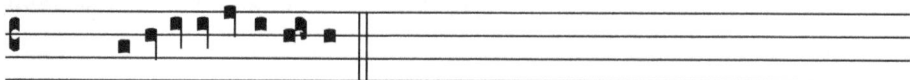

Ps. Laudáte Dóminum omnes gentes. (*cxvj.*) [19].

Finito psalmo cum Glória Patri. et Sicut erat. tota dicitur antiphona.

Deinde statim ab excellentiore persona ex parte chori incipiatur.

202

Ant.
VIII.i.

Espe-re * autem sáb-ba-ti que lu-céscit in prima

sábba-ti : ve-nit Ma-rí- a Magda-lé- ne et álte-ra Ma-rí- a

vi-dé-re se-púlcrum al-le-lú-ya. *Ps.* Magníficat. 16*.

cum Glória Patri. *et* Sicut erat. *Deinde dicatur ant.*

Dicta antiphona, ad complendum omne servitium hujus diei, dicat sacerdos ad populum conversus

℣. Dóminus vobíscum. 19*.

℟. Et cum spíritu tuo.

et reversus ad altare dicat ℣. Orémus.

Postcommunio.

Spíritum in nobis Dómine tue caritátis infúnde : ut quos sacraméntis paschálibus satiásti, tua fácias pietáte concórdes. Per Dóminum nostrum Jesum Christum. &c. In unitáte ejúsdem. &c. *more solito.*

Et postea iterum dicat sacerdos

℣. Dóminus vobíscum. 20*.

℟. Et cum spíritu tuo.

Deinde dicat diaconus

I-te   mis- sa est.

Et chorus respondeat

De-o   grá-   ti- as.

Et sic missa et vespere simul finiantur.

❡ *Resurrectio Domini.*

Duplex festum principale.

Ad secundas vesperas.

Ad secundas vesperas non dicitur Deus in adjutórium. *sed rectores ex parte chori conversi ad chorum, incipiant vesperas hac die et per totam ebdomadam usque ad sabbatum : cum* Kyrie eléyson. *super cantum de* Lux et órigo. *hoc modo.*

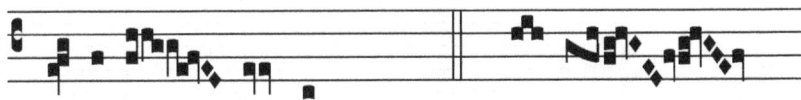

Y-ri- e- léy-son. *iij.* Chris-te-

leyson. *iij.* Ky-ri- e- léy- son. *ij.* Ky-ri- e-

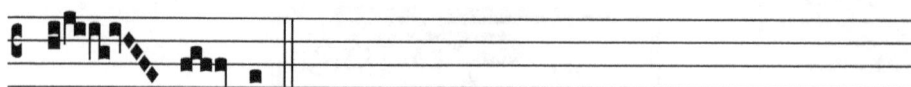

léy- son.

Deinde in superiori gradu ab excellentiore post illum qui exequitur officium hujus diei ex parte chori : incipiatur.

Ant.
VII.ii.

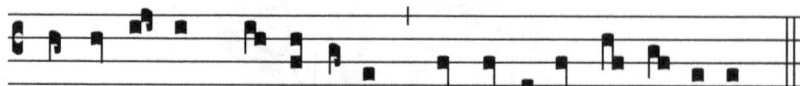

L-le-lú- ya * al-le-lú-ya   al-le-lú-ya al-le-lú-ya.

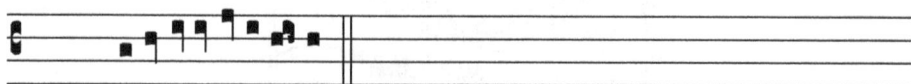

Ps. Dixit Dóminus. (*cix.*) [3].

Ps. Confitébor. (*cx.*) [4].

Ps. Beátus vir. (*cxj.*) [5].

Hi predicti psalmi cum predicta antiphona dicuntur ad vesperas per totam ebdomadam.

Post repetitionem vero antiphone post psalmos duo clerici de ij. forma et ex illis qui cantaverunt ad missam tantum in superpelliciis ad gradum chori simul incipiant gradale.

Grad.
II.

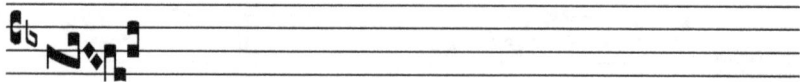

Ec

Chorus prosequatur totum gradale.

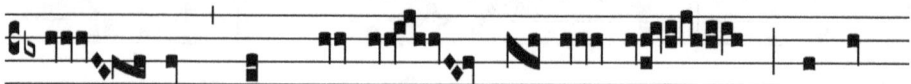

di-   es quam fe- cit   Dó-mi- nus :   ex-ul-

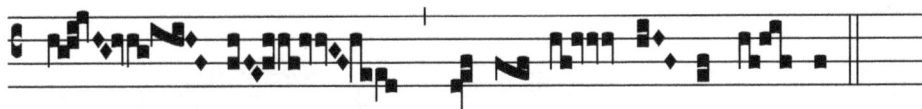

té- mus et le- té- mur in e- a.

Clerici.

℣. Confi-témi-ni Dó- mi- no quó-

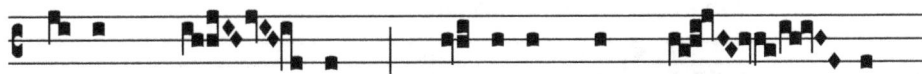

ni- am bo- nus : quó-ni- am in sé- cu-

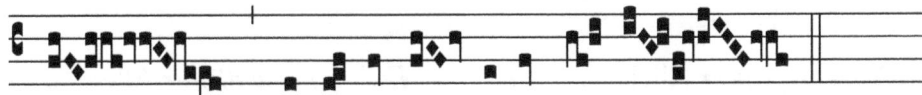

lum mi-se- ri-cór- di- a * e- jus.

Et sic quotidie dicitur gradale ad vesperas a duobus ad gradum chori ex illis qui illud cantaverunt ad missam : et cum eodem versu qui dicebatur ad missam : usque ad sabbatum. In primis videlicet quatuor diebus a duobus de ij. forma in superpelliciis. In ceteris vero diebus a duobus pueris in simili habitu.

Postea vero duo seniores ex illis qui cantaverunt Allelúya. *ad missam in superpelliciis tantum ad gradum chori simul cantent* Allelúya. *hoc modo cum hoc versu.*

VII.

L-le-lú- ya. *

❡ *Chorus exurgens ut in duplicibus festis reincipiant et finiant cum neuma.*

Seniores dicant versum.

℣. Epu-lé-   mur   in á- zi- mis sin-

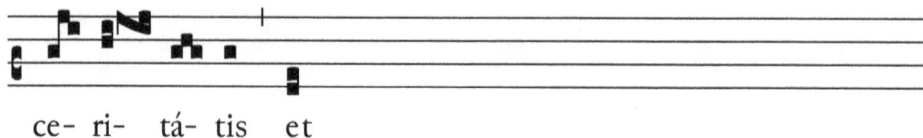

ce- ri- tá- tis   et

Chorus ultimam dictionem terminet sic.

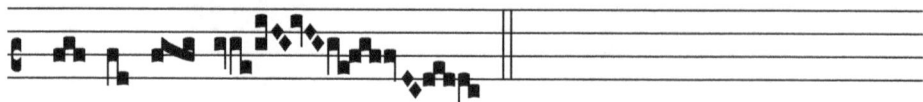

* ve- ri- tá- tis.

Deinde repetatur Allelúya. *sine neuma. Eodem modo dicitur* Allelúya. *de die cum suo* ℣. *ad vesperas per totam ebdomadam.*

His dictis dicitur a duobus pueris in superpelliciis ad gradum chori hic ℣.

Re-surréx-it Dómi-nus. ℟. Si-cut dix-it vo-bis al-le-lú-ya.

Huc usque non mutatur ordo et versiculorum predictorum ad vesperas per totam ebdomadam.

Tunc excellentior persona ex parte chori incipiat.

Ant.
III.iv.

T   respi-ci- én-tes   * vi-dé-runt   re-vo-lú-tum

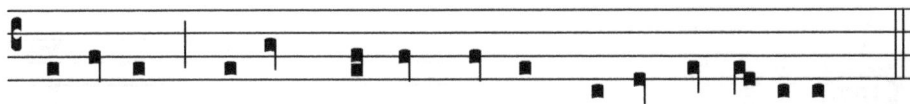

lá-pi-dem : e-rat quippe magnus valde al-le- lú-ya.

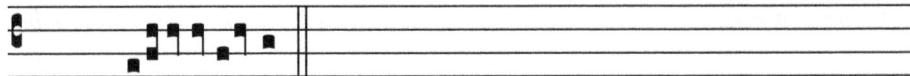

Ps. Magníficat. [85].

Oratio.

COncéde quésumus omnípo- tens Deus : ut qui resur- rectiónis Domínice solénnia cóli- mus, innovatióne Spíritus tui a morte ánime resurgámus. Per eúndem Dóminum. In unitáte ejúsdem.

Finita oratione cum Benedicámus Dómino. 22*. *a duobus clericis de ij. forma procedat processio per ostium presbyterii australe ad fontes cum oleo et chrysmate ordinata processione ad gradum altaris hoc ordine cum accolito in albis : crucem deferente, deinde duo ceroferarii, et post illos thuribularii, omnes in albis deinde oleum et chrisma a duobus dyaconibus de ij. forma deferantur : qui induti sint albis cum amictibus, deinde puer ferens librum superpellicio indutus, deinde executor officii in capa serica, et post illum rectores secundarii : nisi episcopus presens fuerit, tunc enim in fine processionis eat, et post illum rectores secundarii, deinde rectores principales choro itaque sequente. Nulla vero die per hanc ebdomadam precedat processio cereus paschalis nec subsequatur secundum usum Sarum ecclesie, ad vesperas nec ad matutinas.*

Rectores vero chori in medio processionis incedentes antiphonam sequentem incipiant in choro hoc modo.

Ant.
II.i.

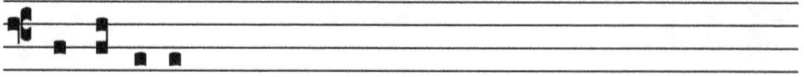

L-le-lú-ya.

Chorus prosequatur totam antiphonam antequam procedat processio hoc modo.

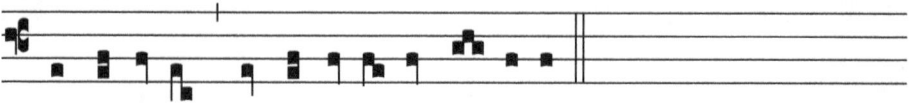

* al-le-lú-ya   al-le-lú-ya al-le- lú-ya.

Qua finita rectores ex parte chori principales intonent psalmum cxij. hoc modo.

Psalm.
II.

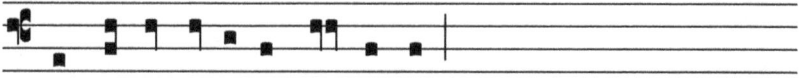

Audá-te pú- e-ri Dó-mi-num :

Et percantetur versus ab illa parte chori antequam procedat processio hoc modo.

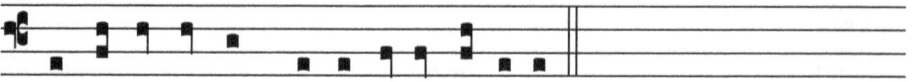

* laudá-te nomen Dómi-ni, al-le-lú-ya. *&c.*

Hic procedat processio ad fontes : deinde dicatur alius versus ex alia parte chori hoc modo.

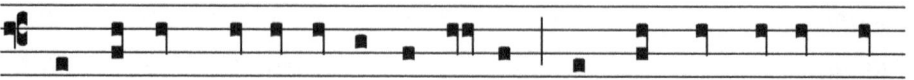

2. Sit nomen Dómi-ni be-ne-díc-tum : ex hoc nunc et usque

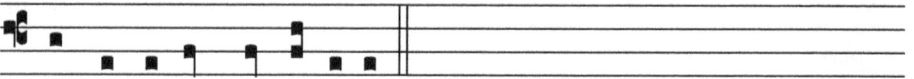

in sé-cu-lum, al-le-lú-ya.

Et tunc dicitur totus psalmus cum Glória. *et* Sicut erat. *in eundo ad fontes in latere australi ecclesie, et semper post unumquemque versum ex utraque parte chori repetatur primum* Allelúya. *post suum* ℣. *semel dicendo non alternando : sed modo superius annotato ut patet.*

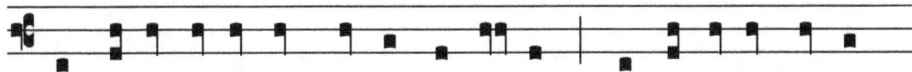

3. A so-lis ortu usque ad occá- sum : laudá-bi-le nomen

Dómi-ni, al-le-lú-ya. 4. Excélsus su-per omnes gentes Dó-

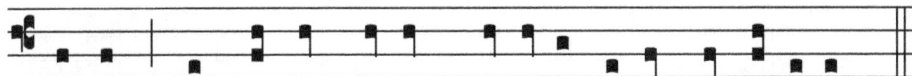

mi-nus : et su-per ce-los gló-ri- a e-jus, al-le-lú-ya.

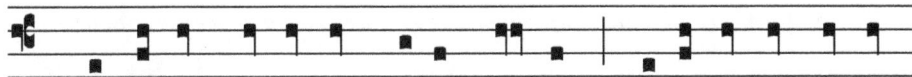

5. Quis si-cut Dómi-nus De-us nos-ter : qui in al-tis há-bi-

tat humí-li- a réspi-cit in ce-lo et in terra, al-le-lú-ya.

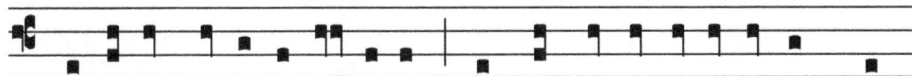

6. Súsci-tans a terra ín-opem : et de stérco-re é-ri-gens páu-

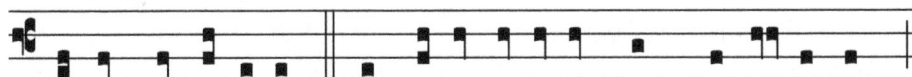

pe-rem, al-le-lú-ya. 7. Ut cóllo-cet e- um cum princí- pi-bus :

cum princí-pi-bus pópu-li su- i, al-le-lú-ya. 8. Qui ha-bi-tá-

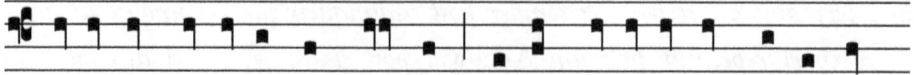

re fa-cit sté-ri-lem in do-mo : matrem fi-li- ó-rum le-tántem,

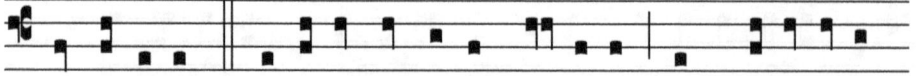

al-le-lú-ya. Gló-ri- a Pa-tri et Fí- li- o : et Spi-rí-tu- i

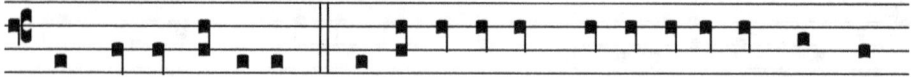

Sancto, al-le-lú-ya. Si-cut e-rat in princí-pi- o et nunc et

semper : et in sé-cu-la se-cu-ló-rum amen, al-le-lú-ya.

Finito psalmo reincipiatur antiphona a rectoribus chori : et percantetur a toto choro.

Hoc modo fiat statio ad fontes usque ad orationem. In primis cruciferarius, deinde duo ceroferarii, deinde thuribularius, deinde oleum et chrisma ferentes, deinde rectores secundarii : post illos vero tres pueri cantantes Allelúya. *et* ℣. Laudáte púeri Dóminum : laudáte nomen Dómini. *deinde ad gradum fontis orientalem puer ferens librum : deinde ad gradum fontis occidentalem executor officii : post illum vero duo rectores principales. Episcopus tamen si presens fuerit a tergo rectores semper ut in aliis processionibus ultimum locum teneat.*

Ad fontes vero thurificandos accedat thuribularius ad executorem officii : quo facto redeat ad stationem suam. Similiter ad ℣. *et orationem dicendam accedant ceroferarii ad sacerdotem et puer tenens librum : deinde dicta oratione resumant locum suum.*

Eodem vero ordine consequenter fiat statio sequens ante crucem : exceptis rectoribus secundariis qui stabunt proximi post sacerdotem executorem officii et exceptis tribus pueris qui cantaverunt Allelúya.

Finita antiphona post psalmum Laudáte púeri. *tres pueri in ipsa statione ante fontes conversi ad altare in superpelliciis simul cantent.*

IV.

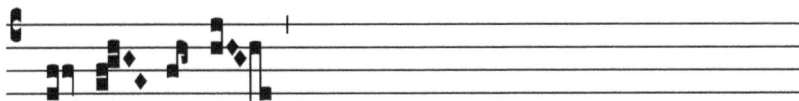

L- le- lú- ya.

Chorus idem repetat et prosequatur.

℣.

a. ℣. Laudá-te pú- e-ri Dómi-num :

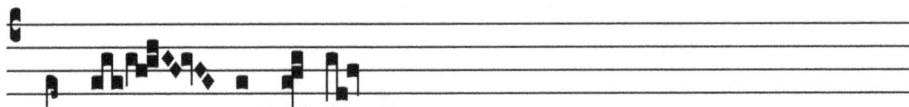

laudá- te nomen

Chorus ultimam dictionem terminet cum neuma sic.

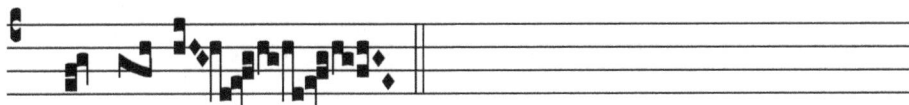

* Dó-mi- ni.

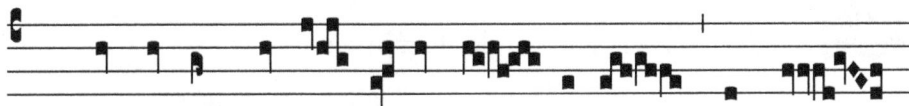

℣. Sit nomen Dómi- ni be-ne- díctum, ex hoc

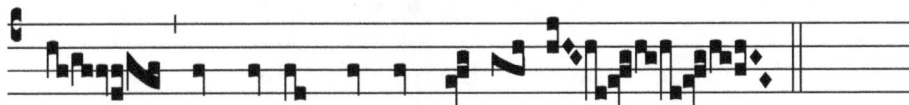

nunc et usque * in sé-cu- lum.

Post repetitionem Allelúya. *sine neuma : incensatis prius fontibus dicat sacerdos.*

℣. Surréxit Dóminus de sepúlchro.

℟. Qui pro nobis pepéndit in ligno allelúya.

Oratio.

Presta quésumus omnípotens Deus : ut qui resurrectiónis Domínice solénnia cólimus, ereptiónis nostre letíciam suscípere mereámur. *Que terminetur* Per eúndem Christum Dóminum nostrum. ℟. Amen.

Nec precedat nec subsequatur Dóminus vobíscum.

Deinde in eundo ante crucem omnes rectores chori simul incipiant antiphonam Allelúya. *que licet sit brevis : finiatur a toto choro : scilicet.*

Ant.
IV.

L-le- *Chorus prosequatur.* lú-ya.

Postea rectores chori incipiant psalmum cxiij. hoc modo.

Psalm.
IV.

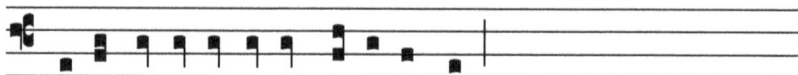

N é-xi-tu Isra- el de Egýpto :

Et percantetur totus ℣. *ex illa parte chori qua incipiebatur &c.*

* domus Ja-cob de pópu-lo bárba-ro, al-le- lú-ya.

Hic procedat processio et dicatur alius ℣. *ex altera parte chori : et sic percantetur totus psalmus cum* Glória. *et* Sicut erat. *cum uno* Allelúya. *tantum post unumquemque* ℣. *ut supra dictum est.*

214

2. Facta est Ju-dé- a sancti-fi-cá-ti- o e-jus : Isra- el pó-téstas

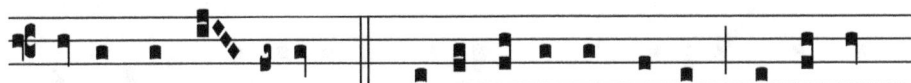

e-jus, al-le- lú-ya. 3. Ma-re vi-dit et fu-git : Jordá-nis

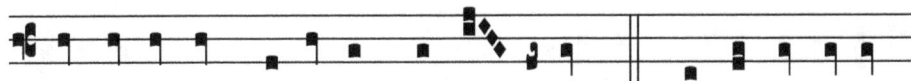

convérsus est retrórsum, al-le- lú-ya. 4. Montes ex-ulta-

vé-runt ut a-rí- e-tes : et colles si-cut agni ó-vi- um, al-

le- lú-ya. 5. Quid est ti-bi ma-re quod fu-gís-ti : et tu

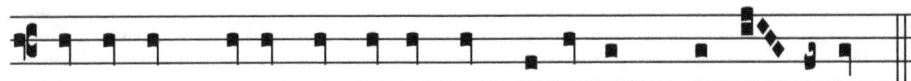

Jordá-nis qui- a convérsus es retrórsum ? al-le- lú-ya.

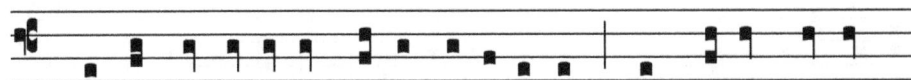

6. Montes ex-ultástis si-cut a-rí- e-tes : et colles si-cut

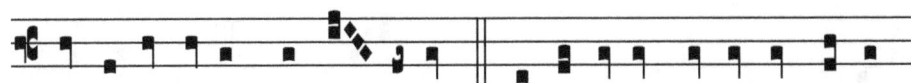

agni ó-vi- um, al-le- lú-ya. 7. A fá-ci- e Dómi-ni mo-ta

est terra : a fá-ci- e De- i Ja-cob, al-le- lú-ya. 8. Qui convértit petram in stagna aquá-rum : et ru-pem in fontes aquá-

rum, al-le- lú-ya. 9. Non no-bis Dómi-ne non no-bis : sed

nómi-ni tu-o da gló-ri- am, al-le- lú-ya. 10. Su-per mi-se-ri-

córdi- a tu-a et ve-ri-tá-te tu-a : nequándo di-cant gen-

tes Ubi est De-us e-ó-rum ? al-le- lú-ya. 11. De-us autem

noster in ce-lo : ómni- a que-cúnque vó-lu- it fe-cit,

al-le- lú-ya. 12. Simu-láchra génti- um argéntum et aurum :

ópe-ra má-nu- um hómi-num, al-le- lú-ya. 13. Os ha-bent

et non loquéntur : ó-cu-los ha-bent et non vi-dé-bunt,

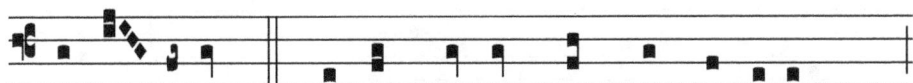

al-le- lú-ya. 14. Aures ha-bent et non áudi- unt :

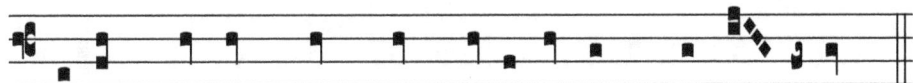

na-res ha-bent et non odo-rá-bunt, al-le- lú-ya.

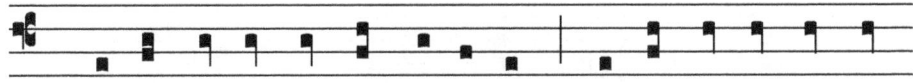

15. Ma-nus ha-bent et non palpá-bunt : pe-des ha-bent et non

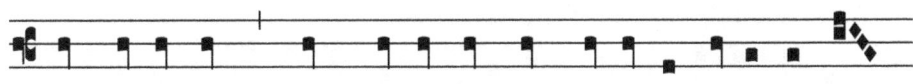

ambu-lá-bunt : non clamá-bant in gútte-re su-o, al-le-

lu-ya. 16. Simi-les il-lis fi- ant qui fá-ci- ant e-a : et omnes

qui confí-dunt in e- is, al-le- lu-ya. 17. Domus Isra- el spe-rá-

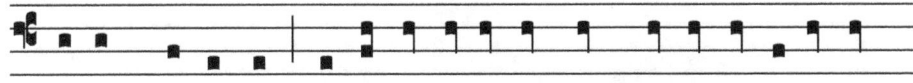

vit in Dómi-no : adjú-tor e-ó-rum et pro-téctor e-ó-rum

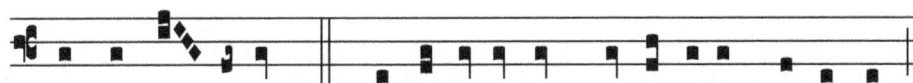

est, al-le- lu-ya. 18. Domus A-a-ron spe-rá-vit in Dómi-no :

adjú-tor e-ó-rum et pro-téctor e-ó-rum est, al-le- lu-ya.

217

19. Qui timent Dómi-num spe-ra-vé-runt in Dómi-no : adjú-tor

e-ó-rum et pro-téctore-ó-rum est, al-le- lu-ya. 20. Dómi-nus

memor fu- it nostri : et be-ne-díx-it no-bis, al-le- lu-ya.

21. Be-ne-díx-it dómu- i Isra- el : be-ne-díx-it dómu- i A-a-

ron, al-le- lu-ya. 22. Be-ne-díx-it ómni-bus qui timent Dómi-

num : pu-síl-lis cum ma-jó-ri-bus, al-le- lu-ya. 23. Adjí-ci- at

Dómi-nus su-per vos : su-per vos et su-per fí-li- os vestros,

al-le- lu-ya. 24. Be-ne-díc-ti vos a Dómi-no : qui fe-cit

ce-lum et terram, al-le- lu-ya. 25. Ce-lum ce-li Dómi-no :

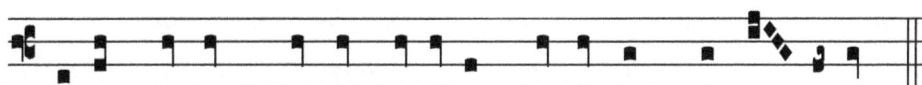

terram autem de-dit fí-li- is hómi-num, al-le- lu-ya.

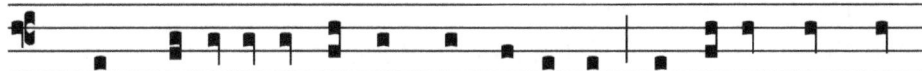

26. Non mórtu- i laudá-bunt te Dómi-ne : neque omnes qui

descéndunt in inférnum, al-le- lu-ya.
Hic thurificat sacerdos crucifixum.

27. Sed nos qui ví-vimus be-ne-dí-cimus Dómi-no : ex hoc

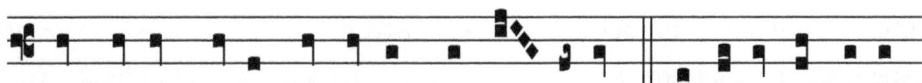

nunc et usque in sé-cu-lum, al-le- lu-ya. Gló-ri- a Pa-tri et

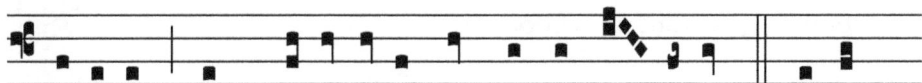

Fí-li- o : et Spi-rí-tu- i Sancto, al-le- lu-ya. Si-cut

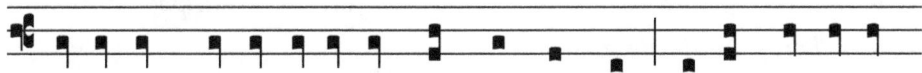

e-rat in princí-pi- o et nunc et semper : et in sé-cu-la

se-cu-ló-rum amen, al-le- lu-ya.

Sacerdos executor in fine psalmi In éxitu. *scilicet ad istum versum,* Celum celi Dómino. *accedat ante cruciferarium ad thurificandum crucifixum quo facto redeat ad locum suum ubi dicet ℣. cum oratione de cruce, et hoc modo faciat sacerdos per totam ebdomadam ad vesperas et ad matutinas.*

Finito psalmo reincipiatur antiphona ab omnibus rectoribus chori : et finiatur a toto choro ut supra, qua finita : dicat sacerdos.

℣. Dícite in natiónibus.

℞. Quia Dóminus regnávit a ligno allelúya.

Quo dicto accedant ceroferarii ad sacerdotem : et puer tenens librum : deinde dicta oratione resumant locum suum : quod etiam observetur per totam hanc ebdomadam ad processionem ad vesperas et ad matutinas et etiam ad fontes. Sacerdos sic.

Orémus.

Oratio.

Eus qui pro nobis Fílium tuum crucis patíbulum subíre voluísti, ut inimíci a nobis expélleres potestátem : concéde nobis fámulis tuis, ut in resurrectiónis ejus gáudiis semper vivámus. *que terminetur sic* Per eúndem Christum Dóminum nostrum. ℞. Amen. *Nec precedat nec subsequatur* Dóminus vobíscum. *&c.*

In introitu chori dicitur ista antiphona de sancta Maria : videlicet Alma Redemptóris. 411. *et terminetur cum* Allelúya. *quam antiphonam omnes rectores chori simul incipiant.*

℣. Sancta Dei génitrix virgo semper María.

℞. Intercéde pro nobis ad Dóminum Deum nostrum, allelúya.

℣. Orémus.

Oratio.

Rátiam tuam quésumus Dómine méntibus nostris infúnde : ut qui ángelo annunciánte Christi Fílii tui incarnatiónem cognóvimus, per passiónem ejus et crucem ad resurrectiónis glóriam perducámur. Per eúndem Christum Dóminum

220

nostrum. ℞. Amen.

Finita oratione et dicto Dóminus vobíscum. *dicant duo pueri in superpelliciis ad gradum chori*

℣. Benedicámus Dómino. *cum* Allelúya. 24*.

℞. Deo grátias. *cum* Allelúya.

❧ *Sciendum est quod omnia invitatoria, et omnes antiphone, et omnia responsoria, officia, offertoria, communiones : ab hac die usque ad festum sancte Trinitatis debent terminari cum* Allelúya. *in servitio de die. Similiter fiat in commemorationibus tempore predicto contingentibus.*

❧ *Feria ij. ebdomade pasche.*

Festum minus duplex.

Ad vesperas dicitur Kýrie eléyson. *ut supra.* 205.

Ant. Allelúya. *iiij. ut supra.* 206.

Ps. Dixit Dóminus. *(cix.)* [3]. *cum ceteris psalmis ut in die pasche.*

Grad. II.

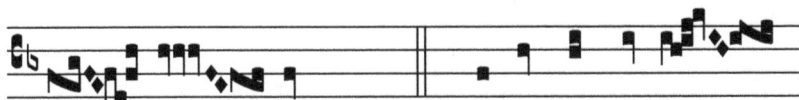

Ec * di- es. 206. ℣. Di-cat nunc Isra-

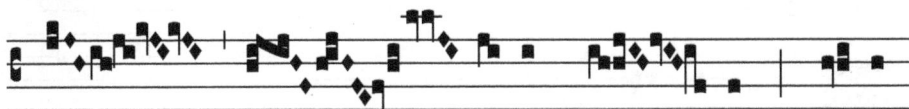

el quó- ni- am bo- nus : quó-ni-

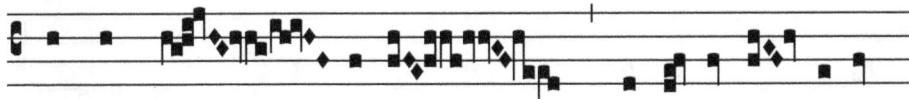

am in sé- cu-lum mi-se-ri-cór- di- a

221

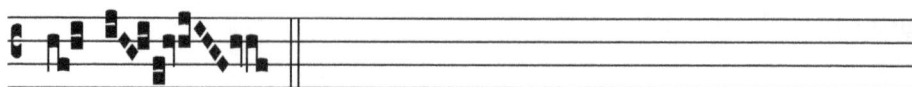

* e- jus.

I.

L- le- lú- ya. *

℣. Non-ne cor nos-trum ardens e-rat in no-bis de

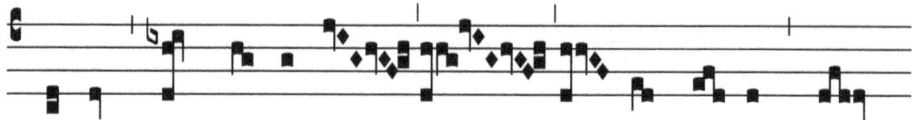

Je-su dum loque-ré- tur no- bis * in

vi- a.

℣. Resurréxit Dóminus. ℟. Sicut dixit vobis allelúya. 208.

Ant.
I.v.

Onne cor nostrum * ardens e-rat in no-bis : de

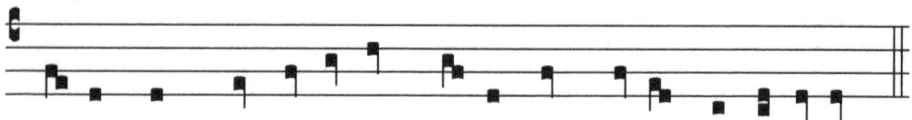

Je-su dum loque-ré-tur no-bis in vi- a, al-le-lú-ya.

222

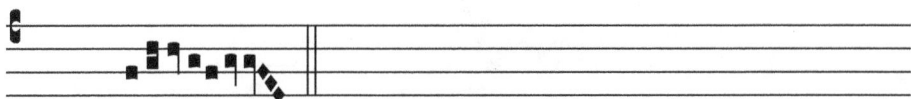

Ps. Magníficat. 16*.

Oratio.

Oncéde quésumus omnípotens Deus : ut qui peccatórum nostrórum póndere prémimur, a cunctis malis imminéntibus, per hec festa paschália liberémur. Per Dóminum nostrum Jesum.

Tunc eat processio ad fontes : eodem modo et ordine quo in die pasche ad vesperas, 209. cum oleo et chrismate, et cruce : ceroferariis, thuribulariis, et puero librum deferente : cantando antiphonam que a rectoribus chori incipiatur videlicet.

Ant.
VII.

E-dit ánge- lus * ad se-púl-chrum Dó-mi-ni : sto- la cla-ri-tá- tis co-o-pér-tus, vi-dén-tes e- um mu-lí- e- res ní-mi- o terró- re per-tér-ri-te, asti-té-runt a lon- ge : tunc lo-cú-tus est ánge-lus et di-xit e- is.

223

†No-lí- te me-tú- e- re   di-co vo-bis qui- a il-lum quem

qué-ri-tis mór-tu- um jam vi- vit : et vi-ta hó-mi-num cum

e- o surré- xit,   al-le-   lú- ya.

℣. Cru-ci-fí-xum in car- ne laudá- te : Et se-púl-tum

propter vos glo-ri- fi-cá- te : Re-surgentémque de

mor- te a- do-rá- te. †No-lí- te.

Finita antiphona sine ℣. incensatis prius fontibus dicat sacerdos.

℣. Surréxit Dóminus de sepúlchro.

℟. Qui pro nobis pepéndit in ligno allelúya.

℣. Orémus.

Oratio.

Oncéde quésumus omní- potens Deus : ut hec festa paschália que venerándo cólimus, étiam vivéndo teneámus. Per Christum Dóminum nostrum.

℟. Amen.

Deinde in eundo ante crucem omnes rectores chori incipiant.

Ant.
II.i.

Hristus re-súr- gens * ex mór-tu- is jam non mó-

ri-tur : mors il-li ultra non domi-ná-bi- tur : quod

e- nim vi-vit vi- vit De- o al-le- lú-ya

al-le-lú-ya.

que dicitur sine ℣. Sacerdos vero incensata prius cruce : dicat

℣. Dícite in natiónibus.

℟. Quia Dóminus regnávit a ligno allelúya.

Oratio. Deus qui pro nobis Fílium. 220.

In introitu chori dicat antiphonam de sancta Maria scilicet Anima mea.
412. *et finiatur cum* Allelúya. *sic.*

lánge- o al-le-lú-ya.

℣. Sancta Dei génitrix virgo semper María.

℟. Intercéde pro nobis ad Dóminum Deum nostrum, allelúya.

Oratio. Grátiam tuam. 220.

℣ *Hic ordo servetur de processionibus in eundo et introitu chori quotidie ad vesperas et ad matutinas usque ad sabbatum cum propriis orationibus ad fontes et ante crucem cum diversis antiphonis de sancta Maria in introitu chori.*

℣ *Feria iij. ebdomade pasche.*

Festum minus duplex.

Kýrie eléyson. 205.

Ant. Allelúya. *iiij.* 206.

Ps. Dixit Dóminus. (*cix.*) [3]. *&c.*

Grad.
II.

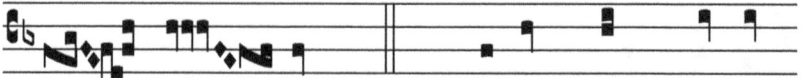

Ec   * di-   es. 206. ℣. Di-cant nunc qui re-

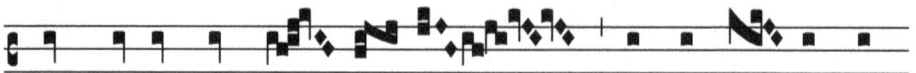

démpti sunt a Dó- mi- no,   quos re-dé- mit de

ma-nu i-nimí-   ci : de re-gi-ó-

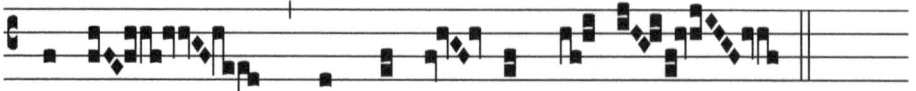

ni-bus   congre-gá- vit * e- os.

II.

L-le- lú-ya.   *

℣. Surgens Je-sus Dómi-nus nos- ter : ste- tit

in mé- di- o disci-pu-ló-

rum su-ó-rum dix-it, Pax * vo-bis.

℣. Resurréxit Dóminus. ℟. Sicut dixit vobis allelúya. 208.

Ant.
VIII.i.

I-dé-te ma-nus * me-as et pe-des me- os : qui- a

e-go ipse sum al-le-lú-ya al-le-lú-ya. *Ps.* Magníficat. 16*.

Oratio.

Oncéde quésumus omnípo-
tens Deus : ut qui paschális
festivitátis solénnia cólimus, in
tua semper sanctificatióne vivámus. Per Dóminum nostrum Je-
sum Christum Fílum tuum.

Ad processionem ut supra. 209.

¶ *Ad fontes.*

Oratio.

PResta quésumus omnípotens Deus : ut per hec festa paschália que cólimus, devóti semper in tua laude vivámus. Per Christum.

In redeundo de sancta Maria ant. Descéndi. 414. *et finiatur cum* Allelúya. *sic.*

tu- e- á-mur te   al-le-lú-ya.

¶ *Feria iiij. ebdomade pasche.*

Festum minus duplex.

Kýrie eléyson. 205.

Ant. Allelúya. *iiij.* 206.

Ps. Dixit Dóminus. (*cix.*) [3]. *&c.*

Grad. II.

Ec   * di-   es. 206. ℣. Déxte-ra Dó-

mi-ni   fe-   cit virtú-

tem   déx-te-ra Dó-   mi-ni

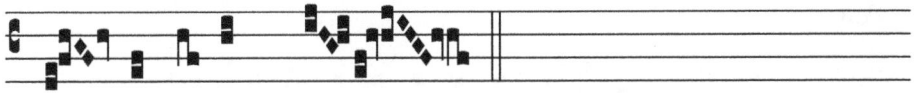

ex- al-tá-vit * me.

I.

L-le- lú-ya. *

℣. Surré- xit Dó- mi-nus et oc-cú-

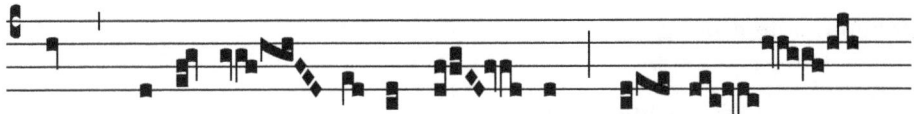

rens mu-li- é- ri-bus a- it, A- vé-

te, tunc ac-cessé- runt et te-

nu-é- runt pe-des * e-jus.

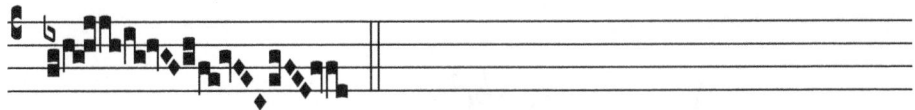

℣. Resurréxit Dóminus. ℟. Sicut dixit vobis allelúya. 208.

Ant.
III.iv.

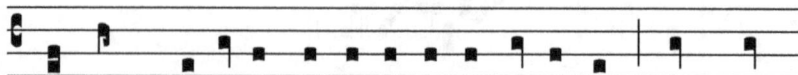

Oc jam * térti- o ma-ni-festá-vit se Je-sus : postquam

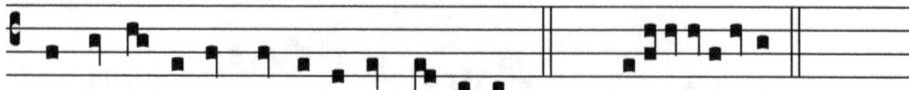

re-surré-xit a mórtu- is al-le- lú-ya. *Ps.* Magníficat. [85].

Oratio.

PResta quésumus omnípotens Deus : ut hujus festivitátis paschális mirábile sacraméntum, et temporálem nobis tríbuat tranquillitátem, et vitam cónferat sempitérnam. Per Dóminum nostrum.

Ad processionem ut supra. 209.
Ad fontes.

Oratio.

COncéde quésumus omnípotens Deus : ut qui festa paschália ágimus, celéstibus desidériis accénsi, fontem vite sitiámus Dóminum nostrum Jesum Christum Fílium tuum. ℟. Amen.

In redeundo de sancta Maria dicitur antiphona Alma Redemptóris. 411.
ut supra in die pasche ad vesperas, et finiatur cum Allelúya.

❡ *Feria v. ebdomade pasche.*

Kýrie eléyson. 205.
Ant. Allelúya. *iiij.* 206.
Ps. Dixit Dóminus. (*cix.*) [3]. *&c.*

Grad.
II.

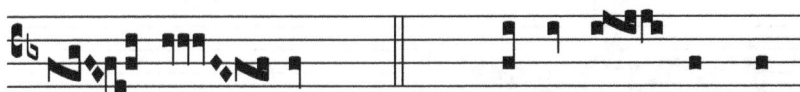

Ec * di- es. 206. ℣. Lá-pi-dem quem re-

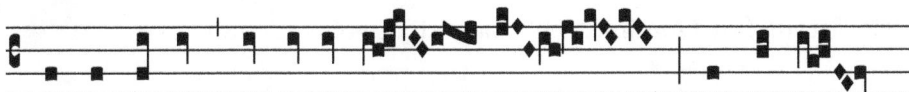

pro-ba-vé-runt e-di-fi-cán- tes : hic factus

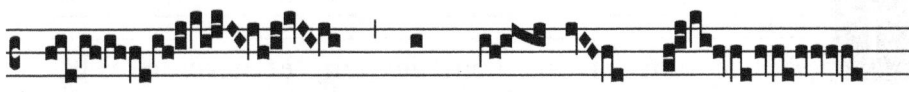

est in ca- put án-

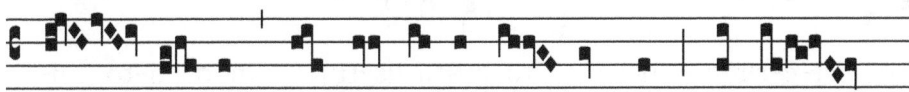

gu- li, a Dó-mi-no fac- tum est : et est

mi- rá- bi-le in ó- cu-lis * nos-tris.

VII.

L-le-lú- ya. *

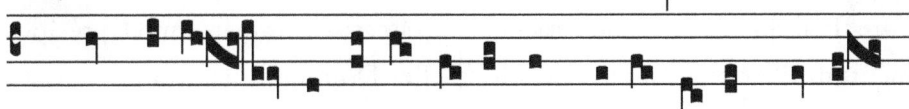

℣. In di- e re-surrec-ti- ó-nis me-e di- cit Dómi-

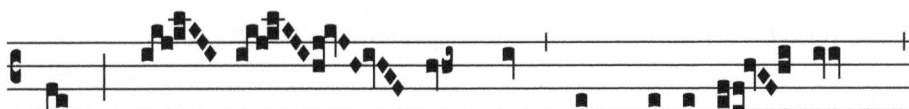

nus : pre- cé- dam vos * in Ga-li-lé- am.

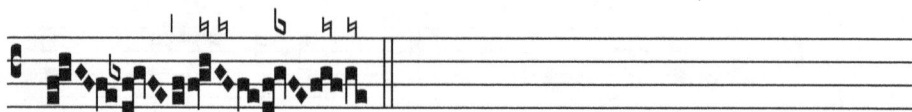

℣. Resurréxit Dóminus. ℟. Sicut dixit vobis allelúya. 208.

Ant.
VII.i.

U-lé-runt * Dómi-num me-um, et nésci- o u-bi

po-su-é-runt e-um : si tu sustu-lís-ti e-um dí-ci-to mi-

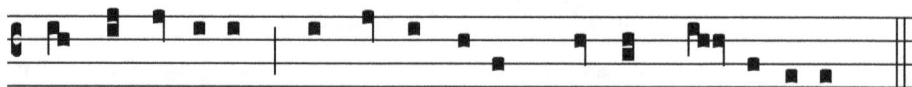

chi al-le-lú-ya : et e-go e-um tol-lam al- le-lú-ya.

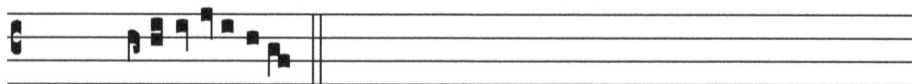

Ps. Magníficat. [85].

Oratio.

Eus qui nobis ad cele-brándum paschále sacra-méntum liberióres ánimos presti-tísti : doce nos et metúere quod irásceris, et amáre quod précipis. Per Dóminum nostrum.

Primum vero Benedicámus. *dicitur a duobus clericis de ij. forma ad gradum chori : secundum vero a duobus pueris dicatur.* 22*.

Ad processionem ut supra. 209.

Ad fontes.

Oratio.

D A quésumus omnípotens Deus : ut ecclésia tua et suórum firmitáte membrórum, et nova semper fecunditáte letétur. Per Christum.

In redeundo de sancta Maria dicitur antiphona, Anima mea. 412. *et finiatur cum* Allelúya.

❡ *Feria vj. ebdomade pasche.*

Kýrie eléyson. 205.

Ant. Allelúya. *iiij.* 206.

Ps. Dixit Dóminus. (*cix.*) [3]. *&c.*

Grad. II.

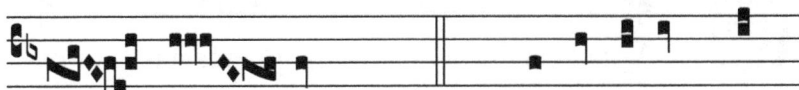

Ec * di- es. 206. ℣. Be-ne-díctus qui

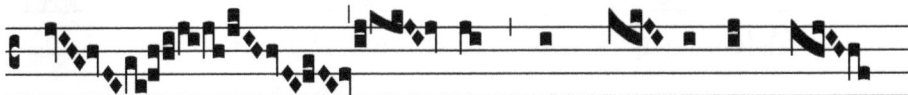

ve- nit in nó- mi-ne Dó-

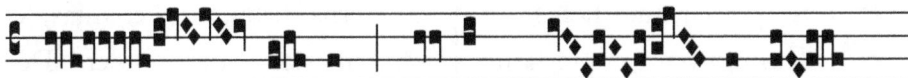

mi- ni : De- us Dó- mi-nus

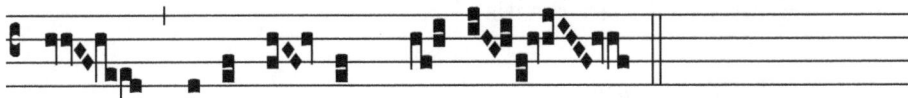

et il-lú- xit * no- bis.

VIII.

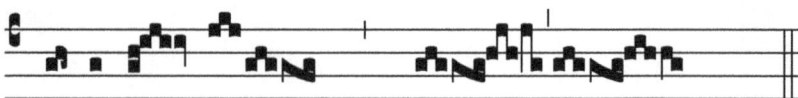

L-le-lú- ya. *

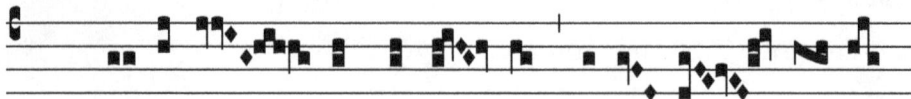

℣. Dí- ci-te in génti- bus qui- a Dó- mi- nus

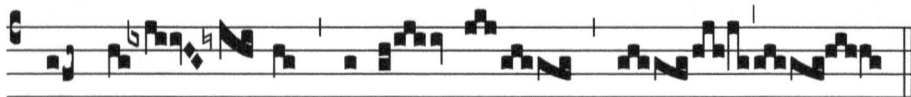

reg-ná- vit * a lig- no.

℣. Resurréxit Dóminus. ℟. Sicut dixit vobis allelúya. 208.

Ant.
VIII.i.

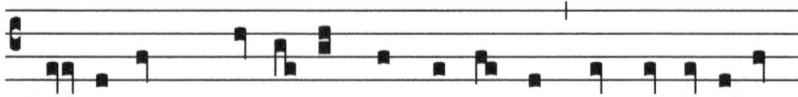

A- ta est * michi omnis po-tés-tas in ce-lo et in

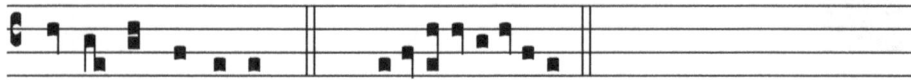

terra al-le-lú-ya. *Ps.* Magníficat. 16*.

Oratio.

Eus per quem nobis et redémptio venit et prestátur adóptio : réspice ad ópera misericórdie tue, ut in Christo renátis et etérna tribuátur heréditas, et vera libértas. Per eúndem Dóminum.

Ad processionem ut supra. 209.

Ad fontes.

Oratio.

ADesto quésumus Dómine família tue et dignánter impénde : ut quibus fídei grátiam contulísti, et corónam largiáris etérnam. Per Dóminum nostrum.

In redeundo de sancta Maria dicitur antiphona Descéndi. 414. *et finiatur cum* Allelúya.

ℭ *Dominica in octavis pasche.*

Festum minus duplex.

Ad primas vesperas.

Ant.
VI.

L-le-lú-ya* al-le-lú-ya al-le-lú-ya. *Ps.* Benedíctus.
(cxliij.) [75].
et ceteri psalmi feriales.

Capitulum. Rom. vj. 9.

CHristus resúrgens ex mórtuis jam non móritur : mors illi ultra non dominábitur : quod enim vivit, vivit Deo. ℟. Deo grátias.

Non dicitur responsorium.

Hymn.
III.

Ho-rus no-ve Hie-rú-sa- lem, * No- vam me-li dulcé-

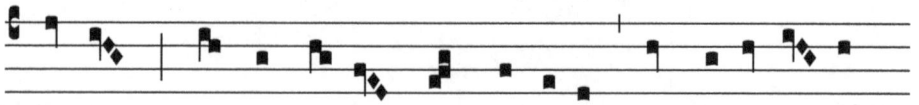

di-nem : Pro-mat co-lens cum sóbri- is, Paschá-le fes-tum

gáu- di- is. 2. Quo Chris-tus invíc-tus le- o, Dra- có-

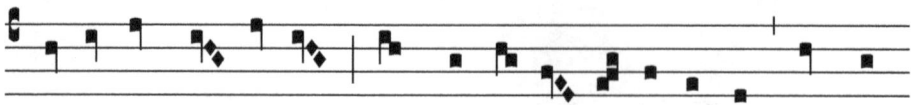

ne surgens ób-ru-to : Dum vo-ce vi- va pérso-nat, A mor-

te functos éx- ci- tat. 3. Quam de-vo-rá-rat ímpro-bus,

Pre- dam re-fú-dit Tár- ta-rus : Cap-ti-vi- tá- te lí-be-ra,

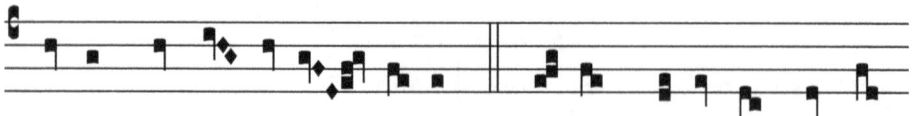

Je-sum sequún-tur ág- mi-na. 4. Tri- úmphat il-le spléndi-

de, Et dignus ampli-tú- di-ne : So- li po- lí-que pá-tri-

am, Unam fa-cit rem púb-li- cam. 5. Ip-sum ca-néndo súppli-ces, Re-gem pre-cémur mí- li-tes : Ut in su- o cla-

ríssimo, Nos órdi-net pa- lá- ti- o. 6. Per se-cla me-te

nésci- a, Pa- tri suprémo gló- ri- a : Ho-nórque sit cum

Fí-li- o, Et Spí-ri-tu Pa-rá- cli- to. Amen.

℣. Mane nobíscum, Dómine.

℟. *privatim.* Quóniam advesperáscit et inclináta est jam dies allelúya.

❡ *Hic ordo servetur omni die sabbati ad vesperas usque ad ascensionem Domini, scilicet de antiphona super psalmum et de capitulo et hymno, et de versu quando de dominica agitur.*

Ant.
VIII.i.

Urgens * Je-sus ma-ne prima sabbá-ti, appá-ru- it

pri-mo Ma- rí- e Magda-lé-ne : de qua e-jé-ce-rat septem

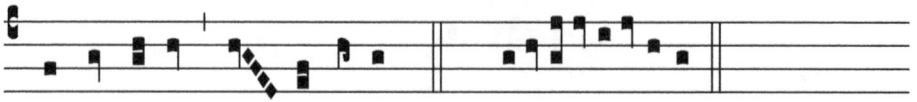

demó-ni- a :   al- le-lú-ya. *Ps.* Magníficat. 16*.

Oratio.

Resta quésumus omnípotens Deus : ut qui festa paschália perégimus, hec te largiénte móribus et vita teneámus.   Per Dóminum.

Processio jam non fiat ad fontes cum oleo et chrismate sicut in precedentibus diebus : sed tantum ante crucem cum ceroferariis et thuribulariis in albis : et puero ferente librum ante sacerdotem in superpellicio et sine cruce : cantando ad processionam antiphonam Christus resúrgens. *rectoribus chori simul incipientibus. Duo clerici de superiori gradu ante introitum chori : in superpelliciis ad clerum conversi : hac die et in proxima dominica ante ascensionem Domini : simul cantent versum* Dicant nunc. *Similiter fiat in festis duplicibus in dominicis contingentibus vel in sabbatis. Mediis autem diebus dominicis, a duobus de ij. forma dicitur, loco et habitu predicto.*

Ant.
II.i.

Hristus re-súr- gens * ex mór-tu- is jam   non mó-

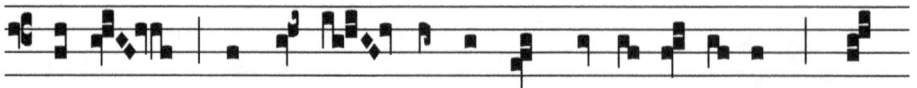

ri-tur :   mors il-li   ultra non domi-ná-bi- tur : quod

e- nim   vi-vit vi- vit De- o   al-le-   lú-ya

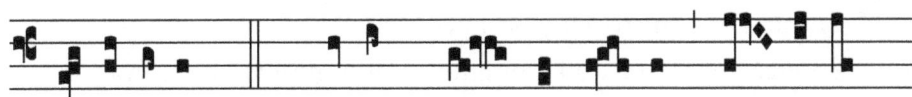

al-le-lú-ya. ℣. Di-cant nunc Ju-dé- i quó- modo

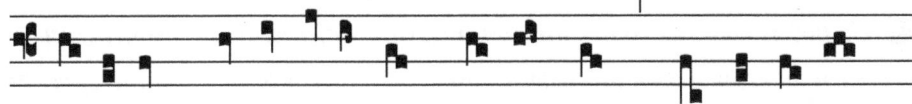

mí- li-tes custo-di- éntes se-púlchrum per-di-dé-runt

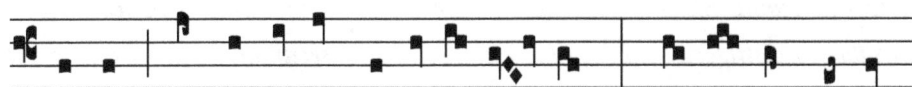

re-gem : ad lá-pi-dis po-si-ti- ó- nem. Qua-re non servá-

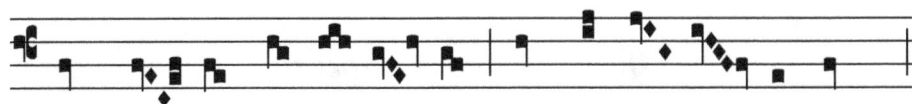

bant pet- ram jus-tí- ci- e : aut se-púl- tum reddant :

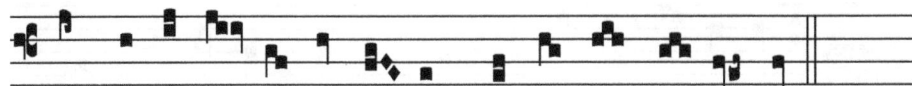

aut re-surgén-tem a-dó- rent no-bís-cum di- cén-tes.

Post versum chorus respondeat.

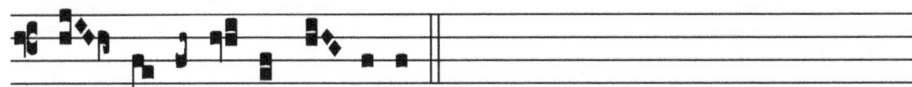

Al- le-lú-ya al-le- lú-ya.

Deinde dicat sacerdos post thurificationem crucifixi
℣. Dícite in natiónibus.
℞. Quia Dóminus regnávit a ligno allelúya.
Oratio. Deus qui pro nobis Fílium tuum. 220.

In introitu chori de sancta Maria dicatur antiphona Alma Redemptóris.
411. *Quere in die pasche ad secundas vesperas. Et finiatur cum* Allelúya.

239

℣. Sancta Dei génitrix virgo semper María.

℞. Intercéde pro nobis ad Dóminum Deum nostrum, allelúya.

Oratio. Grátiam tuam quésumus. 220.

❡ *Et hoc in sabbatis omnium dominicarum observetur ad vesperas vel in procedendo et introeundo chorum usque ad ascensionem Domini sive de dominica sive de festis sanctorum cum regimine chori fit servitium, sive de festis duplicibus, nisi in inventione sancte crucis ad utrasque vesperas, quod si in sabbato contigerit, tunc nulla fiat processio ad secundas vesperas que erunt de cruce.*

❡ *Ad secundas vesperas.*

Super psalmos dicitur hec sola ant. Allelúya. iiij. sicut in vigilia pasche.

Ant.
VII.v.

L-le-lú- ya * al-le-lú-ya   al-le-lú-ya al-le- lú-ya.

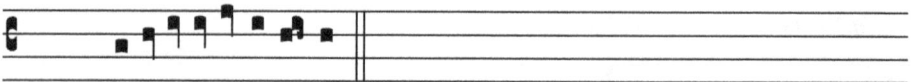

Ps. Dixit Dóminus. (*cix.*) [3].

et ceteri psalmi dominicales.

Capitulum. 1. *Joh. v.* 4.

Mne quod natum est ex Deo vincit mundum : et hec est victória que vincit mundum, fides nostra. ℞. Deo grátias.

Non dicitur responsorium.

Hic cantus dicatur in omnibus dominicis ad vesperas usque ad ascensionem Domini quando de dominica agitur super hymnum.

Hymn.
III.

[A] D ce- nam Agni pró-vi-di, * Et sto-lis al- bis cándi-

di : Post tránsi-tum ma- ris rubri, Chris-to ca-ná-mus prínci-

pi. 2. Cu-jus corpus sanctíssimum, In a-ra cru- cis tórri-dum :

Cru-ó-re e- jus ró-se-o, Gus-tándo ví- vi-mus De- o.

3. Pro-téc- ti pasche véspe-re, A de-vastán-te ánge-lo :

E-répti de du-ríssimo, Pha-ra-ó-nis impé-ri- o.

4. Jam pas-cha nostrum Christus est, Qui immo-lá- tus agnus

est : Since-ri-tá- tis á-zima, Ca-ro e-jus ob-lá-ta est.

5. O ve- re digna hósti- a, Per quam fracta sunt Tárta-ra :

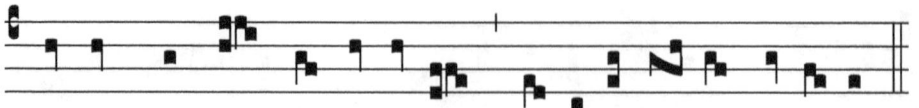

Re-démpta plebs cap-tí-va-ta, Réddi-ta vi- te prémi- a.

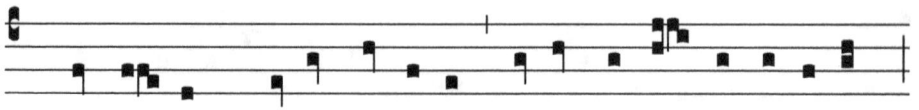

6. Consúr- git Christus túmu-lo, Victor re-dit de bá-ratro :

Ty-ránnum tru- dens víncu-lo, Et ré-se-rans pa- ra-dí-sum.

7. Qué-su-mus Auctor ómni- um, In hoc paschá- li gáudi- o :

Ab omni mor- tis ímpe-tu, Tu- um de-fén-de pópu-lum.

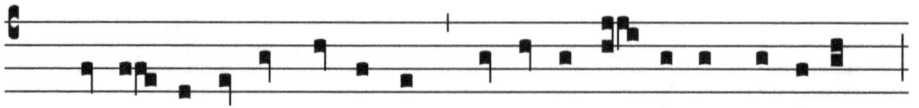

8. Gló-ri- a ti-bi Dómi-ne, Qui surrex-ís- ti a mórtu- is :

Cum Patre et Sanc-to Spí-ri-tu, In sempi-tér-na gló-ri- a.

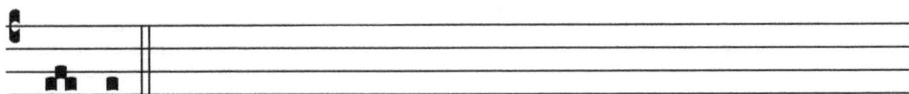

A-men.

Hic cantus dicatur in omnibus feriis ab octavis pasche usque ad ascensionem Domini super hunc hymnum.

Hymn.
VIII.

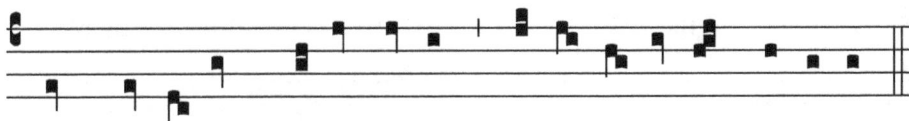

D ce-nam Agni pró-vi-di, * Et sto- lis albis cándi-di,

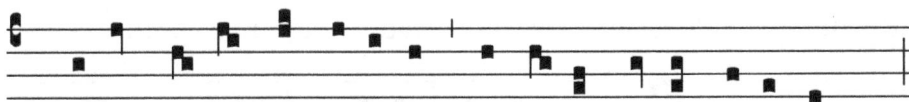

Post tránsi- tum ma-ris rubri, Christo ca-námus prínci-pi.

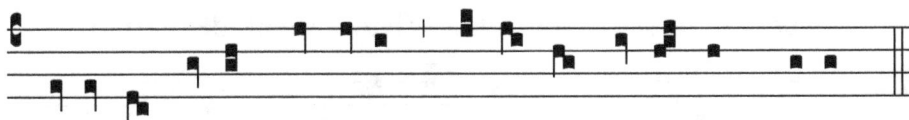

2. Cu-jus corpus sanctíssimum, In a- ra cru-cis tórri-dum :

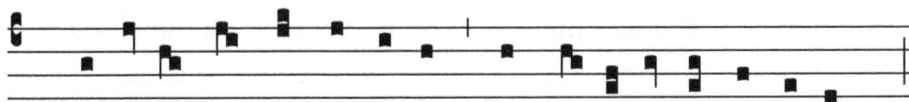

Cru-ó-re e-jus ró-se-o, Gustándo ví-vi-mus De-o.

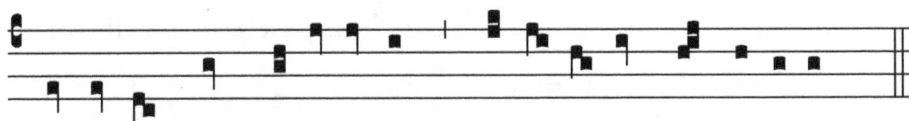

3. Pro-técti pasche véspe-re, A de-vastánte ánge-lo :

E-répti de du-ríssimo, Pha-ra- ó-nis impé-ri- o.

243

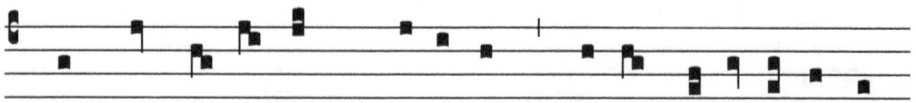

4. Jam pascha nostrum Christus est, Qui immo-lá-tus agnus

est : Since-ri- tá-tis á-zima, Ca-ro e-jus ob-lá-ta est.

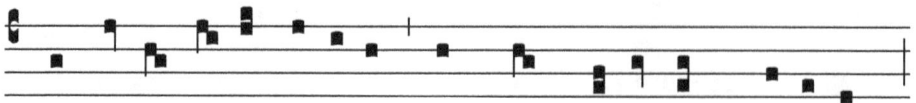

5. O ve-re digna hósti- a, Per quam fracta sunt Tárta-ra :

Re-démpta plebs captí-va-ta, Réddi- ta vi-te prémi- a.

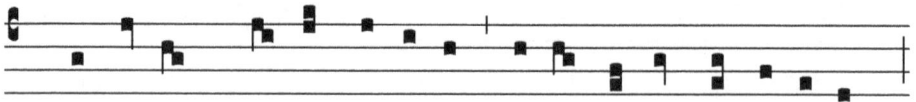

6. Consúrgit Chris-tus túmu-lo, Victor re-dit de bá-ratro :

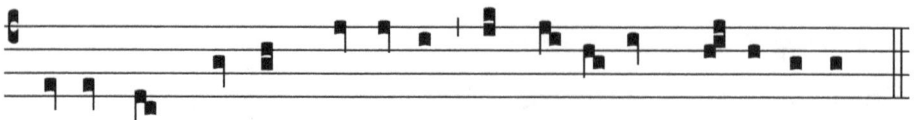

Ty-ránnum tru-dens víncu-lo, Et ré-se-rans pa- ra-dí-sum.

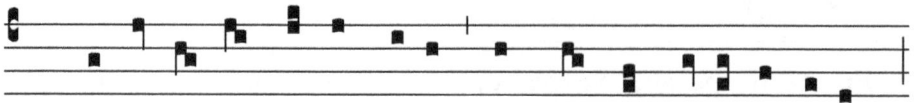

7. Qué-sumus Auctor ómni- um, In hoc paschá-li gáudi- o :

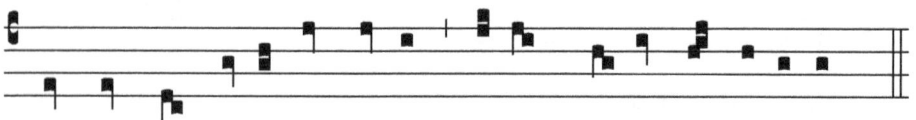

Ab omni mortis ímpe-tu, Tu-um de-fénde pópu-lum.

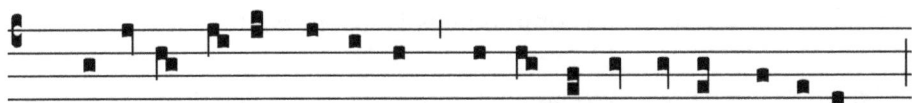

8. Gló-ri- a ti-bi Dómi-ne, Qui sur-rex-ís-ti a mórtu- is :

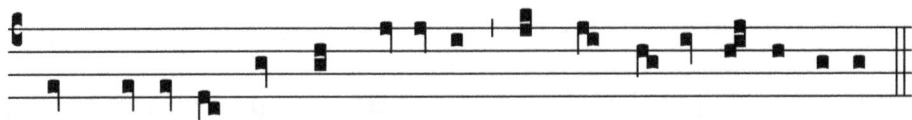

Cum Patre et Sancto Spí-ri-tu, In sempi- térna sé-cu-la.

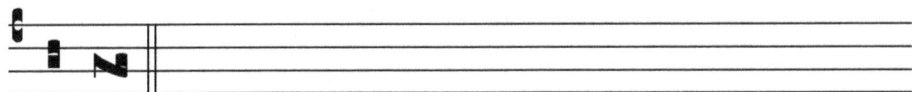

Amen.

℣. Mane nobíscum Dómine.

℟. *privatim.* Quóniam advesperáscit et inclináta est jam dies allelúya.

Hic ordo hujus diei scilicet hymnorum et versiculorum ad omnes horas servetur quotidie usque ad ascensionem Domini : tam in feriis quam in dominicis : quando de temporali agitur.

Hec sequens antiphona incipiatur ab excellentiore persona.

Ant.
VIII.ii.

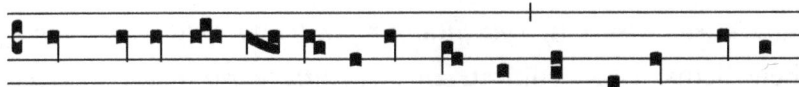

Ost di- es oc-to * já-nu- is clau-sis ingréssus Dómi-

nus et di-xit e- is, Pax vo-bis al-le-lú-ya al-le-lú-ya.

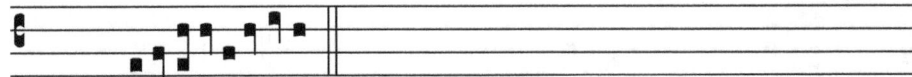

Ps. Magníficat. 16*.

245

Oratio. Presta quésumus omnípotens Deus. *ut supra.* 238.

Memoria fiat de resurrectione cum antiphona Et respiciéntes. 208.
℣. Resurréxit Dóminus. ℟. Sicut dixit vobis allelúya.

Oratio.

Eus qui per Unigénitum tuum eternitátis nobis áditum devícta morte reserásti : vota nostra que preveniéndo aspíras, étiam adjuvándo proséquere. Per eúndem.

Ad has vesperas nulla memoria fiat de festo sine regimine chori in crastino contingente.

❡ *Et sciendum est quod predicte memorie de resurrectione ad matutinas et ad secundas vesperas dicentur omnibus dominicis usque ad ascensionem Domini sive de dominica fit servitium sive de aliquo festo cum regimine chori nisi in inventione sancte crucis.*

Si vero aliquod duplex festum in crastino octavarum pasche celebretur : secunde vespere in dominica erunt de festo et solennis memoria de dominica : et postea de resurrectione.

❡ *He sequentes antiphone dicantur per totam ebdomadam super psalmum* Benedíctus. *et* Magníficat. *cum repetitione earundem si necesse fuerit : quando de feria agitur tantum.*

1. Ant.
VIII.i.

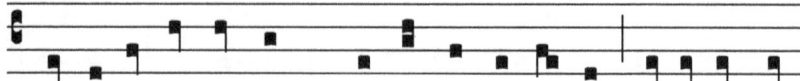

Ui-a vi-dís-ti me * Thoma cre-di-dís-ti : be-á-ti qui

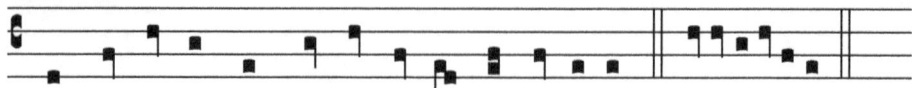

non vi-dé-runt et cre-di-dé-runt al-le-lú-ya. Seculórum amen.

2. Ant.
VI.

Ulta qui-dem * et á-li- a signa fe-cit Je-sus in con-

spéc-tu disci-pu- ló-rum su- ó-rum al-le-lú-ya, que non sunt

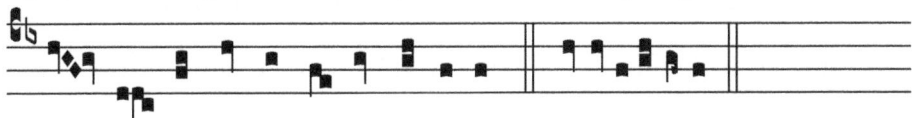

scrip- ta in libro hoc al-le-lú-ya. Seculórum amen.

3. Ant.
VIII.i.

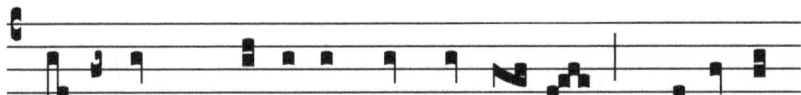

Ec autem * scripta sunt, ut cre-dá- tis : qui- a Je-sus

est Fí-li- us De- i : et ut cre-dén- tes vi- tam ha-be-

á- tis in nómi-ne ipsí- us al-le-lú-ya. Seculórum amen.

⁌ *Sciendum est quod in omnibus festis sanctorum in quibus chorus regitur nisi in inventione sancte crucis tantum dicatur hic sequens antiphonam solenniter ad memoriam de resurrectione ad vesperas usque ad ascensionem Domini : nisi in dominicis ad utrasque vesperas : licet festum loci vel dedicationis ecclesie infra tempus predictum contigerit. Et etiam sequens antiphona dicitur in commemoratione beate Marie et festi loci infra tempus predictum.*

Ad utrasque vesperas.

Ant.
IV.i.

[♭]

Urré- xit Dó-mi-nus * de se-púlcro : qui pro no-bis

pe-péndit in lig-no al-le-lú-ya al-le-lú-ya al- le-lú- ya.

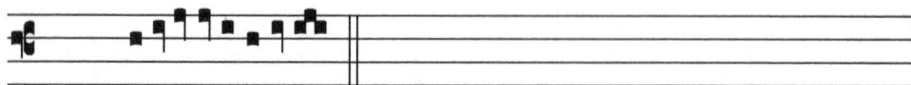

℣. Resurréxit Dóminus. ℟. Sicut dixit vobis allelúya.
Oratio. Deus qui per Unigénitum. 246.

❡ *Feria ij. post octavas pasche.*

Super psalmos dicitur hec sola antiphona.

Ant.
I.iii.

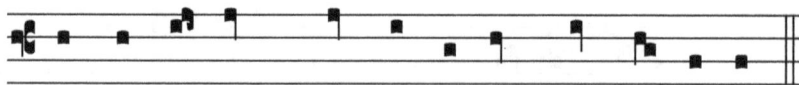

L- le- lú- ya * al- le- lú- ya al- le- lú- ya.

Ps. Diléxi. (*cxvj.*) [17].
et ceteri psalmi feriales.

Capitulum de dominica. 240.
Hymnus. Ad cenam Agni. 243.
℣. Mane nobíscum Dómine.
℟. *privatim.* Quóniam advesperáscit et inclináta est jam dies allelúya.
Super psalmum Magníficat. *dicatur una de predictis antiphonis.* 246.
Oratio dominicalis. 238.

Ordo hujus ferie hymnorum, versiculorum servetur usque ad ascensionem Domini quando de feria agitur : nisi quod versiculi Resurréxit Dóminus. *et* Surréxit Dóminus vere. *dicantur ante lectiones in feriis alternis vicibus et non alii.*

Memoria de cruce. [32].

Memoria de sancta Maria. [33].

Memoria de omnibus sanctis. [34].

Hic ordo memoriarum hujus ferie servetur usque ad ascensionem Domini tam in feriis quam in festis sine regimine chori.

ℂ *Feria iij. post octavas pasche.*

Super psalmos antiphona.

Ant.
IV.vi.

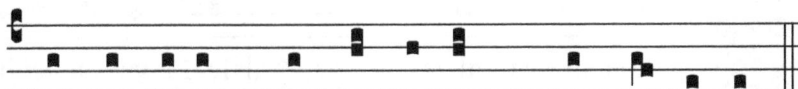

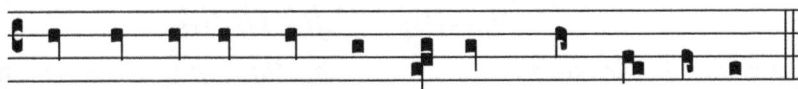

L- le- lú-ya   al- le- lú- ya   * al- le- lú- ya.

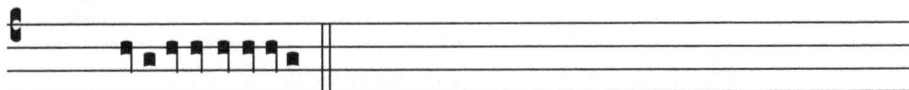

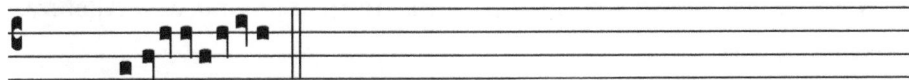

Ps. Letátus sum. (*cxxj.*) [42]. *et ceteri psalmi illius ferie.*

ℂ *Feria iiij. post octavas pasche.*

Ant.
VIII.ii.

L- le- lú- ya   al- le- lú- ya   * al- le- lú- ya.

Ps. Nisi Dóminus edificáverit. (*cxxvj.*) [49]. *et ceteri psalmi feriales.*

249

ℂ *Feria v. post octavas pasche.*

Super psalmos ant.

Ant.
IV.vii.

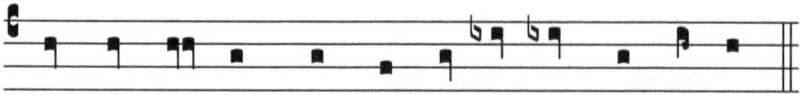

L- le- lú- ya * al- le- lú- ya al- le- lú- ya.

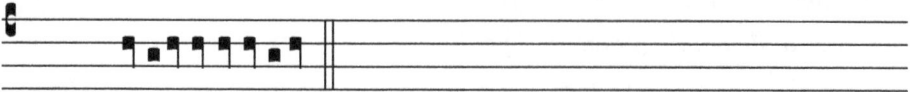

Ps. Meménto Dómine. (*cxxxj.*) [55]. *et ceteri psalmi feriales.*

ℂ *Feria vj. post octavas pasche.*

Ant.
V.i.

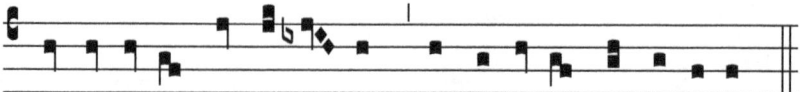

L-le-lú-ya al-le-lú- ya * al-le-lú-ya al-le-lú-ya.

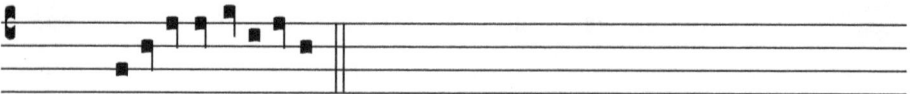

Ps. Confitébor. (*cxxxvij.*) [65]. *et ceteri psalmi feriales.*

ℂ *Plenum servitium de sancta Maria in tempore paschali.*

Quando fit plenum servitium de sancta Maria in tempore paschali, scilicet ab octavis pasche usque ad penthecosten.

Super psalmos dicatur ant. Post partum. [100]. *et finiatur cum* Allelúya.
Psalmi feriales.

Capitulum. Beáta es María. [100].

Hymnus. Ave maris stella. [87].

250

℣. Sancta Dei génitrix virgo semper María.

℟. *privatim.* Intercéde pro nobis ad Dóminum Deum nostrum.

Ant. Sancta Maria succúrre míseris. [104].

Ps. Magníficat. 16*.

Et finiatur predicta antiphona cum Allelúya.

Oratio. Concéde nos fámulos tuos quésumus Dómine. [105].

Memoria si habeatur de aliquo sancto fiat et postea de resurrectione : sicut in aliis festis cum regimine chori.

❦ *Dominica ij. post pascha.*

Ad primas vesperas.

Omnia fiant sicut in dominica precedente 235. usque ad antiphonam super psalmum Magníficat. *que erit.*

Ant.
I.v.

Ig-nus es * Dó-mi-ne De-us noster accí-pe-re

gló-ri- am et honó-rem et vir-tú-tem : qui- a tu cre-ásti

ómni- a et propter vo-luntá-tem tu- am e- rant et cre-

á-ta sunt, sa- lus De-o nostro qui se-det su-per thronum

251

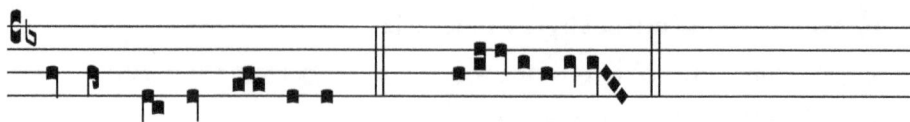

et Agno al-le- lú-ya. *Ps.* Magníficat. 16*.

Oratio.

Eus qui in Fílii tui hu-militáte jacéntem mundum erexísti : fidélibus tuis perpétuam concéde letíciam, ut quos per-pétue mortis eripuísti cásibus, gáudiis fácias sempitérnis pérfrui. Per eúndem Dóminum.

Processio fiat ut supra. 238.

In redeundo, de sancta Maria, ant. Ave regína celórum. 412. *cum versiculo et oratione ut supra in octavis pasche ad primas vesperas.* 239.

❡ *He sequentes antiphone dicuntur usque ad ascensionem Domini, quando in introitu chori dicetur de sancta Maria scilicet.*

1. *Ant.* Alma Redemptóris. 411.

2. *Ant.* Ave regína. 412.

3. *Ant.* Anima mea. 412.

4. *Ant.* Beáta Dei génitrix. 413.

5. *Ant.* Descéndi in ortum. 414.

6. *Ant.* Speciósa. 415.

Et dicuntur per ordinem, quibus dictis : reincipitur ant. Alma Redemptóris. *si necesse fuerit.*

Versiculus et oratio ut supra in octavis pasche. 239.

❡ *Ad secundas vesperas.*

Ant. Allelúya. *iiij.* 240.

Ps. Dixit Dóminus. (*cix.*) [3]. *et ceteri psalmi dominicales.*

Capitulum. 1. *Pet. ij.* 21.

CHristus passus est pro nobis, vobis relínquens exémplum ut sequámini vestígia ejus, qui peccátum non fecit nec invéntus est dolus in ore ejus. ℟. Deo grátias.

Hymnus. Ad cenam Agni próvidi. 241.

℣. Mane nobíscum Dómine.

℟. *privatim.* Quóniam advesperáscit et inclináta est jam dies allelúya.

Ant.
VIII.i.

- go sum * pastor ó- vi- um, e-go sum vi- a et vé-ri- tas, e-go sum pastor bonus : et cognósco me-as et cognóscunt me me- e al-le-lú-ya al-le-lú-ya.

Ps. Magníficat. 16*.

Oratio ut supra. 252.

❡ *He sequentes antiphone dicuntur per ebdomadam super psalmos Magníficat. et* Benedíctus. *cum repetitione earundem si necesse fuerit quando de feria agitur.*

253

1. Ant.
VIII.i.

Astor bonus * á- nimam su- am po-nit pro

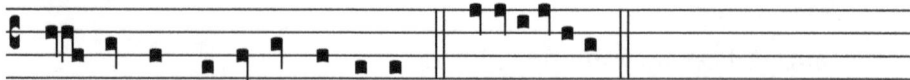

ó- vi-bus su- is al-le-lú-ya. Seculórum amen.

2. Ant.
V.ii.

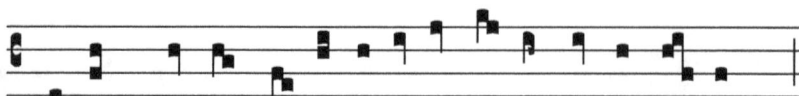

I-cut * no-vit me Pa-ter et e-go agnósco Pa-trem :

et á-nimam me-am po-no pro ó-vi-bus me- is al-le-lú-ya.

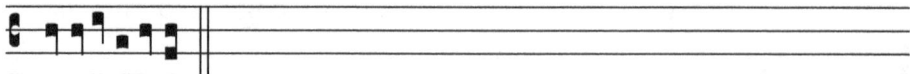

Seculórum amen.

3. Ant.
III.iv.

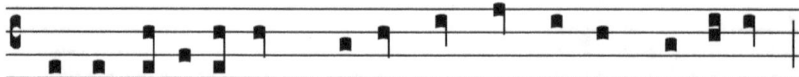

Ercenná-ri- us est * cu-jus non sunt o-ves própri- e :

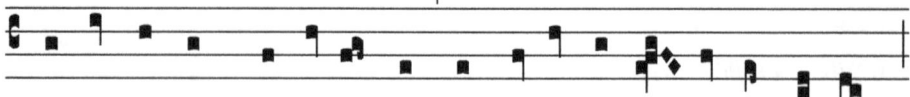

vi-det lu-pum ve-ni- én-tem et dimít-tit o- ves et fu-git :

et lu-pus ra- pit et dispérgit o-ves al-le-lú-ya.

Seculórum amen.

4. Ant.
VIII.i.

- li- as o-ves * há-be-o que non sunt ex hoc o-

ví-li : et il-las opórtet me addú-ce-re et vo-cem me- am

áudi- ent : et fi- et u-num o-ví-le et u-nus pas-tor

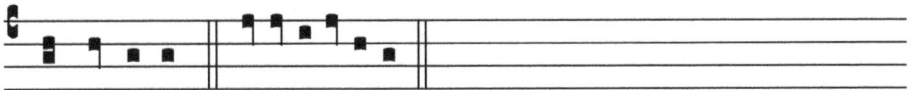

al-le-lú-ya. Seculórum amen.

ℂ Dominica iij. post pascha.

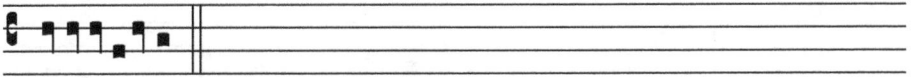

Ad primas vesperas.

Omnia fiant sicut in octavis pasche 235. : usque ad antiphonam super ps.
Magníficat. que erit.

Ant.
VIII.i.

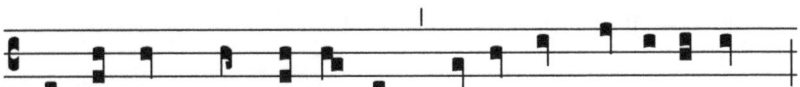

- go sum * alpha et oo primus et no-víssimus :

255

stel-la ma-tu-tí- na, e-go cla-vis Da-vid al-le-lú-ya.

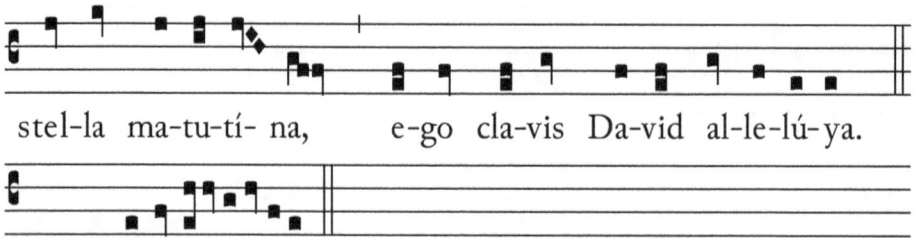

Ps. Magníficat. 16*.

Oratio.

Eus qui errántibus ut in viam possint redíre justície, veritátis tue lumen osténdis : da cunctis qui Christiána professióne censéntur et illa respúere que huic inímica sunt nómini, et ea que sunt apta sectári. Per Dóminum nostrum.

Processio fiat ut supra. 238. *In revertendo, ut supra in ij. dominica post pascha, videlicet de sancta Maria, dicitur una de supranotatis antiphonis per ordinem.* 252.

❡ *Ad secundas vesperas.*

Ant. Allelúya. *iiij.* 240.

Ps. Dixit Dóminus. (*cix.*) [3]. *&c. ut supra in octavis pasche.*

Capitulum. 1. *Petri ij.* 11.

Bsécro vos tanquam ádvenas et peregrínos abstinére vos a carnálibus desidériis que mílitant advérsus ánimam. ℟. Deo grátias.

Hymnus. Ad cenam Agni. 241.

℣. Mane nobíscum Dómine.

℟. *privatim.* Quóniam advesperáscit et inclináta est jam dies allelúya.

256

Ant. III.iv.

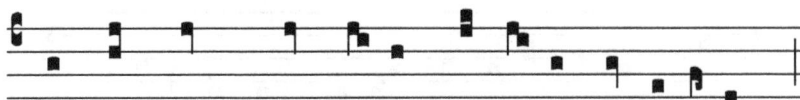

Uid est hoc * quod di- cit Mó-di- cum al-le-lú-ya :

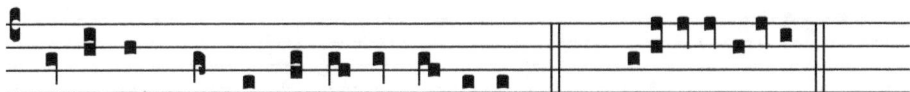

néscimus quid lóqui-tur al-le- lú-ya. *Ps.* Magníficat. [85].

Oratio. Deus qui errántibus. 256.

❡ *He sequentes antiphone dicuntur per ebdomadam super ps.* Benedíctus. *et* Magníficat. *cum repetitione earundem si necesse fuerit cum de feria agitur.*

1. Ant. VIII.i.

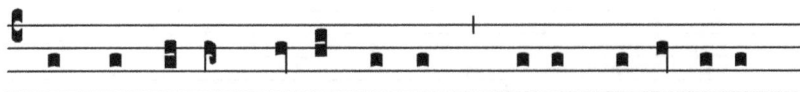

- men amen di-co vo-bis * qui- a plo-rá-bi-tis

et flé-bi-tis vos, mundus autem gaudé-bit,   vos autem con-

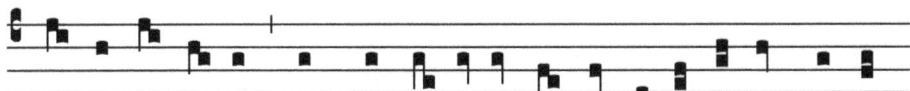

tris-ta-bí-mi-ni : sed tris-tí- ci- a vestra verté-tur in gáudi-

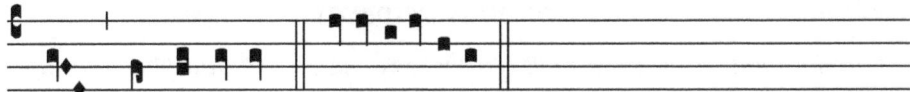

um, al-le-lú-ya. Seculórum amen.

2. Ant. VIII.i.

Ris-tí-ci- a * implé-vit cor vestrum : et gáudi- um

257

vestrum nemo tollet a vo- bis   al-le-lú-ya al-le-lú-ya.

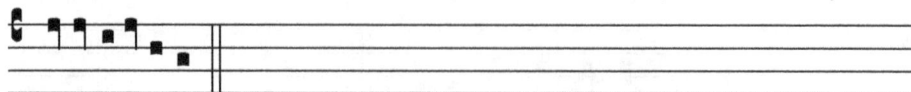

Seculórum amen.

3. Ant.
IV.i.

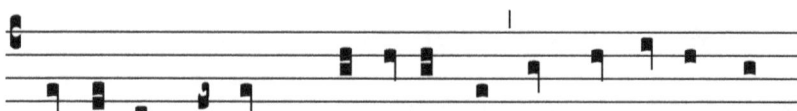

- te-rum autem * vi-débo vos et gaudé-bit cor

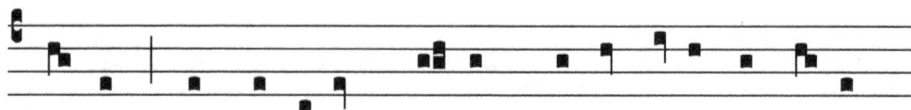

vestrum : et gáudi- um vestrum nemo tollet a vo-bis

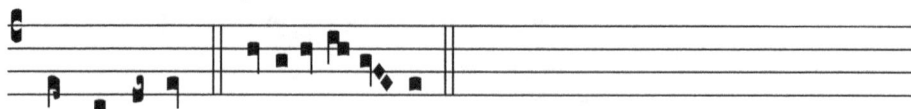

al-le-lú-ya. Seculórum amen.

ℭ Dominica iiij. post pascha.

Ad primas vesperas.

Omnia fiant sicut in octavis pasche 235. usque ad antiphonam super psalmum Magníficat. *que erit.*

Ant.
VIII.i.

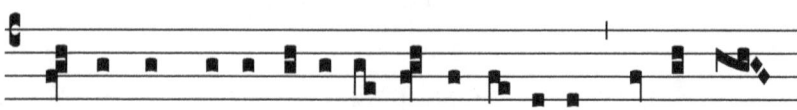

Agna * et mi-ra-bí-li- a ó-pe-ra tu- a Dómi-ne

De-us omní-po-tens jus-te et ve-re vi- e tu- e Rex se-cu-

ló-rum, quis non timé-bit te Dómi-ne et magni-fi-cá-

bit nomen tu-um : qui- a so-lus pi- us quó-ni- am omnes

gentes vé-ni- ent et a-do-rá-bunt in conspéctu tu-o

quó-ni- am ju-dí-ci- a tu- a justa sunt al-le- lú-ya.

Ps. Magníficat. 16*.

Oratio.

DEus qui fidélium mentes uníus éfficis voluntátis, da pópulis tuis id amáre quod précipis, id desideráre quod promíttis : ut inter mundánas varietátes, ibi nostra fixa sunt corda, ubi vera sunt gáudia. Per Dóminum nostrum.

Processio fiat ut supra. 238. *In redeundo de sancta Maria dicatur una de supranotatis antiphonis per ordinem scilicet* Beáta Dei génitrix. 413.

❡ *Ad secundas vesperas.*

Ant. Allelúya. *iiij.* 240.

Ps. Dixit Dóminus. (*cix.*) [3]. *et ceteri psalmi dominicales.*

Capitulum. Jacobi j. 17.

Mne datum óptimum et omne donum perféctum desúrsum est descéndens a Patre lúminum, apud quem non est transmutátio, nec vicissitúdinis obumbrátio. ℟. Deo grátias.

Hymnus. Ad cenam Agni próvidi. 241.

℣. Mane nobíscum Dómine.

℟. *privatim.* Quóniam advesperáscit et inclináta est jam dies allelúya.

Ant.
VIII.i.

- go ve- ri-tá-tem * di-co vo-bis éxpe-dit vo-bis

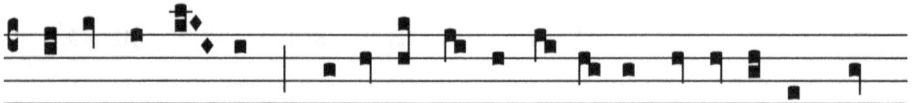

ut e-go va- dam : ni-si e-go a-bí- e-ro Pa-rácly-tus non

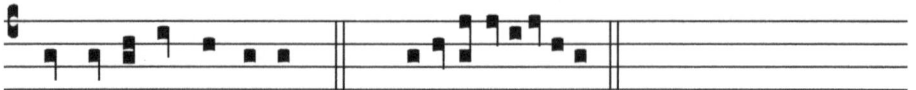

vé-ni- et al-le-lú-ya. *Ps.* Magníficat. 16*.

Oratio. Deus qui fidélium. 259.

❡ *He sequentes antiphone dicantur per ebdomadam super psalmos* Benedíctus. *et* Magníficat. *cum repetitione earundem si necesse fuerit : quando de feria agitur.*

1. Ant.
V.ii.

A D-huc * multa há-be-o vo-bis dí-ce-re   sed non

po-téstis portá-re modo,   cum autem vé-ne-rit il-le Spí-ri-tus

ve-ri-tá-tis : do-cé-bit vos omnem ve-ri-tá-tem al-le-lú-ya.

Seculórum amen.

2. Ant.
VIII.i.

C Um au-tem * vé-ne-rit il-le Spí-ri-tus ve-ri- tá-tis

do-cé-bit vos omnem ve-ri-tá-tem : et que ventú-ra sunt

annunci- á-bit vo-bis al-le-lú-ya.   Seculórum amen.

3. Ant.
I.i.

I L-le me cla- ri-fi-cá-bit * qui- a de me-o ac-cí-piet, et annunci- á-bit vo-bis al-le- lú-ya. Seculórum amen.

ℂ *Dominica v. post pascha.*
Ad primas vesperas.

Omnia fiant sicut in octavis pasche 235. usque ad antiphonam super psalmum Magníficat. *que erit ant.* Magna et mirabília. *ut supra in dominica proxima precedente super psalmum* Magníficat. *258.*

Sequatur

Oratio.

Eus a quo bona cuncta pro- | que recta sunt, et te gubernánte
cédunt : largíre supplícibus | éadem faciámus. Per Dóminum.
tuis, ut cogitémus te inspiránte |

ℂ *Processio fiat ut supra. 238. In redeundo dicatur aliqua antiphona de sancta Maria per ordinem ut supra. 253.*

ℂ *Ad secundas vesperas.*

Super psalmos antiphona Allelúya. *iiij. 240.*

Ps. Dixit Dóminus. *(cix.)* [3]. *et ceteri psalmi dominicales.*

Capitulum. Jacobi j. 22.

Stóte factóres verbi et non | parábitur viro consideránti vul-
auditóres tantum falléntes | tum nativitátis sue in spéculo. ℟.
vosmetípsos : quia si quis audítor | Deo grátias.
est verbi et non factor, hic com- |

Hymnus. Ad cenam Agni. 241.

℣. Mane nobíscum Dómine.

℞. *privatim.* Quóniam advesperáscit et inclináta est jam dies allelúya.

Ant.
VIII.i.

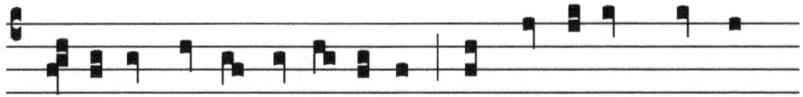

E-ti-te * et ac-ci-pi- é-tis : ut gáudi- um vestrum

ple-num sit, ipse e-nim Pa- ter amat vos qui- a vos me

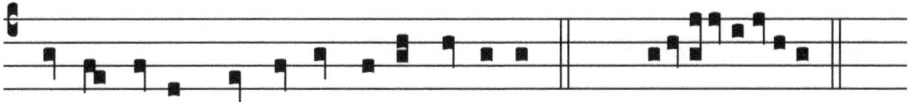

amás-tis et cre-di-dís-tis al-le-lú-ya. *Ps.* Magníficat. 16*.

Oratio ut supra. 262.

❡ *Si vero festum simplex cum regimine chori hac die contigerit differatur usque ad proximam feriam vacantem ut supra dictum est in octavis pasche. Si festum sancti Aldelmi hac die contigerit differatur usque ad tertiam feriam vacantem : et tunc nulla commemoratio beate Marie fiet in hac ebdomada : nisi de festo loci. Et quando festum sic differtur : tunc fiet memoria in dominica de sancto Urbano ad j. vesperas et ad missam : et sic de consimilibus.*

❡ *Feria iij.*

Ant.
VIII.i.

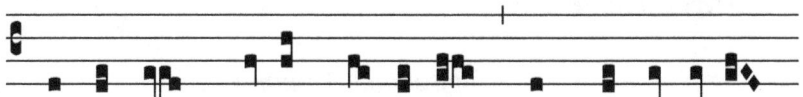

C-ce nunc * pa-lam loqué-ris, et pro-vérbi- um

nul-lum di-cis : nunc sci-mus qui- a scis ómni- a et

non est opus ti-bi ut quis te in-térro-get al-le-lú-ya.

Ps. Magníficat. 16*.

Oratio dominicalis. 262.

ℭ *In vigilia ascensionis Domini.*

Super psalmos feriales.

Ant.
I.v.

on vos re-línquam * órpha-nos al-le-lú- ya : va-do

et vé-ni- o ad vos al-le-lú- ya et gaudé-bit cor vestrum

al-le- lú-ya. *Ps.* Nisi Dóminus edificáverit. (*cxxvj.*) [49].
et ceteri psalmi feriales.

Capitulum. Actuum j. 1.

PRimum quidem sermónem feci de ómnibus o Theó- phile, que cepit Jesus fácere et dócere, usque in diem qua pre-

264

cípiens apóstolis per Spíritum Sanctum quos elégit assúmptus est. ℟. Deo grátias.

Resp. III.

N ON conturbé-tur * cor ves-trum e- go va-do ad Pa- trem : et dum assúmptus fú-e-ro a vo- bis mit-tam vo-bis al-le-lú- ya. †Spí-ri-tum ve-ri-tá- tis et gaudé- bit cor vestrum. ‡Alle- lú- ya. ℣. E- go ro-gá-bo Pa- trem et á-li-um Pa-rácly-tum da-bit vo- bis. †Spí-ri-tum. ℣. Gló- ri- a Pa-tri et Fí-li- o : et Spi-rí- tu- i Sanc-to. ‡Alle- lú- ya.

Et dicatur hoc predictum ℞. a tribus excellentioribus personis in capis sericis ad gradum chori : et similiter in secundis vesperis hujus festi.

Hymn.
VIII.

- tér- ne Rex al- tís-sime, * Re-démptor et fi-dé-

li- um : Quo mors so-lú-ta dé-pe-rit, Da-tur tri- úmphus grá-

ti- e. 2. Scandens tri-bú-nal déx-te-re, Pa-tris po-téstas óm-

ni- um : Col-lá-ta est Je-su cé- li-tus, Que non e-rat hu-má-

ni-tus. 3. Ut tri- na re-rum má-chi-na, Ce-lés-ti- um ter-

réstri- um : Et infernó-rum cóndi-ta, Flectant ge-nu jam súb-

di-ta. 4. Tremunt vi-déntes ánge-li, Versa vi-ce mor-tá-

li- um : Culpat ca-ro purgat ca-ro, Regnat De- us De- i ca-

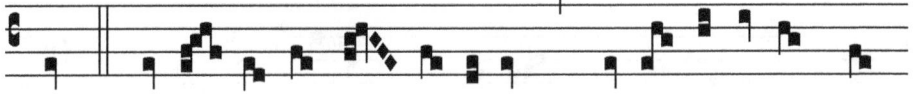

ro. 5. Tu es- to nostrum gáudi- um, Qui es fu-tú-rus pré-

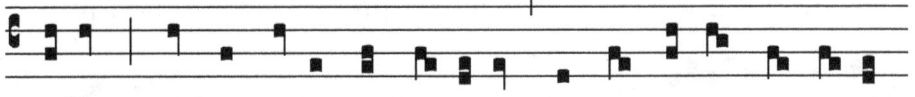

mi- um : Sit nostra in te gló- ri- a, Per cuncta semper sé-cu-

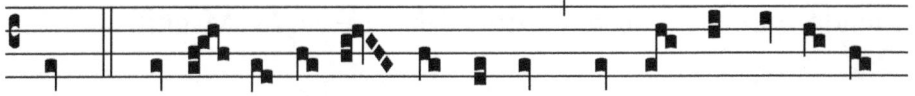

la. 6. Gló-ri- a ti-bi Dó-mi-ne, Qui scan-dis supra sí-

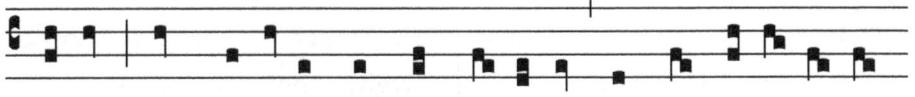

de-ra : Cum Patre et Sancto Spí- ri-tu, In sempi-térna sé-

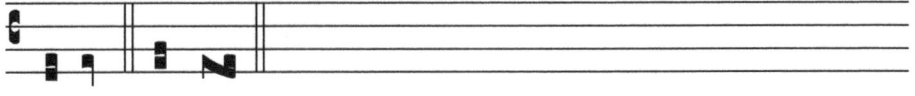

cu-la. Amen.

Isti duo ultimi ℣. dicuntur semper in fine omnium hymnorum ejusdem metri usque ad penthecosten : nisi in hymno Impléta sunt. *scilicet ad primas vesperas in inventione sancte crucis quando infra octavas ascensionis celebratur : et nisi in commemoratione beate Marie, tunc enim dicetur post versum* Tu esto nostrum gáudium. *versus* Glória tibi Dómine, Qui natus est de Vírgine.

℣. Ascéndens Christus in altum.

℟. *privatim.* Captívam duxit captivitátem allelúya.

Ant.
I.viii.

P A- ter * ma-ni-festá-vi nomen tu- um homí-ni-bus

quos de-dís-ti mi- chi : nunc autem pro e- is ro-go non pro

mundo qui- a ad te va-do al-le- lú-ya. *Ps.* Magníficat. 16*.

Oratio.

Resta quésumus omnípotens Deus, ut nostre mentis inténtio quo Unigénitus tuus Dóminus noster, ventúre solen- nitátis gloriósus auctor ingréssus est semper inténdat : et quo fide pergit, conversatióne pervéniat. Per eúndem.

❡ In die ascensionis Domini nostri Jesu Christi.

Festum principale.

❡ Ad secundas vesperas.

Ant.
VII.i.

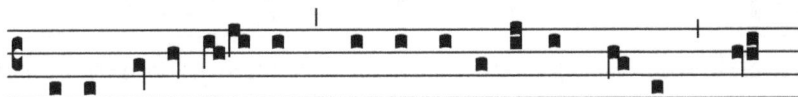

V-Iri Ga-li-lé- i * quid aspí-ci-tis in ce-lum, hic

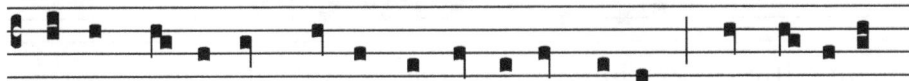

Je-su qui assúmptus est a vo-bis in ce-lum : sic vé-ni- et

al-le-lú-ya. *Ps.* Dixit Dóminus. (*cix.*) [3].

Ps. Confitébor tibi. (*cx.*) [4].

Ps. Beátus vir. (*cxj.*) [5].

Ps. Laudáte púeri. (*cxij.*) [6].

Ps. In éxitu. (*cxiij.*) [7].

Hi predicti psalmi cum predicta antiphona dicuntur singulis diebus per octavas quando de ascensione agitur.

Capitulum. Primum quidem sermónem. 264.

Resp. V.

- te in orbem * u-ni-vér-sum et pre-di- cá-te di-

céntes al-le- lú- ya. †Qui cre- dí-de-ret et bapti-zá-tus fú-

e- rit sal-vus e- rit. ‡Alle- lú- ya al-le- lú-ya

al-le- lú- ya. ℣. Pa-rá-cli-tus au-tem Spi-ri-tussánctus

quem mittet Pa-ter in nó-mi-ne me- o : il-le ómni- a vos

do-cé-bit et súgge-ret ómni- a que-cúnque díx-e-ro

vo-bis.　†Qui cre- dí-de-ret. ℣. Gló-ri- a Pa-tri et Fí- li-

o : et Spi-rí-tu- i Sancto.　‡Alle- lú- ya.

Hymnus. Etérne Rex altíssime. 266.

℣. Ascéndens Christus in altum.

℟. *privatim.* Captívam duxit captivitátem allelúya.

Ant.
II.ii.

Rex gló-ri- e * Dó-mi-ne virtú-tum qui tri-

umphá-tor hó-di- e su-per om-nes ce-los as-cendís-ti :

ne de-re- línquas nos órpha- nos : sed mitte promíssum

Pa-tris in nos Spí-ri-tum ve-ri-tá- tis al-le- lú-ya.

Ps. Magníficat. 16*.

Oratio.

Concéde quésumus omnípotens Deus : ut qui hodiérna die Unigénitum tuum Redemptórem nostrum ad celos ascendísse crédimus, ipsi quoque mente in celéstibus habitémus. Per eúndem.

❡ *Si festum cum regimine chori in hac die contigerit differatur in crastinum et tunc fiet memoria de ascensione Domini ad matutinas et ad vesperas de festo tantum. Ad secundas vesperas de ascensione non fiet memoria de aliquo festo nisi privatim : nisi fuerit duplex festum.*

❡ *Feria vj.*

Ant. Viri Galiléi. 269.

Ps. Dixit Dóminus. (*cix.*) [3]. *et ceteri psalmi consueti.*

Capitulum. Primum quidem sermónem. 264.

Non dicitur ℞.

Hymnus. Etérne Rex altíssime. 266.

℣. Ascéndens Christus in altum.

℞. *privatim.* Captívam duxit captivitátem allelúya.

Ant. I.v.

O-gá-bo Patrem me-um : et á-li- um Pa-rá-cli-tum da-bit vo-bis al-le- lú-ya. *Ps.* Magníficat. 16*.

Oratio. Concéde quésumus. *ut supra.*

272

Hoc eodem ordine ammodo dicuntur vespere quotidie per octavas, nisi in dominica ad ij. vesperas : ita tamen quod antiphone super psalmum Magníficat. *varientur.*

❡ *Dominica infra octavas ascensionis Domini.*
Ad primas vesperas.

Totum servitium fiat de ascensione et nichil de dominica : nec etiam memoria.

Super psalmos ant. Viri Galiléi. 269.

Ps. Dixit Dóminus. (*cix.*) [3]. *et ceteri psalmi dominicales.*

Capitulum. Primum quidem. 264.

Non dicitur ℟.

Hymnus. Etérne Rex altíssime. 266.

℣. Ascéndens Christus in altum.

℟. *privatim.* Captívam duxit captivitátem allelúya.

Ant.
I.iv.

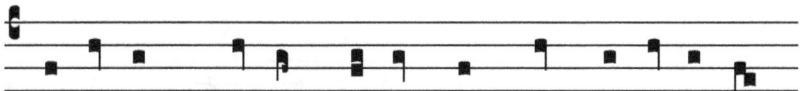

Omi-nus * qui-dem Je-sus postquam lo-cú-tus est

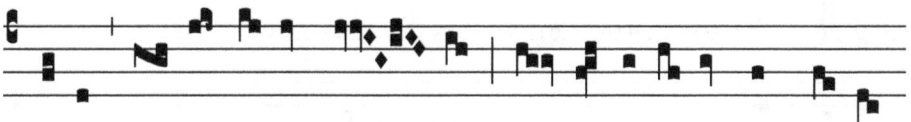

e- is as-céndit in ce- lum : et se-det a dextris De- i

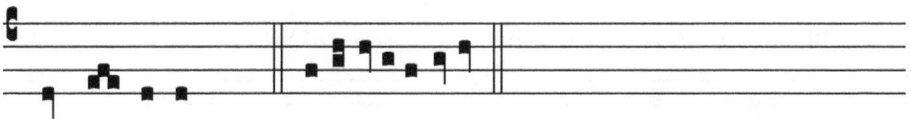

al-le- lú-ya. *Ps.* Magníficat. 16*.

Oratio. Concéde quésumus omnípotens Deus. 272.

273

Nulla memoria fiat neque processio de ascensione.

❡ *Si festum cum regimine chori hac die dominica evenerit tunc fiant vespere de festo et solennis memoria de ascensione Domini ut supra.*

❡ *Ad secundas vesperas.*

Ant. Viri Galiléi. 269.

Ps. Dixit Dóminus. (*cix.*) [3]. *et ceteri psalmi dominicales.*

Capitulum. 1. *Pet. iiij.* 7.

Ꞓsstóte prudéntes et vigiláte in oratiónibus, ante ómnia autem mútuam in vobismetípsis charitátem contínuam habéntes : quia cháritas óperit multitúdinem peccatórum. ℟. Deo grátias.

Non dicitur ℟. ad has vesperas.

Hymnus. Etérne Rex altíssime. 266.

℣. Ascéndens Christus in altum.

℟. *privatim.* Captívam duxit captivitátem allelúya.

Ant.
I.i.

Ec lo-cú-tus sum vo-bis : * ut cum vé-ne-rit ho-ra e-

ó-rum remi-niscámi-ni : qui- a e-go di-xi vo-bis al-le- lú-ya.

Ps. Magníficat. 16*.

274

Oratio.

OMnípotens sempitérne Deus fac nos tibi semper et devótam gérere voluntátem : et majestáti tue sincére corde servíre. Per Dóminum nostrum.

Memoria fiat de ascensione Domini cum hac antiphona O Rex glórie. *ut in die ascensionis Domini.* 271.

℣. Ascéndit Deus in jubilatióne.

℟. *privatim.* Et Dóminus in voce tube allelúya.

Oratio. Concéde quésumus omnípotens Deus. 272.

❡ *Si festum alicujus sancti cum regimine chori in hac die dominica evenerit totum fiat servitium de festo et nichil de dominica nisi tantum memoria et missa in capitulo, et etiam secunde vespere erunt de eodem festo. Si vero festum loci vel dedicationis ecclesie infra octavas ascensionis Domini vel in octava forte contigerit : semper fiat solennis memoria de ascensionis Domini : similiter fiat in aliis octavis que sunt cum regimine chori.*

❡ *Feria ij.*

Ant.
I.v.

E - úntes in mundum * u-ni-vér-sum pre-di-cá-te e-

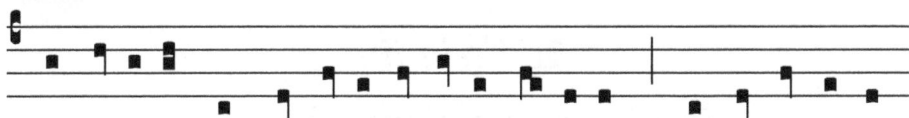

vangé-li- um omni cre- a-tú-re al-le-lú-ya : qui cre-dí-de-ret

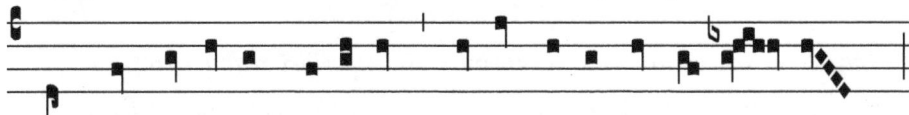

et bap-ti-zá-tus fú- e-rit salvus e-rit al-le-lú- ya :

275

qui ve-ro non cre-dí-de-rit condemná-bi-tur al-le- lú-ya.

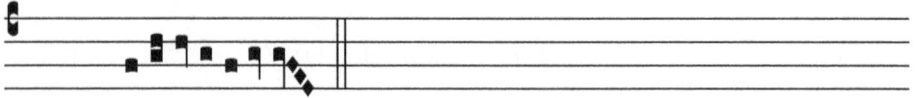

Ps. Magnificat. 16*.

Oratio ut supra. 272.

❧ *Feria iij.*

Ant.
I.i.

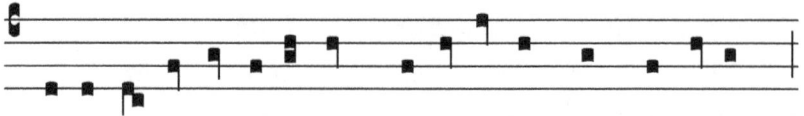

I-si e-go a-bí- e-ro * Pa-rácly-tus non vé-ni- et :

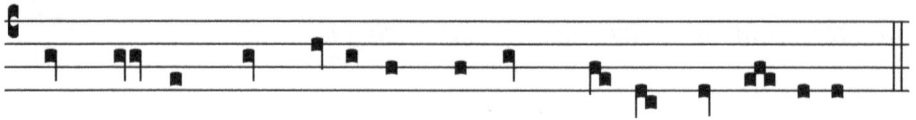

dum as-súmptus fú-e-ro mit-tam vo-bis al-le- lú-ya.

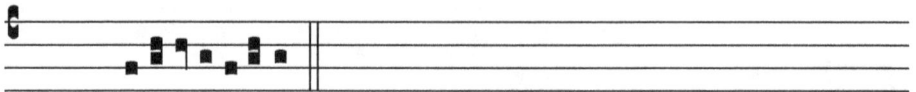

Ps. Magnificat. 16*.

❧ *Feria iiij.*

In octava ascensionis Domini.

Ad primas vesperas.

Ant. Non vos relínquam. *et incipitur in superiori gradu.* 264.

Ps. Nisi Dóminus edificáverit. (*cxxvj.*) [49]. *et ceteri psalmi feriales.*

Capitulum, ℟. *et cetera omnia sicut in vigilia ad primas vesperas dicuntur*

276

264. : *cum hac oratione* Concéde quésumus omnípotens Deus. 272. *more festi ix. lectionum. Ita tamen quod* ℞. *dicitur a duobus de superiori gradu in capis sericis albis ad gradum chori.*

❧ *Ad secundas vesperas.*

Omnia fiant sicut in die, preter responsorium quod non dicetur. 269.

Si aliquod festum simplex cum regimine chori hac die contigerit : differatur in crastinum, nisi festum sancti Aldelmi fuerit : vespere tunc erunt de octava, et solennis memoria de festo.

Et si duplex festum in octava die contigerit : totum fiat servitium de festo : et solennis memoria de octava ad utrasque vesperas et ad matutinas et ad missam.

Hac die ad ij. vesperas que erunt de octava propter quod festum simplex fiat solennis memoria de sancta Maria cum plena servitio in crastino si a festo cum regimine chori vacaverit, cum hac antiphona Sub tuam. [106]. *Et dicitur in fine hymni* Glória tibi Dómine, Qui natus. *post versum* Tu esto nostrum gáudium.

❧ *Feria vj.*

Ubi de feria agitur ad vesperas.

L-le-lú-ya * al-le-lú- ya   al-le-lú-ya al-le-lú-ya.

Ps. Confitébor. (*cxxxvij.*) [65].

Capitulum, hymnus et ℣. *sicut in dominica.* 274.

Ant. Hec locútus sum. 274.

Ps. Magníficat. 16*.

Oratio dominicalis. 275.

Memoria fiat de sancta Maria : cum antiphona Paradísi porta. [33].

℣. Sancta Dei génitrix virgo sempter María.

℟. Intercéde pro nobis ad Dóminum Deum nostrum allelúya.

Oratio. Famulórum tuórum. [38].

Vel oratio. Omnípotens sempitérne Deus. [38].

   Deinde fiat memoria de omnibus sanctis.

Ant. In celéstibus regnis. [34].

℣. Vox letície et exultatiónis. ℟. In tabernáculis justórum allelúya.

Oratio. Infirmitátem. [40].

Vel oratio. Omnium sanctórum. [40].

❡ *In vigilia penthecostes.*

Super psalmos antiphona.

Ant.
VIII.i.

E-ni Sancte Spí-ri-tus * reple tu-ó-rum corda fi-dé-li- um : et tu-i amó- ris in e- is ignem ac-cénde : qui per di-versi-tá- tem linguá-rum multá-rum gentes in u-ni-tá- tem

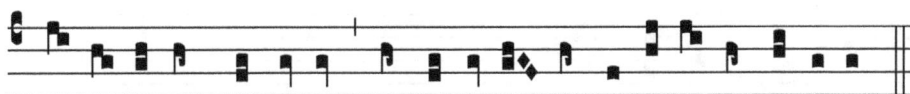

fí-de- i congre-gásti   al-le-lú-ya al-le-lú-ya al-le-lú-ya.

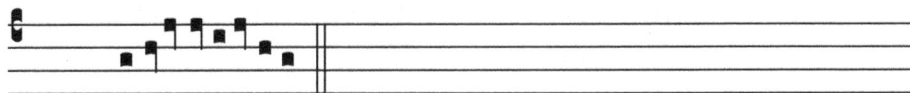

Ps. Benedíctus Dóminus Deus. (*cxliij.*) [75].
et ceteri psalmi feriales.

Capitulum. Actuum ij. I.

Um compleréntur dies Pen- | cípuli páriter in eódem loco. ℟.
thecóstes : erant omnes dis- | Deo grátias.

Resp. II.

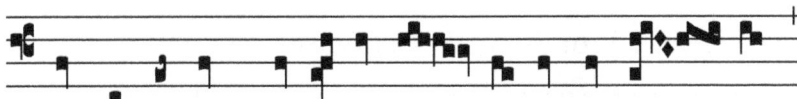

Oque-bántur * vá-ri- is lin- guis a-postó-   li

al-le-   lú- ya. †Magná- li- a De-   i.

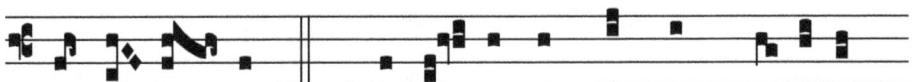

‡Al-le- lú- ya. ℣. Replé- ti sunt omnes Spí- ri-tu

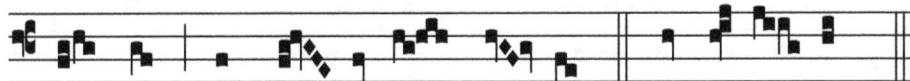

Sanc-to : et ce- pé-runt lo- qui. †Magná- li- a.

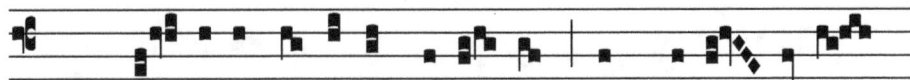

℣. Gló- ri- a Pa-tri et Fí-li- o : et Spi-rí- tu- i

279

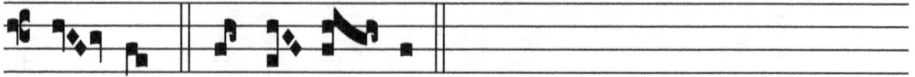

Sanc-to. ‡Al-le- lú- ya.

Et dicitur predictum responsorium ad primas vesperas ut in vigilia ascensionis Domini supradictum est.

Hymn.
I.

Am Christus astra as-cénde-rat, * Re-gréssus unde

vé-ne-rat : Promísso Pa-tris mú-ne-re, Sanctum da-tú- rus

Spí-ri-tum. 2. So-lénnis urgé-bat di- es, Quo mýsti-co sep-

témpli-ci : Orbis vo- lú-tus sépti- es, Signat be-á- ta tém-

po-ra. 3. Dum ho-ra cunctis térti- a, Re-pénte mundus ínto-

nat : O-ránti- bus a-pósto- lis, De- um ve-nís-se núnci- at.

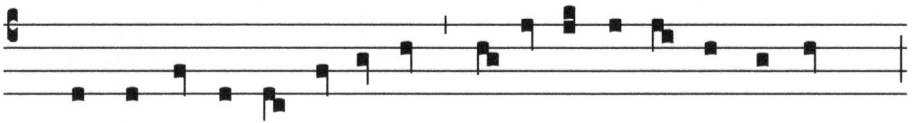

4. De Pa-tris ergo lúmi-ne, De-có-rus ignis almus est :

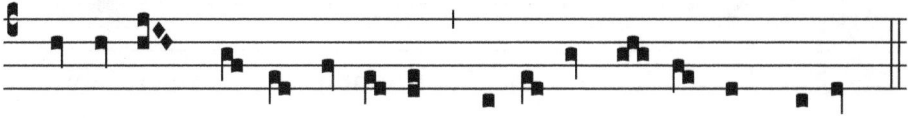

Qui fi-da Chris-ti pécto-ra, Ca-ló-re ver-bi cómple- at.

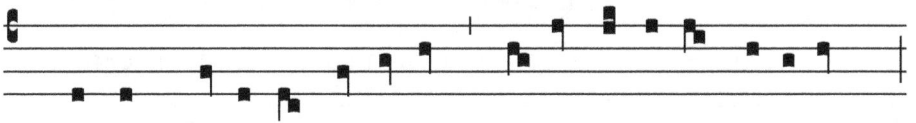

5. Du-dum sacrá-ta pécto-ra, Tu- a replésti grá-ti- a :

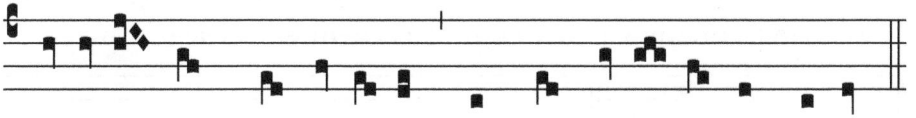

Dimítte nunc pec-cámi-na, Et da qui- é- ta témpo-ra.

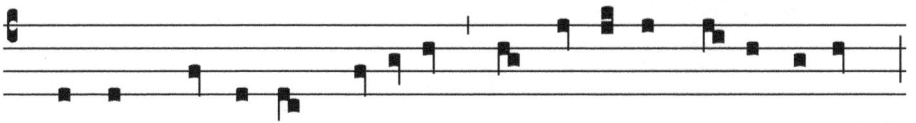

6. Sit laus Pa-tri cum Fí-li- o, Sancto simul Pa- rá-cli-to :

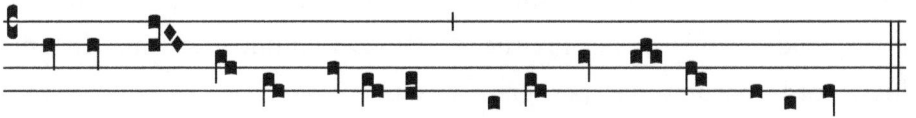

No-bísque mit-tat Fí-li- us, Ca-rísma Sancti Spí-ri-tus.

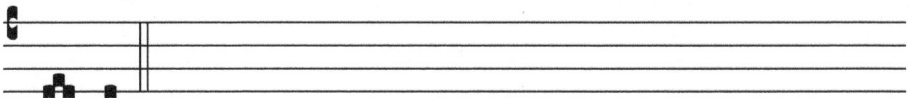

A-men.

Isti duo versus scilicet Dudum sacráta. *et* Sit laus. *dicuntur in fine*
omnium hymnorum per totam ebdomadam, nisi in hymno Veni Creátor.
Tunc non dicatur Dudum sacráta. *sed tantum* Sit laus Patri.

℣. Spíritus Dómini replévit orbem terrárum.

℟. *privatim.* Et hoc quod cóntinet ómnia sciéntiam habet vocis allelúya.

Ant.
VII.i.

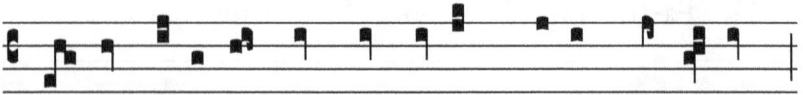

I quis dí-li-git me * sermónem me-um servá-bit :

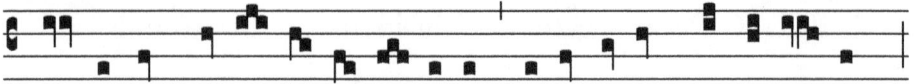

et Pa-ter me-us dí- li-get e-um, et ad e-um ve-ni- é-mus :

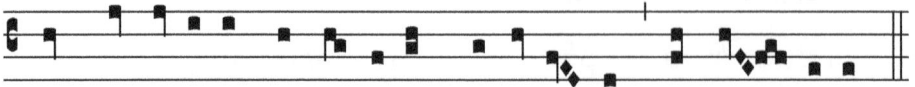

et mansi- ónem a-pud e-um fa-ci- é-mus al-le- lú-ya.

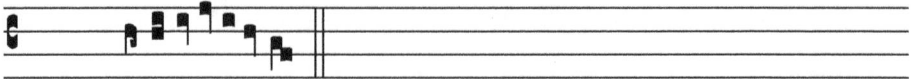

Ps. Magníficat. [85].

Oratio.

Resta quésumus omnípotens Deus, ut claritátis tue super nos splendor effúlgeat : et lux tue lucis corda eórum, qui per grá- tiam tuam renáti sunt, Spiritus- sáncti illustratióne confírmet. Per Dóminum nostrum. In uni- táte ejúsdem.

❡ *In die sancto penthecostes.*

Festum principale.

Ad secundas vesperas.

Ant.
III.i.

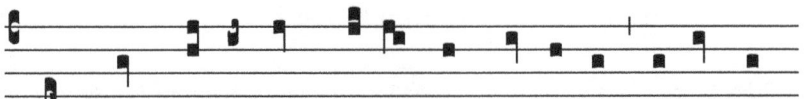

Um comple-réntur * di- es Penthe-cóstes   e-rant om-

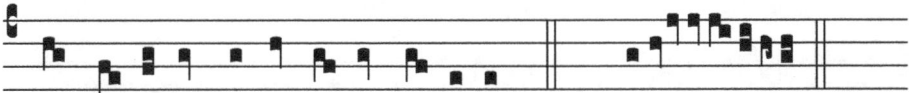

nes pá- ri-ter di-céntes al-le- lú-ya.   *Ps.* Dixit Dóminus. (*cix.*) [3].
et ceteri psalmi dominicales.

Et dicuntur cum predicta antiphona per totam ebdomadam ad vesperas, et notandum quod predicta antiphona incipiatur ab excellentiore persona ex parte chori post illum qui exequatur officium illius diei.

Capitulum. Actuum ij. 6.

Convénit multitúdo et mente confúsa est : quóniam audi-ébat unusquísque lingua sua illos loquéntes. ℟. Deo grátias.

Hoc capitulum dicitur per totam ebdomadam ad vesperas.

Resp. III.

Spí- ri-tus * Sanc-tus pro-cé-dens a thro- no :

a-posto-ló-rum péc- to-ra in-vi-si-bí-li- ter

pe- ne- trá- vit no-vum sancti-fi-ca- ti- ó-nis sig-

num. †Ut in o-re e-ó-rum óm-ni- um gé-ne-ra nasce-

rén- tur lin- guá-rum. ‡Alle- lú- ya.

℣. Adve- nit ignis di-ví-nus non combú-rens sed il-

lúmi- nans : et trí-bu- it e- is ca-ris- má-tum do- na.

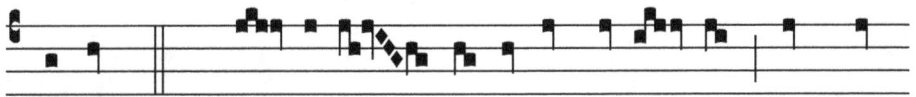

†Ut in. ℣. Gló- ri- a Pa-tri et Fí-li- o : et Spi-

rí- tu- i Sanc-to. ‡Alle- lú- ya.

Hymn.
II.

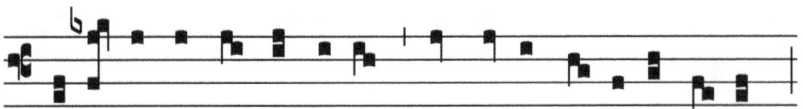

E-á-ta no-bis gáudi- a, * Anni re-dú-xit órbi- ta :

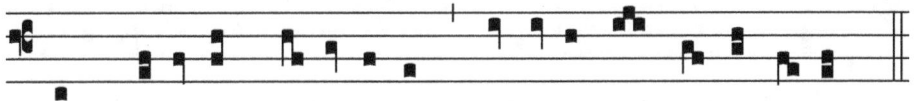

Cum Spí-ri-tus Pa-rácly-tus, Effúlsit in dis-cí-pu-los.

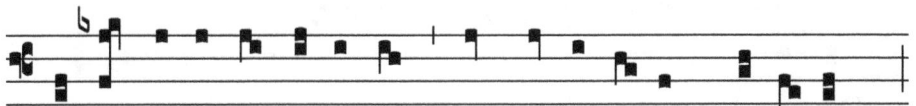

2. Ignis vibránte lúmi-ne, Lingue fi-gú-ram dé-tu- lit :

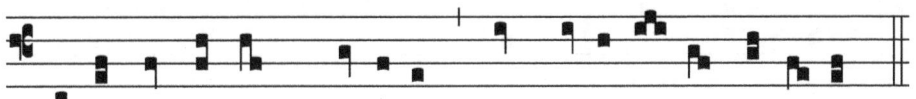

Verbis ut essent próflu- i, Et ca-ri-tá- te férvi-di.

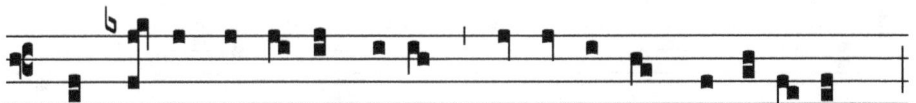

3. Linguis loquúntur ómni- um, Turbe pa-vent gentí-li- um :

Musto ma-dé-re dé-pu-tant, Quos Spí-ri-tus re-plé-ve-rat.

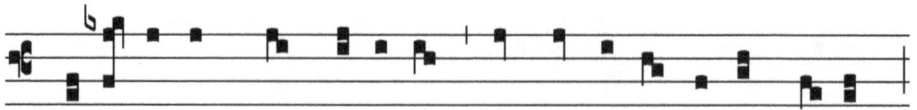

4. Patrá- ta sunt hec mýsti-ce, Pasche per-ác-to témpo-re :

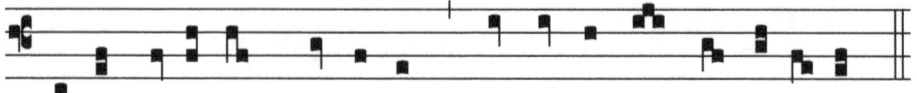

Sacro di- é-rum núme-ro, Quo le-ge fit re-míssi- o.

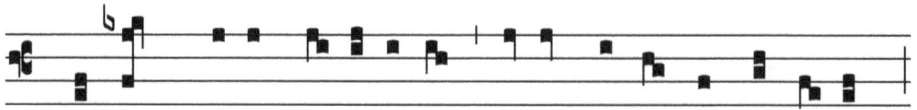

5. Te nunc De-us pi- íssime, Vultu pre-cá-mur cérnu- o :

Il-lápsa no-bis cé-li-tus, Largí-re do- na Spí-ri- tus.

6. Du-dum sacrá-ta pécto-ra, Tu- a replés-ti grá-ti- a :

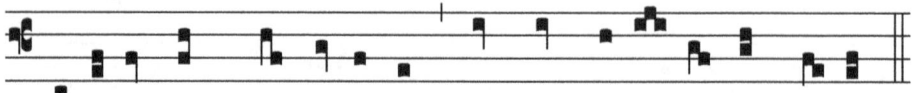

Dimítte nunc pec-cámi-na, Et da qui- é- ta témpo-ra.

7. Sit laus Pa-tri cum Fí-li- o, Sancto simul Pa-rácly-to : No-

bísque mit-tat Fí-li- us, Ca-rísma Sancti Spí-ri- tus. Amen.

℣. Spíritus Dómini replévit orbem terrárum.

℟. *privatim.* Et hoc quod cóntinet ómnia sciéntiam habet vocis allelúya.

Ant.
I.v.

H Odi- e *complé- ti sunt di- es Penthe-cós-tes al-

le- lú-ya : hó-di- e Spí-ri- tus-sánctus in igne discí-pu-lis

appá-ru- it, et trí-bu- it e- is ca-rismá-tum do-na : mi-sit

e- os in u-ni-vérso mundo pre-di-cá-re et testi-fi-cá-ri :

qui cre-dí-de-rit et bapti- zá-tus fú-e-rit, salvus e-rit

al-le- lú-ya. *Ps.* Magníficat. 16*.

Oratio.

Deus qui hodiérna die corda fidélium Sancti Spíritus illustratióne docuísti : da nobis in eódem Spíritu recta sápere, et de ejus semper consolatióne gaudére. Per Dóminum. In unitáte ejúsdem.

❦ *Feria ij. in ebdomada penthecostes.*

Festum minus duplex.

*Ad vesperas omnia fiant sicut in die penthecostes ad ij. vesperas 283. :
usque ad antiphonam super psalmum* Magníficat. *preter responsorium quod
non dicetur : similiter fiat per totam ebdomadam.*

Ant.
VII.i.

On e- nim mi-sit * De- us Fí-li- um su- um in

mundum ut jú-di-cet mundum : sed ut salvé-tur mundus

per ipsum al-le-lú-ya. *Ps.* Magníficat. [85].

Oratio.

Eus qui apóstolis tuis
Sanctum dedísti Spíritum,
concéde plebi tue pie petitiónis
efféctum : ut quibus dedísti fidem, largiáris et pacem. Per
Dóminum. In unitáte ejúsdem.

❦ *Feria iij.*

Festum minus duplex.

Ant.
VIII.i.

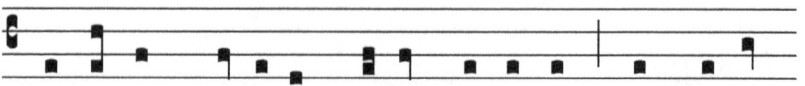

- go sum * ósti- um di-cit Dómi-nus : per me si

quis intro- í- e-rit salvá-bi-tur, et páscu-a invé-ni- et al-le-

lú-ya. *Ps.* Magníficat. 16*.

Oratio.

Ssit nobis quésumus Dó-mine virtus Spiritussáncti : que et corda nostra cleménter expúrget, et ab ómnibus tueátur advérsis. Per Dóminum. In unitáte ejúsdem.

❡ *Feria iiij.*

Festum minus duplex.

Ant. I.i.

- go sum pa-nis vi-vus * qui de ce-lo de-scéndi,

si quis mandu-cá-ve-rit ex hoc pa-ne vi-vet in e-térnum :

et pa- nis quem e-go da-bo ca-ro me-a est pro mundi

vi-ta al-le-lú-ya al-le-lú-ya. *Ps.* Magníficat. 16*.

Oratio.

Entes nostras quésumus Dómine Spiritussánctus Paráclytus qui a te procédit illúminet : et indúcat in omnem, sicut tuus promísit Fílius veritátem. Qui tecum vivit et regnat. In unitáte ejúsdem.

ℂ *Feria v.*

Ant.
I.i.

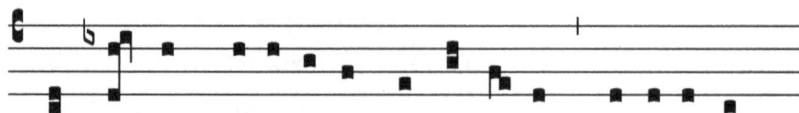

- grés-si * du-óde-cim a-pósto-li circú-i-bant per castél-la e-vange-li-zán-tes, et cu-rántes u-bíque al-le-lú-ya al-le-lú-ya. *Ps.* Magníficat. 16*.

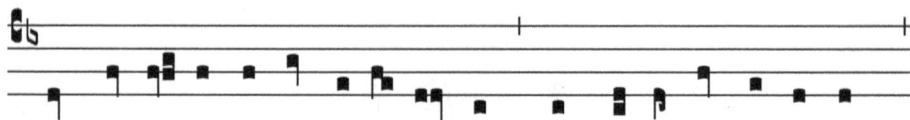

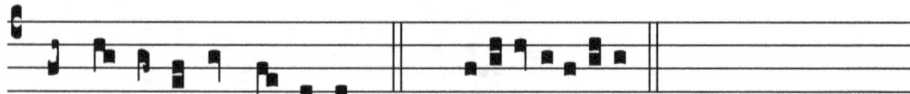

Oratio.

Resta quésumus omnípotens et miséricors Deus : ut Spíritus Sanctus advéniens, templum nos glórie sue dignánter inhabitándo perfíciat. Per Dóminum. In unitáte ejúsdem.

ℂ *Feria vj.*

Ant.
IV.ii.

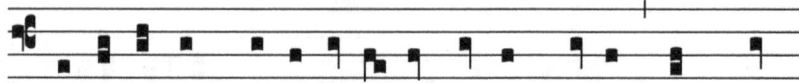

U-lit ergo * pa-ra-lý-ti-cus lectum su-um in quo

ja-cé-bat magní-fi-cans De-um : et omnis plebs ut vi-dit

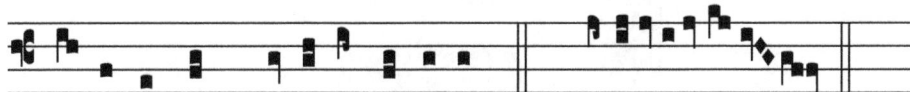

de-dit laudem De-o al-le-lú-ya. *Ps.* Magníficat. 16*.

Oratio.

DA quésumus ecclésie tue, omnípotens et miséricors Deus : ut Spiritusáncto congre-gáta, hóstili nullátenus incursi-óne turbétur. Per Dóminum. In unitáte ejúsdem.

℩ *In festo sancte Trinitatis.*

Festum majus duplex.

Ad primas vesperas et ad secundas vesperas et ad matutinas omnes antiphone incipiantur sicut in vigilia natalis Domini ad primas vesperas supra dictum est.

Ad primas vesperas.

1. Ant.
I.ii.

Ló-ri- a ti-bi Trí-ni-tas * Equá-lis u-na Dé- i-tas   Et

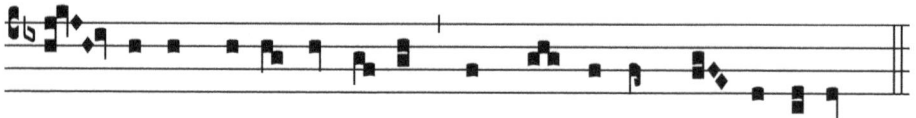

an- te ómni- a sé-cu- la   Et nunc et in per-pé-tu- um.

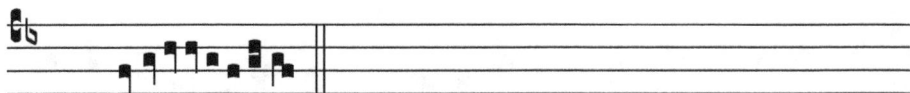

Ps. Laudáte púeri. (*cxij.*) [6].

2 Ant.
II.i.

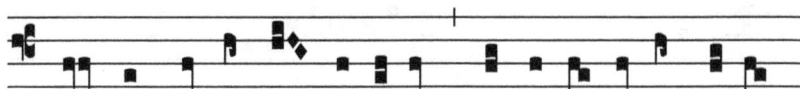

Aus et pe-rénnis gló-ri- a * De-o Pa-tri et Fí-li-

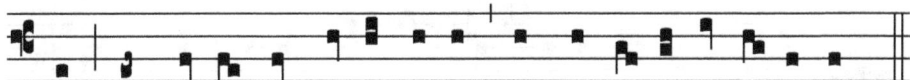

o Sancto si-mul Pa-rá-cli-to In sé-cu- la se-cu-ló-rum.

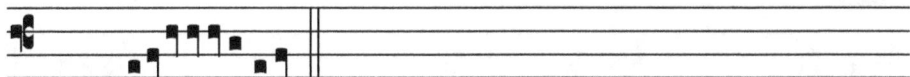

Ps. Laudáte Dóminum omnes gentes. (*cxvj.*) [19].

3. Ant.
III.i.

Ló-ri- a * laudis ré-sonet in o-re ómni- um Pa-tri

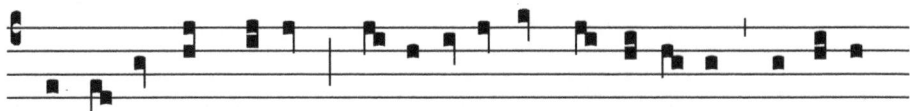

ge-ni-téque Pro-li : Spi- ri-tu- i-sáncto pá-ri- ter re-súltet

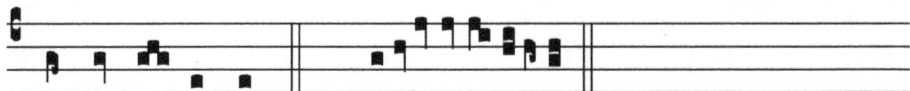

laude pe- rénni. *Ps.* Lauda ánima mea Dóminum. (*cxlv.*) [78].

4. Ant.
IV.i.

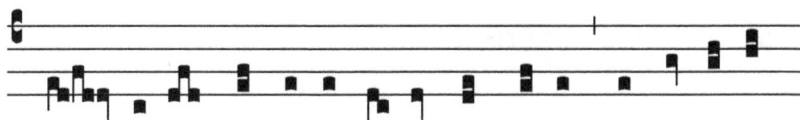

Aus De-o * Pa-tri ge-ni-téque Pro-li : Et ti-bi Sanc-

293

te stú-di- o pe-rén-ni Spí- ri-tus nostro ré-sonet ab o-re

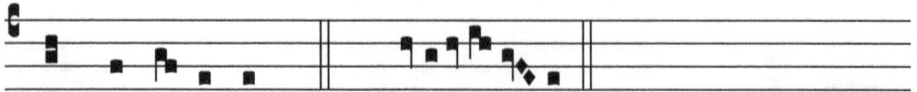

Omne per e-vum. *Ps.* Laudáte Dóminum quóniam bonus.
(*cxlvj.*) [79].

5. Ant.
V.iii.

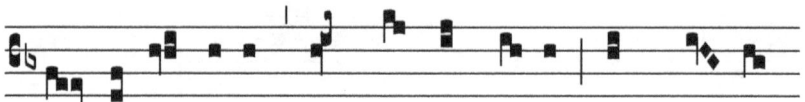

X quo ómni- a * per quem ómni- a : in quo óm-

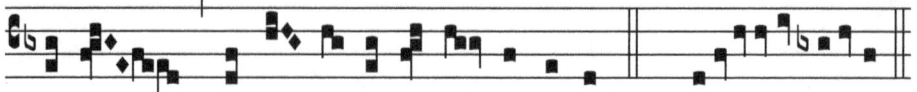

ni- a ipsi gló-ri- a in sé-cu-la. *Ps.* Lauda Hierúsalem.
(*cxlvij.*) [80].

Capitulum. 2. *Cor. xiij.* 13.

GRátia Dómini nostri Jesu
Christi, et cáritas Dei et
communicátio Sancti Spíritus sit

semper cum ómnibus nobis. ℞.
Deo grátias.

Resp.
VI.

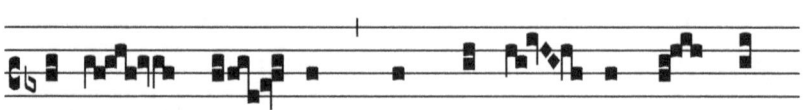

Onor * vir- tus et po-tés- tas et im-

pé- ri- um sit Tri-ni-tá-ti in Uni- tá- te, Uni-tá- ti

294

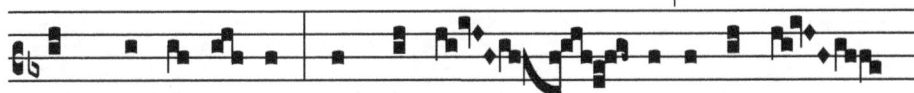

in Tri-ni- tá- te. †In pe-rén- ni se-cu-ló-

rum témpo-re. ℣. Tri-ni-tá- ti lux pe-rén- nis, Uni-

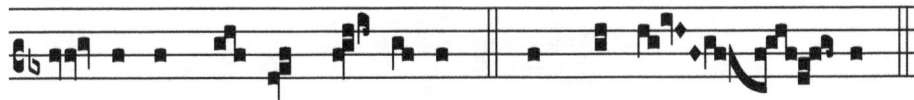

tá- ti sit de- cus pér-pe- tim. †In pe-rén- ni.

℣. Gló-ri- a Pa- tri et Fí-li- o : et Spi-rí- tu- i

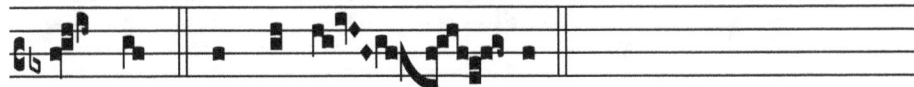

Sanc-to. †In pe-rén- ni.

Hymn. III.

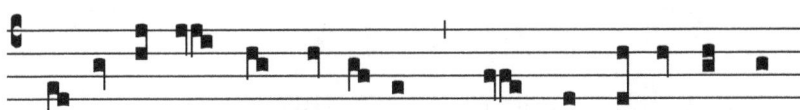

- désto sanc-ta Trí-ni- tas, * Par splendor u-na Dé-

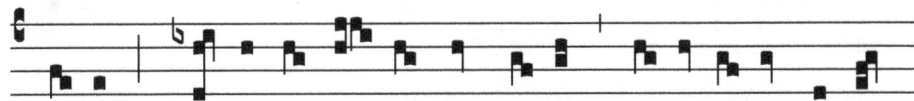

i- tas : Qui extas re- rum ómni- um, Si-ne fi-ne princí-

pi- um. 2. Te ce-ló-rum mi- lí-ti- a, Lau-dat a-dó-rat

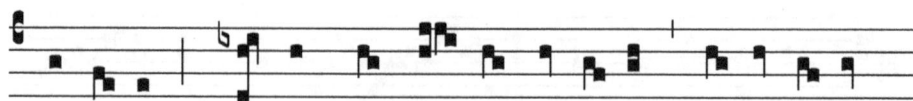

pré-di- cat : Tri-pléxque mun-di máchi-na, Be-ne-dí- cit

per sé-cu- la. 3. Assúmus et nos cérnu- i, Te   a-do-

rántes fámu- li : Vo-ta pre-césque súppli-cum, Hymnis

junge ce-lés-ti- um. 4. U-num te lu-men cré-di-mus, Quod

et ter i-dem có-li-mus : Alpha et oo quem dí-ci-mus, Te

laudat omnis spí- ri- tus. 5. Laus Pa-tri sit   ingé-ni- to,

Laus e-jus Uni-gé-ni- to : Laus sit Sancto Spi- rí-tu- i, Tri-

no De- o et símpli- ci.   Amen.

℣. Benedicámus Patrem et Fílium : cum Sancto Spíritu.

℟. *privatim.* Laudémus et superexaltémus eum in sécula.

Ant.
I.v.

Rá-ti- as ti-bi De- us, * grá- ti- as   ti-bi ve-ra

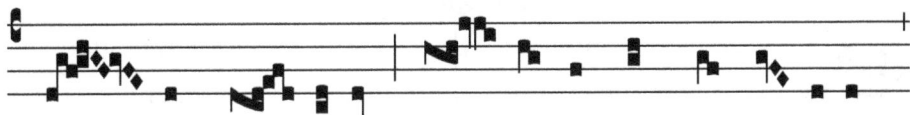

u- na Trí- ni-tas : u- na et summa Dé- i-tas

sanc- ta et u-na Uni-tas. *Ps.* Magníficat. 16*.

Oratio.

Omnípotens sempitérne Deus, qui dedísti fámulis tuis in confessióne vere fídei etérne Trinitátis glóriam agnóscere, et in poténtia majestátis adoráre Unitátem : quésumus, ut ejúsdem fídei firmitáte ab ómnibus semper muniámur advérsis : qui vivis et regnas Deus per ómnia sécula seculórum. ℟. Amen.

❙ *Ad secundas vesperas.*

Ant.
I.vi.

be- á- ta et be-ne-dícta et glo-ri- ó- sa

Trí-ni-tas : Pa- ter et Fí-li- us et Spi- ri- tus-sánctus.

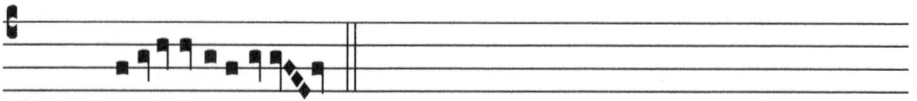

Ps. Dixit Dóminus. (*cix.*) [3].
et ceteri psalmi dominicales.

Capitulum. Ad Rom. xj. 33.

O altitúdo divitiárum sapién-tie et sciéntie Dei : quó-niam ex ipso et per ipsum et in ipso sunt ómnia : ipsi glória in sécula seculórum amen. ℟. Deo grátias.

Resp. VIII.

Ene- di- cámus * Pa-trem et Fí-li- um cum Sancto Spí- ri-tu, laudé- mus et su-per-ex-al- té- mus e- um. †In sé- cu-la.

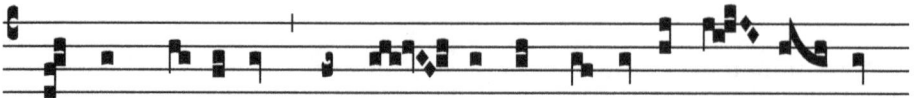

℣. Be-ne-díc-tus es Dómi-ne in firma-mén-to ce- li : et laudá-bi-lis et glo-ri-ó- sus. †In. ℣. Gló-ri- a

Pa-tri et Fí-li- o : et Spi-rí-tu- i Sanc-to. †In.

Hymnus. Adésto sancta Trínitas. 295.

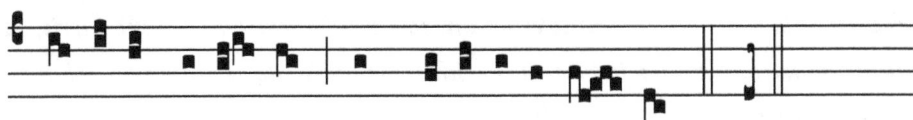

℣. Benedicámus Patrem et Fílium : cum Sancto Spíritu.

℟. *privatim.* Laudémus et superexaltémus eum in sécula.

Ant.
IV.i.

E De-um * Patrem ingé-ni- tum, te Fí-li- um

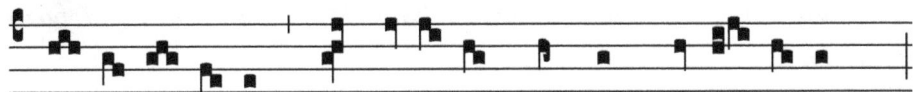

U-ni-gé- ni- tum, te Spí-ri- tum Sanctum Pa-rá- cly-tum :

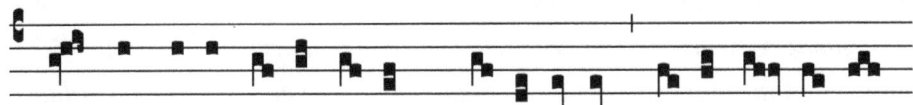

sanc-tam et indi-ví-du- am Tri-ni-tá-tem to-to cor-de et

o-re confi-té- mur, laudá- mus, atque be-ne-dí-ci-mus :

ti-bi gló-ri- a in sé-cu-la. *Ps.* Magníficat. 16*.

Oratio ut supra. 297.

❧ *Quodcunque festum in hac die contigerit, differatur in crastinum si va-*

caverit a festo ix. lectionum licet festum loci vel dedicationis ecclesie fuerit, et tunc erunt vespere de festo : et solennis memoria de Trinitate. Si vero festum sancti Augustini hac die contigerit : differatur in crastinum et ad secundas vesperas de sancta Trinitate fiat solennis memoria de sancto Augustino. Ad has ij. vesperas non solet fieri memoria de festo iij. lectionum sine regimine chori in crastino contingente : nisi festum ix. lectionum ei conjunctum fuerit, tunc de utrisque fiet solennis memoria.

❡ *Ferie post Trinitatem.*

Per tres dies sequentes fiet servitium de Trinitate sine regimine chori usque ad festivitatem Corporis Christi : nisi aliquod festum intercurrat sive ix. lectionum sive iij. vel commemoratio beate Marie sive sancti loci fuerit facienda.

Super ps. Benedíctus. *et* Magníficat. *dicuntur antiphone suo ordine que super psalmos ad primas vesperas dicebantur.* 292.

Quando vero fit plenum servitium de aliquo sancto in his tribus diebus tunc dicuntur ad memoriam de Trinitate antiphone de nocturnis suo ordine.

1. Ant.
I.viii.

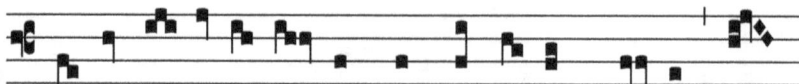

- désto De- us u- nus * omní-po-tens Pa- ter   et

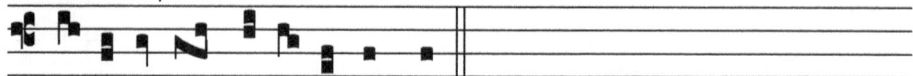

Fí- li- us et Spi-ri- tussánctus.

2. Ant.
II.i.

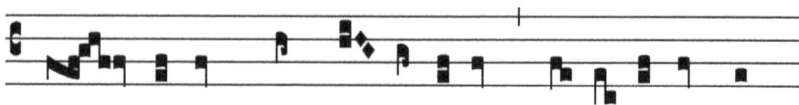

E   Unum * in substánti- a, Tri-ni- tá-tem in

300

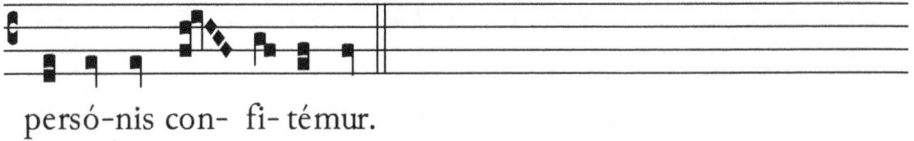

persó-nis con- fi- témur.

3. Ant.
III.iv.

E semper * i-dem esse ví-ve-re,   et intel-lí-ge-re

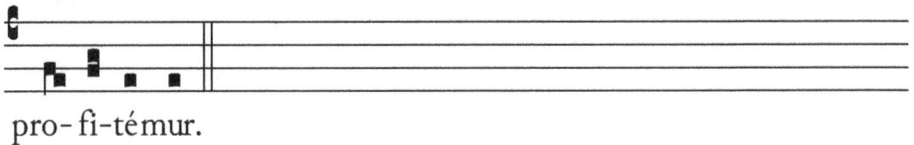

pro- fi-témur.

4. Ant.
IV.i.

E invo-cámus * te a-do-rámus te laudá-mus

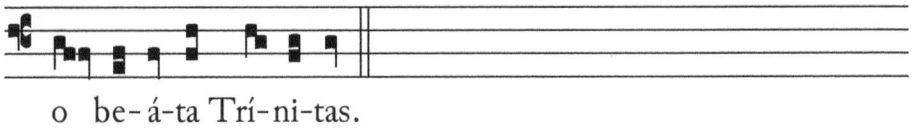

o be- á-ta Trí-ni-tas.

5. Ant.
V.ii.

Pes   nos-tra * sa-   lus nos-tra ho- nor

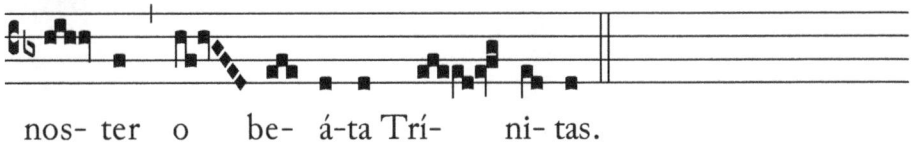

nos- ter o be- á-ta Trí- ni- tas.

Due tamen memorie fiant per hanc ebdomadam, scilicet de sancta Maria et de omnibus sanctis cum antiphona, ℣. et oratione ut in Psalterio patebit.
[37].

Ad vesperas super psalmos antiphona O beáta et benedícta. 297. *psalmi feriales.*

Et dicuntur psalmi feriales quotidie per ebdomadam quando de Trinitate agitur. Capitulum, hymnus et versiculus sicut in die. 298.

In festo Corporis Christi.

Festum majus duplex.

Ad primas vesperas.

1. Ant.
I.ii.

S-A-cérdos in e-tér-num * Christus Dómi-nus se-

cún- dum órdi-nem Melchí-se-dech pa-nem et vi-num

óptu-lit. *Ps.* Dixit Dóminus. (*cix.*) [3].

2. Ant.
II.i.

I-se-rá-tor Dó-mi-nus * escam de-dit timénti-

bus se in me- mó-ri- am su-ó-rum mi-ra-bí-li- um.

Ps. Confitébor. *ij.* (*cx.*) [4].

3. Ant.
III.i.

A- li-cem * sa-lu-tá-ris accí-pi- am et sacri-fi-cá-bo

hós- ti- am laudis. *Ps.* Credídi. (*cxv.*) [18].

4. Ant.
IV.i.

I- cut no-vél-le o-li-vá-rum * ecclé-si- e fí-li- i

sunt in circú- i- tu mense Dó-mi-ni. *Ps.* Beáti omnes. (*cxxvij.*) [50].

5. Ant.
V.i.

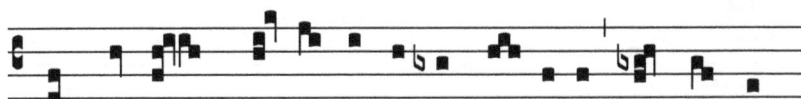

Ui pa-cem * po-nit fi-nes ecclé- si- e fru-mén-ti

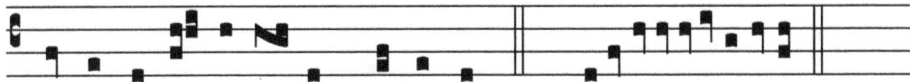

á-di-pe sá- ti- at nos Dómi-nus. *Ps.* Lauda Hierúsalem. (*cxlvij.*)
[80].

Capitulum. 1. *Cor. xj.* 23.

Ominus Jesus in qua nocte tradebátur accépit panem, et grátias agens fregit et dixit : accípite et manducáte, hoc est corpus meum quod pro vobis tradétur. ℟. Deo grátias.

Resp.
V.

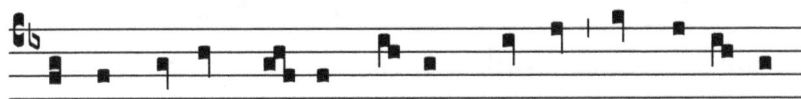

Omo qui-dam fe- cit *ce-nam magnam et mi-sit ser-

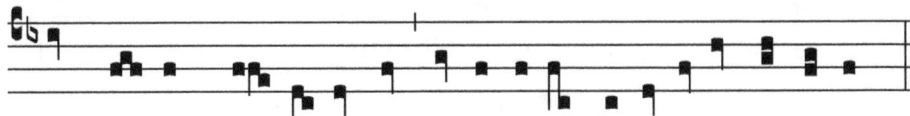

vum su- um ho- ra ce-ne dí-ce-re in-vi-tá-tis ut ve-ní-rent.

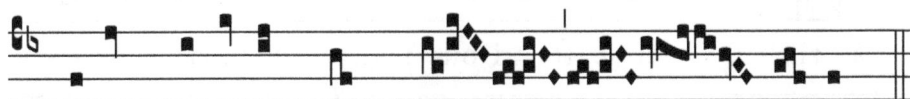

†Qui- a pa-rá-ta sunt óm- ni- a.

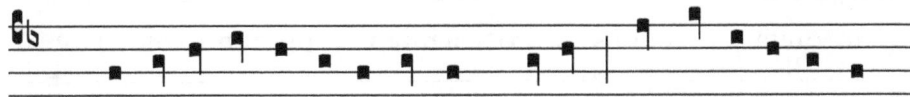

℣. Ve-ní-te comé-di-te pa-nem me- um : et bí-bi-te vi-num

quod míscu- i vo-bis. †Qui- a. ℣. Gló-ri- a Pa-tri et Fí-li- o :

et Spi- rí-tu- i Sancto. †Qui- a.

Hymn.
VII.

Acris so-lénni- is * juncta sint gáu-di- a,   Et ex pre-

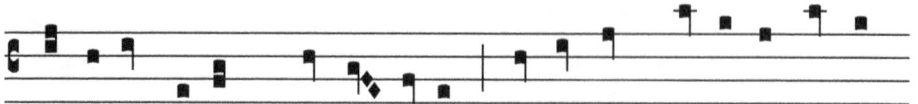

córdi- is sonent pre-có- ni- a : Re-cé-dant vé-te-ra no-va

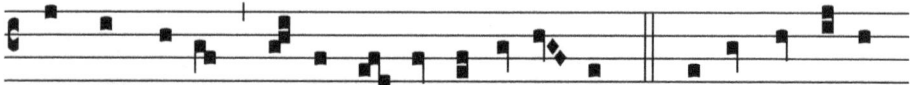

sint ómni- a,   Corda vo- ces et ópe- ra. 2. Noctis re-có-li-

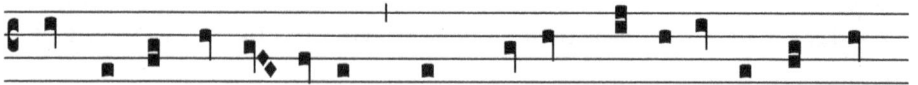

tur ce-na no-vís- sima, Qua Christus cré-di-tur agnum et

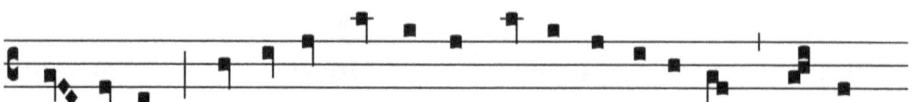

á- zima : De-dísse frá-tri-bus juxta le-gí-tima,   Pris-cis

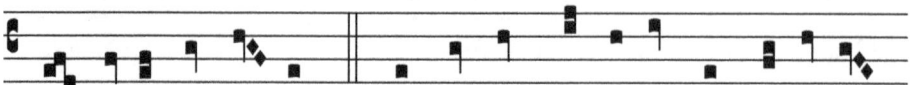

in-dúlta pá-tri- bus. 3. Post agnum tý-pi-cum explé-tis é-

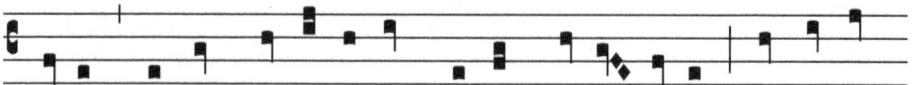

pu-lis, Corpus Domí-ni-cum da-tum discí- pu-lis : Sic to-tum

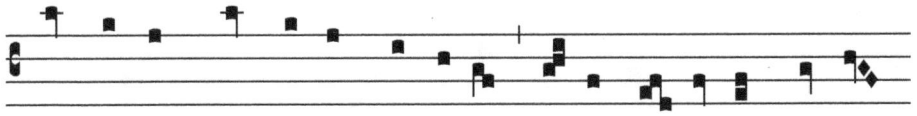

ómni-bus quod to-tum síngu-lis, E-jus fá- temur má-ni-

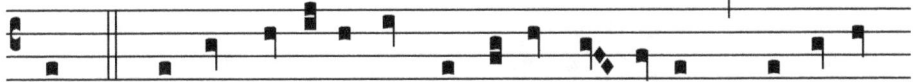

bus. 4. De-dit fra-gí-li-bus córpo-ris fér-cu-lum, De-dit et

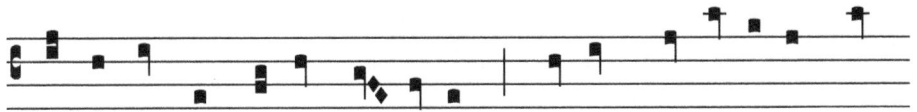

trís-ti-bus sángui-nis pó- cu-lum : Di-cens, Accí-pi-te quod

tra-do váscu-lum, Omnes ex e-o bí-bi- te. 5. Sic sacri-fí-ci-

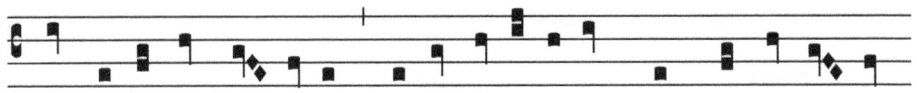

um istud instí- tu- it, Cu-jus offí-ci- um commít-ti vó- lu-

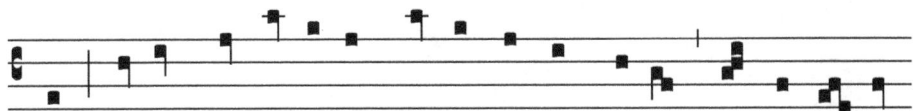

it : So-lis presbý-te-ris qui-bus sic cóngru- it, Ut sumant et

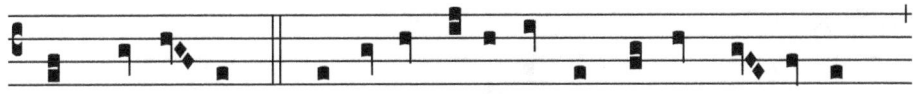

dent cé-te- ris. 6. Pa-nis angé-li-cus fit pa-nis hó-mi-num,

Dat pa-nis cé-li-cus fi-gú-ris tér-mi-num : O res mi-rá-bi-lis

(musical notation)

mandú-cat Dómi-num, Pauper ser-vus et húmi- lis.

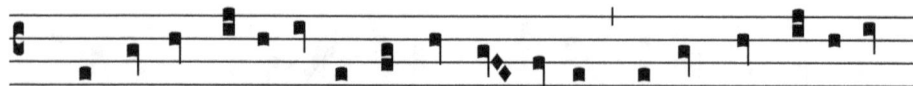

(musical notation)

7. Te tri-na Dé- i-tas ú-naque pós-cimus, Si-cut nos ví-si-tas

(musical notation)

sic te re-có- limus : Per tu- as sémi-tas duc nos quo téndi-

(musical notation)

mus, Ad lu-cem quam inhá-bi- tas. Amen.

℣. Panem de celo prestitísti eis.

℟. *privatim.* Omne delectaméntum in se habéntem.

Ant.
VI.

(musical notation)

quam su- á-vis * est Dó- mi-ne Spí- ri-tus

(musical notation)

tu- us, qui ut dulcé-di-nem tu- am in fí-li-os demon-

(musical notation)

strá- res : pa-ne su-a- vís-simo de ce- lo présti-to

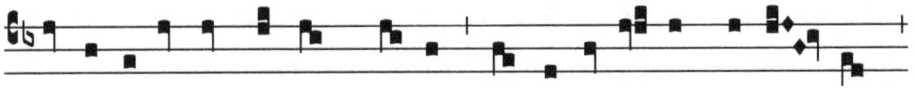

e-su-ri- éntes replens bo-nis fas-ti-di- ó-sos dí-vi- tes

dimít-tens in-á- nes. *Ps.* Magníficat. 16*.

Oratio.

Eus qui nobis sub sacra-ménto mirábili passiónis tue memóriam reliquísti : tríbue quésumus, ita nos córporis et sánguinis tui sacra mystéria ve-nerári, ut redemptiónis tue fructum in nobis júgiter sentiámus. Qui vivis et regnas cum Deo Patre.

❧ *Nulla fiat memoria in audientia : nisi aliquod duplex festum in hac iiij. feria celebratum fuerit : et nisi octave sancte Trinitatis fiant cum regimine chori.*

❧ *Ad secundas vesperas.*

Ant.
I.i.

A-pi- énti- a * e-di-fi-cá-vit si-bi domum :

mís-cu- it vi-num et pó-su- it mensam al-le- lú-ya.

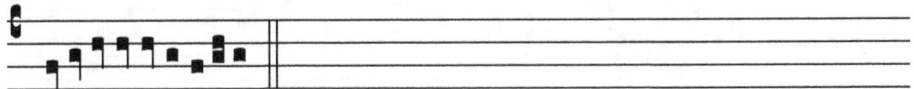

Seculórum amen.

Psalmi feriales : nisi ubi fiunt octave cum regimine chori : tunc enim dicuntur psalmi sicut ad primas vesperas 303. *cum predicta antiphona* Sapiéntia. *ut inferius patet : ubi fiet cum regimine chori infra octavas.*

Capitulum. Dóminus Jesus in qua. 305.

Resp. III.

Espé-xit *He-lý- as ad ca-put su- um subci-

ne-rí-ci- um pa- nem : qui sur-gens comé- dit et

bi- bit. †Et ambu-lá- vit in for-ti- tú-di-ne ci- bi

il-lí- us us- que. ‡Ad mon- tem De- i.

℣. Si quis mandu-cá- ve-rit ex hoc pa-ne

vi-vet in e- tér- num. †Et ambu-lá- vit.

℣. Gló- ri- a Pa-tri et Fí-li- o : et

310

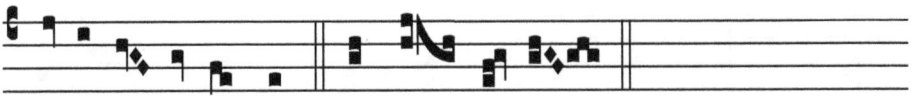

Spi-rí-tu- i Sancto. ‡Ad mon- tem.

Ubi fiant sine regimine chori.

Hymn.
VIII.

VErbum su-pérnum pró-di- ens, * Nec Pa- tris linquens

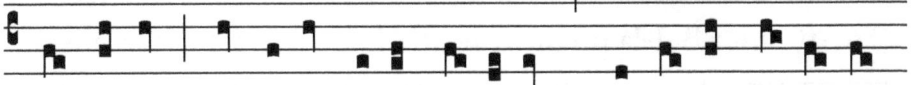

déx-te-ram : Ad opus su-um é-xi- ens, Ve-nit ad vi- te vés-

pe-ram. 2. In mor- tem a dis- cí-pu-lo, Su- is tra-déndus é-

mu-lis : Pri- us in vi-te fér-cu-lo, Se trá-di-dit dis-cí-pu-lis.

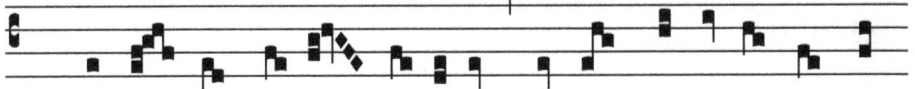

3. Qui-bus sub bi-na spé-ci- e, Carnem de-dit et sángui-

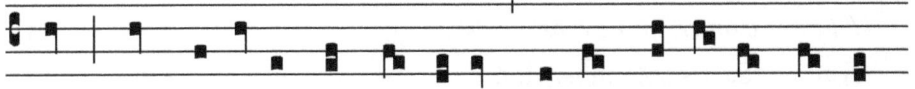

nem : Ut dúpli-cis substán-ti- e, To-tum ci-bá-ret hó-mi-

nem. 4. Se nas- cens de-dit só-ci- um, Convés-cens in e-

dú- li- um : Si mó-ri- ens in pré-ci- um, Se regnans dat in

pré-mi- um. 5. O sa- lu-tá- ris hós-ti- a, Que ce- li pandis

ós-ti- um : Bel-la premunt hostí- li- a, Da ro-bur fer aux-í-

li- um. 6. Gló-ri- a ti-bi Dó-mi-ne, Qui na- tus es de

Vír-gi-ne, Cum Patre et Sancto Spí- ri-tu, In sempi-térna

sé-cu-la. Amen.

℣. Pósuit fines tuos pacem. ℟. *privatim.* Et ádipe fruménti sátiat te.

Ubi fiant cum regimine chori.

Hymnus. Sacris solénniis. 306.

℣. Panem de celo prestitísti eis.

℟. *privatim.* Omne delectaméntum in se habéntem.

Ant.
V.i.

sacrum conví-vi- um * in quo Christus súmi-tur :

re-có-li-tur memó-ri- a passi- ó-nis e-jus, mens implé-tur

grá-ti- a, et fu-tú-re gló-ri- e no-bis pignus da-tur.

Ps. Magníficat. [85].

Oratio. Deus qui nobis. 309.

℟ *Si vero festum sancti Aldelmi in hoc festo contigerit : differatur in sabbatum subsequens et tunc fiet commemoratio beate Marie in iij. feria precedente.*

Si vero festum sancti Barnabe apostoli in festo Corporis Christi evenerit differatur in crastinum et ad ij. vesperas que erunt de Corpore Christi : fiat memoria sub silentio de sancto Barnaba.

Per totas octavas fiat servitium de Corpore Christi sine regimine chori nisi aliquod festum intercurrat et nisi in dominica quando hystoria Deus ómnium. *incipiatur vel commemoratio beate Marie facienda fuerit.*

In sabbato fiat plenum servitium de sancta Maria nisi aliquod festum ix. lectionum impediat : vel festum sanctorum Johannis et Pauli, et nisi ubi fiunt octave cum regimine chori. Et si aliquod festum sanctorum intercurrat idem modus servetur per omnia hic sicut infra octavas sancte Trinitatis : ita quod primo fiat memoria de Corpore Christi : deinde de Trinitate.

313

Quodcunque festum ix. lectionum hac die contigerit : scilicet in festo Corporis Christi differatur usque in crastinum vel ulterius si necesse fuerit ut scilicet quando in crastinum hujus diei sequatur aliquod festum ix. lectionum.

Si hoc festum Corporis Christi in die nativitatis sancti Johannis baptiste forte contigerit, festum sancti Johannis differatur in crastinum : et ad ij. vesperas que erunt de Corpore Christi : fiat solennis memoria de sancto Johanne.   Deinde eat processio ad altare sancti Johannis si habeatur : cantando responsorium Inter natos. *et cetera sicut in festo ejusdem expleantur {132}, et tunc ad ij. vesperas de sancto Johanne fiat memoria de festo sanctorum Johannis et Pauli, et tunc nichil fiat de Corpore Christi per octavas preter memoriam et medias lectiones in dominica de Corpore Christi usque ad octavam diem, et tunc fiat totum servitium de Corpore Christi : et solennis memoria de octavis sancti Johannis baptiste, et ad j. vesperas que erunt de octavis Corpore Christi : fiat solennis memoria de apostolis : videlicet in die commemorationis sancti Pauli : cum antiphona, ℣. et oratione sicut ad ij. vesperas ejusdem et postea fiat solennis memoria de octavis sancti Johannis baptiste.*

Si vero festum sancti Albani martyris in festo Corporis Christi evenerit differatur festum sancti Albani in crastinum, et ad ij. vesperas que erunt de Corpore Christi : fiat sub silentio memoria de sancto Albano et de sancta Etheldreda virgine.   Et tunc ad j. vesperas de sancto Johanne fiat solennis memoria de sancto Albano et de Corpore Christi si fiant octave cum regimine chori : licet festum loci fuerit festum sancti Johannis baptiste. Tamen ubi non fit processio de sancto Johanne : tunc fiat privatim memoria tantum de sancto Albano : nisi octave Corporis Christi fiant cum regimine chori.

Cum vero in vigilia nativitatis sancti Johannis baptiste hoc predictum festum Corporis Christi forte contigerit : ibidem celebretur et tunc nichil fiat de sancta Etheldreda.   Vespere de Corpore Christi fiant : et solennis me-

314

moria de sancto Johanne baptista, et processio ad altare ejusdem si habeatur fiat cum ℟. Inter natos. {132}. *cum* ℣. Glória et honóre coronásti. *et oratione* Sancti Johánnis baptíste. {138}.

Si festum sancti Johannis baptiste in solennitate Corporis Christi contigerit : festum sancti Johannis differatur in crastinum, licet festum loci fuerit : et tunc ad j. vesperas que erunt de sancto Johanne : fiat solennis memoria de festo Corporis Christi tantum.   Et tunc in octavis Corporis Christi fiat solennis memoria de octavis sancti Johannis baptiste ad primas vesperas, et ad matutinas.

❡ *Quotidie per octavas quando agitur de Corpore Christi.*

Super psalmos Benedíctus. *et* Magníficat. *dicantur antiphone suo ordine que ad primas vesperas dicebantur super psalmos* 301. *cum repetitione earundem si necesse fuerit.*

Ad vesperas ant. Sapiéntia. 309.

Psalmi feriales dicantur per octavas nisi octave fiant cum regimine chori : quando de octavis fit servitium.

Capitulum. Dóminus Jesus in qua. 305.

Hymnus. Verbum supérnum. 311.

℣. Pósuit fines tuos pacem. ℟. *privatim.* Et ádipe fruménti sátiat te.

et cetera ut supra. 312.

❡ *Cum vero fit servitium de aliquo sancto vel de beate Marie vel de dominica infra octavas tunc ad memoriam de Corpore Christi dicantur antiphone de nocturnis suo ordine : quibus dictis si necesse fuerit dicantur antiphone de laudibus suo ordine.*

315

1. Ant.
I.v.

Ructum sa-lu- tí-fe-rum *gus- tándum de-dit Dó-mi-

nus mortis su- e témpo-re.

2. Ant.
II.i.

fruc-tu * frumén-ti et vi-ni mul-tipli- cá-ti fi-

dé-les in pa- ce Chris-ti requi- éscunt.

3. Ant.
III.i.

Ommu-ni- óne * cá- li- cis quo De-us ipse súmi-

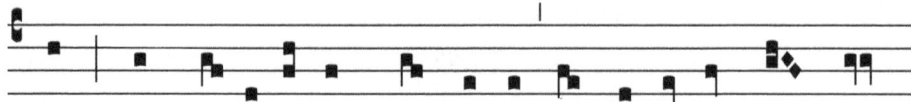

tur : non vi- tu-ló-rum sángui-ne congre-gá-vit nos Dó-

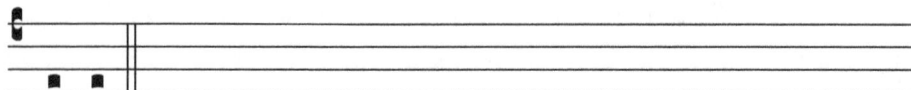

mi-nus.

4. Ant.
IV.i.

Emor sit * Dómi-nus sacri-fí-ci- i nostri : et ho-

lo-cáustum nostrum pingue fi- at.

5. Ant.
V.i.

A-rá- tur * no- bis mensa Dó- mi-ni advérsus

om-nes qui trí-bu- lant nos.

6. Ant.
VI.

N vo-ce * ex-ulta-ti- ó-nis ré-sonent e- pu-

lán-tes in men- sa Dómi-ni.

7. Ant.
VII.i.

Ntro- í-bo * ad al-tá-re De- i : sumam Christum

317

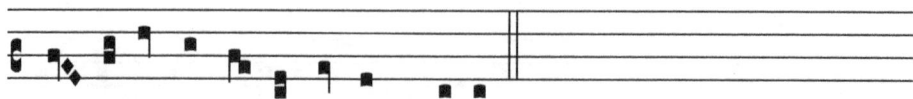

qui réno-vat ju-ventú-tum me- am.

8. Ant. VIII.i.

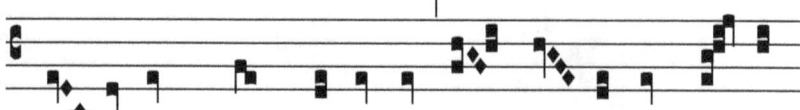

I- bá-vit * nos Dómi-nus ex á- di-pe fru-mén-

ti : et de petra mel- le sa- tu-rá- vit nos.

9. Ant. VI.

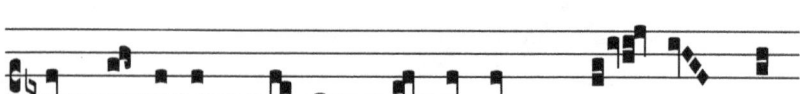

X al-tá-ri * tu- o Dó-mi-ne Chris- tum sú-

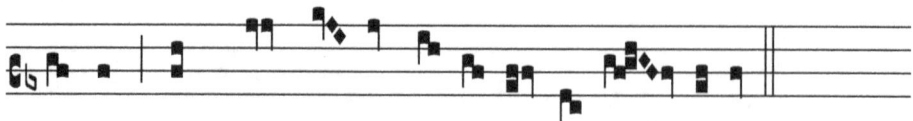

mi-mus : in quem cor et ca-ro nostra ex- últant.

10. Ant. I.i.

A-pi- énti- a * e-di-fi-cá-vit si-bi domum :

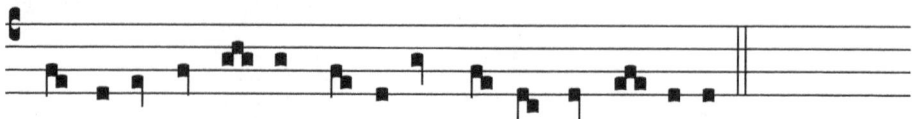

mís-cu- it vi-num et pó-su- it mensam al-le- lú-ya.

11. Ant.
II.i.

A-N- ge-ló-rum * esca nutri- vís-ti pópu- lum tu- um :

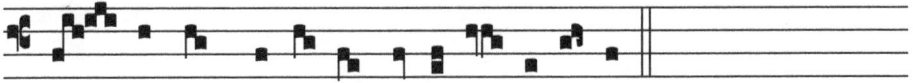

et pa-nem de ce- lo presti-tís- ti il- lis.

12. Ant.
III.ii.

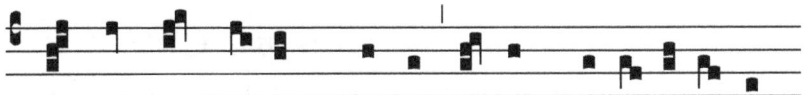

P-Inguis * est pa-nis Chris-ti pre-bens de-lí- ci- as ré-

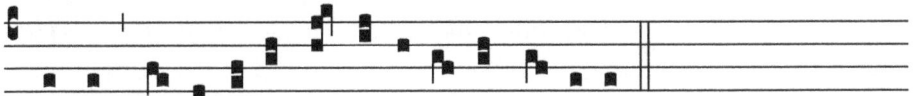

gi-bus al-le-lú-ya, al-le-lú-ya, al-le- lú-ya.

13. Ant.
IV.i.

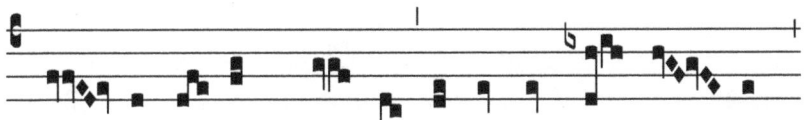

S-A- cerdó- tes * sanc-ti incénsum et pa- nes

óf- fe-runt De- o al- le-lú- ya.

14. Ant.
V.ii.

V-Incénti * da-bo manna abscóndi- tum et nomen

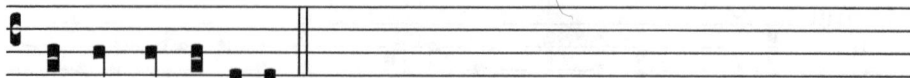

no-vum al-le-lú-ya.

cum hoc ℣. Pósuit fines tuos pacem. ℟. Et ádipe fruménti sátiat te. *tam ad vesperas quam ad matutinas.*

Oratio. Deus qui nobis. 309.

❡ *In octava Corporis Christi.*

Ad primas vesperas super psalmos hec sola dicatur antiphona Sacérdos in etérnum. 303. *Psalmi feriales.*

Capitula et ℟. *et cetera omnia sicut in prima die ad primas vesperas.* 305.

❡ *Ad secundas vesperas omnia fiant sicut in die* 309. *: preter responsorium quod non dicetur.*

U*Bi vero fiunt octave Corporis Christi cum regimine chori : hoc modo fiat servitium. In prima die tam ad vesperas quam ad matutinas et ad alias horas omnia fiant sicut in prima die, ubi octave fiant sine regimine chori : ut predictum est, excepto quod ad ij. vesperas dicuntur psalmi qui ad primas vesperas dicebantur, videlicet, ps.* Dixit Dóminus. (*cix.*) [3]. *ps.* Confitébor. (*cx.*) [4]. *ps.* Crédidi. (*cxv.*) [18]. *ps.* Beáti omnes. (*cxxvij.*) [50]. *ps.* Lauda Hierúsalem. (*cxlvij.*) [80]. *Capitulum.* Dóminus Jesus. 305. *Hymnus.* Sacris solénniis. 306. ℣. Panem de celo. 308.*

De festis vero eodem die varie contingentibus similiter fiat ut ibidem predictum est.

Per totas octavas fiat servitium de Corpore Christi : etiam in dominica nisi festum ix. lectionum intercurrat, vel festum Johannis et Pauli infra octavas evenerit.

❡ *Ad vesperas ant.* Sapiéntia. 309. *ps.* Dixit Dóminus. (*cix.*) [3]. *et ceteri psalmi qui ad primas vesperas dicebantur.* 303.

Cetera omnia tam ad vesperas quam ad completorium : sicut in prima die : preter antiphonam super psalmum Magníficat. *que erit una de predictis per ordinem.*

❡ *Dominica infra octavas si a festo ix. lectionum vacaverit ad primas vesperas omnia fiant sicut in aliis diebus infra octavas preter antiphonam super psalmum* Magníficat. *que erit* O quam suávis. 308. *Nulla fiat memoria de dominica nec de Trinitate : sed neque processio fiet ante crucem : nisi forte in crastino octavarum servitium de sexta feria fuerit faciendum, tunc enim fiat memoria de dominica, de Trinitate et processio ante crucem, et tunc missa dominicalis in dicta vj. feria post octavas dicatur, et tunc responsorium* Deum time. *in illo anno omnino pretermittatur.*

❡ *Ad ij. vesperas omnia fiant sicut in aliis diebus infra octavas preter antiphonam super psalmum* Magníficat. *que erit* O sacrum convívium. 313.

Si vero aliquod duplex festum infra octavas contigerit, vel in octava, totum fiat servitium de festo : et de octavis tantum memoria. Si autem festum ix. lectionum, et minima duplex infra octavas contigerit, etiam in dominica : totum servitium fiat de festo : et de octavis tantum memoria et medie lectiones de festis.

De festis autem trium lectionum, sine regimine chori que infra octavas evenerint : memoria tantum fiat : nisi sint festis ix. lectionum conjuncta : tunc enim fiant memoria et medie lectiones in festis ix. lectionum. Tamen si festum sanctorum Johannis et Pauli infra octavas contigerit : tunc enim totum servitium fiat de festo cum ix. lectionibus propter octavas que sunt cum regimine chori tanquam si in dominica extra octavas contigerit, ne servitii proprietas omittatur. Ita tamen quod medie lectiones fiant de Corpore Christi : et de sancto Johanne baptista memoria tantum.

321

❡ *In octavis omnia fiant ut supra, ubi octave fiunt sine regimine chori : excepto quod si festum simplex ix. lectionum hac die contigerit differatur in crastinum, et ad secundas vesperas de Corpore Christi fiat solennis memoria de festo : nisi forte hujusmodi festum ix. lectionum fuerit : quod secundas vesperas habere non poterit. Similiter fiat de festo ix. lectionum in crastino octavarum contingente. Si vero duplex festum in crastino contigerit : fiat solennis memoria de octavis.*

Cum commemoratio sancti Pauli hac die contigerit differatur in crastinum : et in octava fiat memoria de apostolis ad vesperas cum hac antiphona O Petre pastor. {158}.

❡ *In commemoratione sancti Pauli fiat tantum memoria de octavis sancti Johannis baptiste.*

Si duplex festum in octavis contigerit : totum servitium fiat de festo : et memoria de octavis eo anno. Si festum sanctorum Johannis et Pauli in octava die evenerit fiant medie lectiones de sanctis : laudes vero de sanctis que proprie habentur, eo anno pretermittantur. In crastino vero octavarum fiat tunc commemoratio beate Marie.

❡ *Dominica prima post festum sancte Trinitatis.*

Deus ómnium.

Ad primas vesperas.

Ant. Benedíctus Dóminus Deus. [75].

Ps. Ipsum. (*cxliij.*) [75]. *et cetere antiphone cum suis psalmis ut in Psalterio notantur.*

Capitulum. Benedíctus Deus. [81].

Resp.
II.

E- um ti- me * et mandá-ta e- jus ob- sérva.

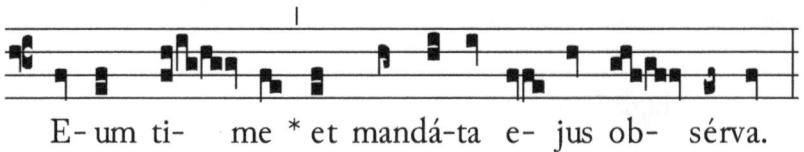

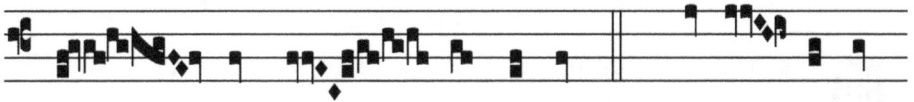

†Hoc est óm- nis homo. ℣. Timén- ti-bus

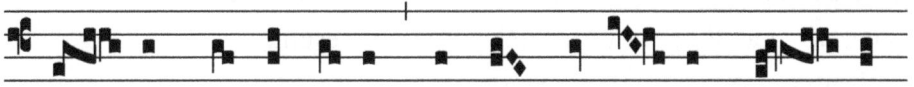

De- um ni-chil de- est nec hiis qui e- um dí- li-

gunt in ve-ri- tá-te. †Hoc. ℣. Gló- ri- a Pa- tri

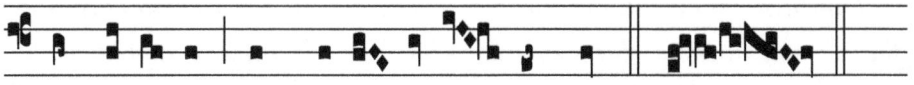

et Fí-li- o : et Spi-rí- tu- i Sancto. †Hoc.

Hoc responsorium dicitur ad has vesperas tantum scilicet in initio hujus hystorie.

Hymnus. O lux beáta Trínitas. [83].

Hic hymnus dicatur ad vesperas omnibus sabbatis usque ad adventum Domini : quando de dominica agitur.

℣. Vespertína orátio : ascéndat ad te Dómine.
℟. *privatim.* Et descéndat super nos misericórdia tua.

Ant.
I.v.

Oque-re * Dó-mi-ne qui- a audit servus tu- us.

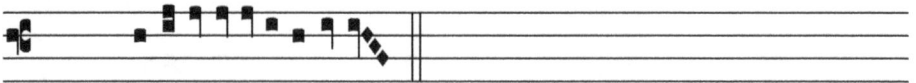

Ps. Magníficat. 16*.

Oratio.

DEus in te sperántium fortitúdo, adésto propícius invocatiónibus nostris : et quia sine te nichil potest mortális infírmitas, presta auxílium grátie tue : ut in exequéndis mandátis tuis : et voluntáte tibi et actióne placeámus. Per Dóminum nostrum Jesum.

Memoria fiat si habeatur proprietas alicujus sancti unde tres lectiones fieri debeant, et postea de Corpore Christi hac die dominica tantum si octave sint sine regimine chori, deinde de Trinitate.

Tamen si festum alicujus sancti ix. lectionum in hoc sabbato celebratum fuerit : tunc in primis fiat memoria de ipso : deinde memorie supradicte.

Ad memoriam de Trinitate dicitur antiphona Spes nostra. [16]. *cum* ℣. Benedicámus Patrem et Fílium cum Sancto Spíritu. [16].

Oratio. Omnípotens sempitérne Deus. [16].

Tunc eat processio ante crucifixum sed sine cruce de quocunque fit servitium : per medium chori nisi duplex festum contigerit in dominica vel in sabbato. Ordinata prius processione ad gradum chori hoc ordine, cum duobus ceroferariis albis tantum indutis, inde thuribulariis in simili habitu deinde puer ferens librum ante sacerdotem in superpellicio, deinde executor officii in simili habitu cum capa serica, post eum vero duo rectores chori in capis sericis : cantando antiphonam in eundo et in introitu chori simul incipient, choro sequente habitu non mutato : juxta ordinem quo disponuntur in choro : et fiat statio ante crucifixum supradicto modo et ordine, cantando unam istarum antiphonarum de cruce per ordinem.

1. Ant.
I.vi.

crux * splendí-di- or cunctis astris mundo

cé-lebris ho-mí-ni-bus multum a-má-bi- lis sáncti- or

u-ni- ver-sis que so-la fu- ís-ti dig-na portá-re ta-

léntum mun-di : dulce lig-num dulces cla- vos dúlci- a

fe-rens pónde-ra, sal-va pre-séntem ca-térvam in tu- is

hó-di- e láudi-bus congre- gá-tam.

2. Ant.
III.i.

crux * glo- ri- ó- sa, O crux a-do-ránda,

O lignum pre-ci- ó- sum Et admi-rá- bi- le

sig-num, Per quod et dy-á- bo- lus

est vic-tus : Et mundus Chris- ti sán- gui- ne re-démp-

tus, al-le- lú- ya.

3. Ant.
VI.

Rux fi-dé- lis * inter ommes Arbor u- na

nó- bi-lis, Nul- la silva ta- lem pro- fert Fronde flo-

re gér- mi-ne : Dulce lignum dulces cla- vos Dúlci- a

fe- rens pón-de-ra, Adsis no-bis custó- di- a Contra

i- nimí- ci já- cu- la.

Post thurificationem crucifixi dicat sacerdos executor officii

℣. Adorámus te Christe et benedícimus tibi.

℟. Quia per crucem tuam redemísti mundum.

Oratio.

DEus qui unigéniti Fílii tui Dómini nostri Jesu Christi precióso sánguine vivífice crucis vexíllum sanctificáre voluísti : concéde quésumus, eos qui ejús- dem sancte crucis gaudent honóre, tua quoque ubíque protectióne gaudére. Per eúndem Christum Dóminum nostrum. ℟. Amen.

❡ *In introitu chori dicatur una ex istis antiphonis de sancta Maria per ordinem.*

1. *Ant.* Beáta Dei génitrix. 413.

2. *Ant.* Ave regína celórum. 412.

3. *Ant.* Alma redemptóris mater. 411.

4. *Ant.* Speciósa facta es. 415.

❡ *Inter octavas assumptionis et nativitatis beate Marie : dicitur una istarum antiphonarum in introitu chori.*

1. Ant.
IV.i.

O-ta pulchra es * amí-ca me-a, et má-cu-la non

est in te : fa-vus dis-tíl-lans lá-bi- a tu- a, mel et lac sub

lingua tu- a, o- dor unguentó-rum tu-ó-rum su-per

ómni- a a-ró-ma-ta : jam e-nim hy- ems trán-si- it, ymber

á- bi- it et re-cés- sit, flo-res appa-ru- é- runt, ví-ne-e flo-

réntes odó-rem de-dé-runt, et vox turtú-ris audí-ta est in

ter-ra nostra, sur- ge própe-ra a-mí-ca me-a, ve- ni de

Li-bá-no, ve-ni co-ro-ná-be-ris.

2. Ant.
VI.

A-scéndit Christus * su-per ce-los : et pre-pa-rá-vit

su-e castíssime ma-tri immorta- li-tá- tis lo- cum,

et hec est il-la preclá-ra festí-vi-tas ómni- um

sanctó-rum festi-vi-tá-ti-bus incompa-rá-bi-lis : in qua

glo-ri- ó-sa et fe- lix mi-rán- ti-bus ce-léstis cú-ri- e

ordí-ni-bus ad ethé-re-um pervé-nit thá-lamum,

quo pi- a su- i mémo-rum ímmemor nequá-

quam ex- ístat.

3. *Ant.* Anima mea liquefáctus est. 412.

329

4. *Ant.* Descéndi in ortum. 414.

℣. Sancta Dei génitrix virgo semper María.
℟. Intercéde pro nobis ad Dóminum Deum nostrum.
et semper cum hac oratione tantum.

Oratio.

Oncéde quésumus miséricors Deus fragilitáti nostre presídium, ut qui sancte Dei genitrícis et vírginis Maríe commemoratiónem ágimus : intercessiónis ejus auxílio a nostris iniquitátibus resurgámus. Per eúndem Dóminum.

❡ *Supradictus ordo antiphonarum, versiculorum et orationem ad processionem tam in eundo quam in introitu chori servetur in sabbatis ad vesperas usque ad adventum Domini quandocunque fit servitium ad vesperas in sabbato sive de dominica agitur sive non nisi quando duplex festum in dominica vel in sabbato contigerit : vel quando missa dominicalis omnino differatur propter prolixitatem temporis ab una dominica usque ad aliam dominicam : tunc nulla fit processio in sabbatis ante crucem. Et nisi per octavas assumptionis et nativitatis beate Marie, tunc enim dicetur in introitu chori de omnibus sanctis sicut ibidem subnotatum est. Tamen quando festum exaltationis sancte crucis in dominica contigerit : eat processio ad primas vesperas, ut patet ibidem.*

❡ *He sequentes antiphone serviunt hystorie* Deus ómnium. *quamdiu durat super psalmum* Magníficat. *in sabbatis : vel ad memoriam de dominica, cum de aliquo festo ix. lectionum fit servitium : nisi in hoc sabbato tantum, tunc enim dicatur.*

1. *Ant.* Loquére Dómine. *ut supra.* 324.

2. Ant.
I.v.

Ogno-vé-runt * omnes a Dan   usque Bersa-bé-

e : quod fi-dé-lis Sámu-el prophé-ta   esset Dómi-ni.

Ps. Magníficat. 16*.

3. Ant.
VIII.i.

Re-vá-lu- it * Da-vid in Phi-listé-um in funda et

lá-pi-de in nómi-ne Dómi-ni. *Ps.* Magníficat. 16*.

4. Ant.
VIII.i.

Onne * iste   est Da-vid de quo ca-né-bant in cho-

ro : di-cén-tes Sa- ul percússit mil-le :   et Da-vid de-cem

mí-li- a in mí-li-bus su- is. *Ps.* Magníficat. 16*.

5. Ant.
VIII.i.

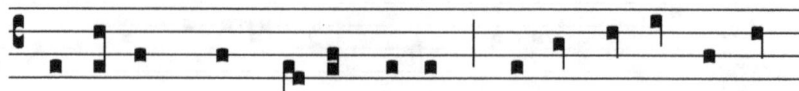

- rá-tus * rex Sa- ul di-xit : michi mil-le de-dé-

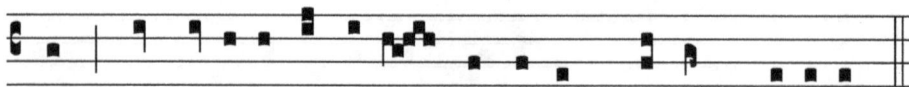

runt : et fí-li- o Y-sá- i   de-dé-runt de-cem mí-li- a.

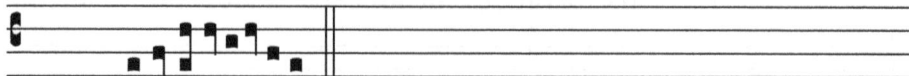

Ps. Magníficat. 16*.

6. Ant.
I.i.

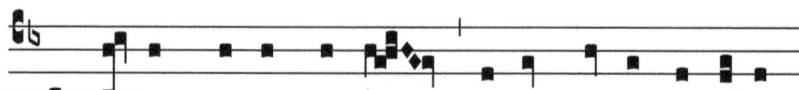

Uis e-nim * in ómni-bus   si-cut Da-vid fi-dé-lis

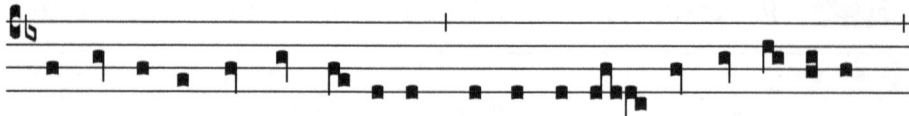

invéntus est in regno, su-o   egré-di- ens   et regré-di- ens

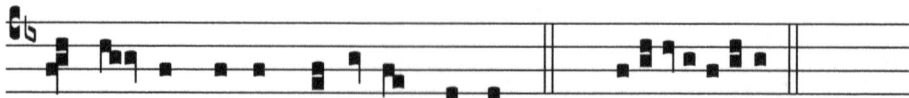

et per-gens ad impé-ri- um re-gis. *Ps.* Magníficat. 16*.

7. Ant.
I.v.

Ontes * Gélbo-e   nec ros nec plú-vi- a vé-ni-

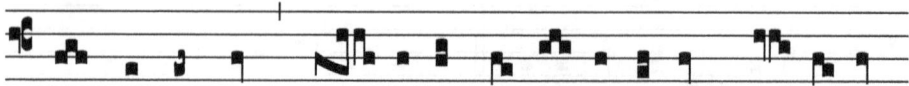

ant su-per vos, qui-   a in te ab-jéctus est clí- pe- us

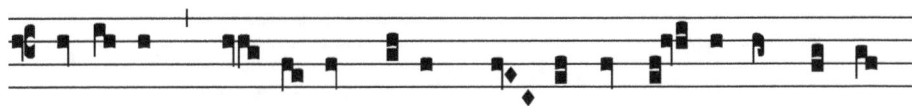

fórti- um, clí- pe- us Sa- ul qua- si non es-set unctus ó-

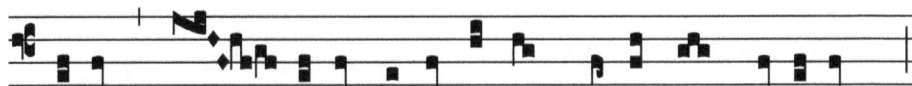

le-o, quó- modo ce-ci-dé-runt fortes in pré-li- o ?

Jó-na-thas in excélsis tu- is inter-féctus est. Sa- ul et

Jó-nathas amá-bi- les et de-có- ri valde in vi- ta su- a :

in morte quoque non sunt se-pa- rá-ti. *Ps.* Magníficat. 16*.

8. Ant.
I.v.

O- le-o * su-per te, fra-ter mi Jó-natha, amá-

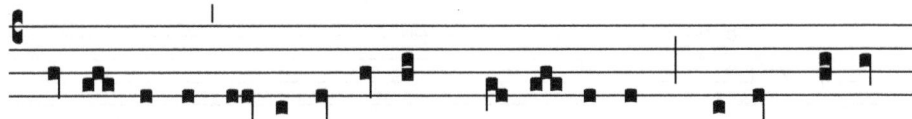

bi-lis valde su-per amó-rem mu- lí- e-rum : si-cut ma-ter

ú-ni-cum amat fí-li- um i-ta te di-li-gé-bam. Sa-gít-ta

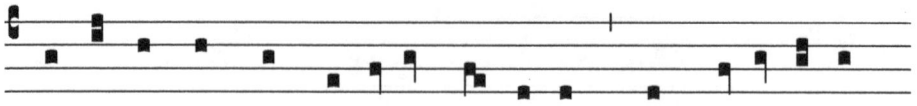

Jó-nathe nunquam á-bi- it re-trórsum nec decli-ná-vit

clí-pe- us e-jus de bel- lo : et hasta e- jus non est a-vérsa.

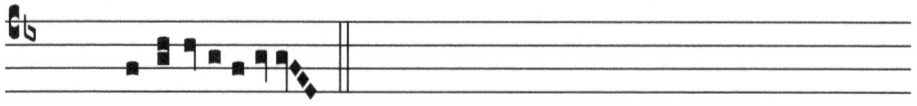

Ps. Magníficat. 16*.

9. Ant.
VIII.i.

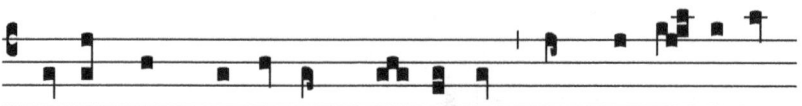

I-xítque * Da-vid ad Dó-mi-num cum vi-dís-set án-

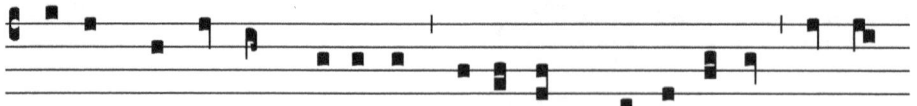

ge-lum ce-déntem pópu-lum, Ego sum qui peccá-vi, e-go

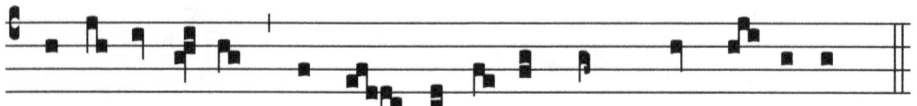

i-níque e-gi, is-ti qui o-ves sunt quid fe- cé-runt.

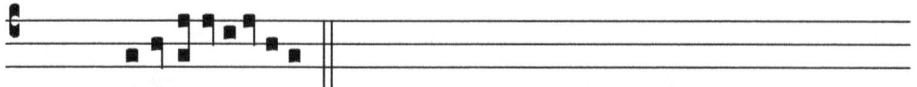

Ps. Magníficat. 16*.

10. Ant.
VIII.i.

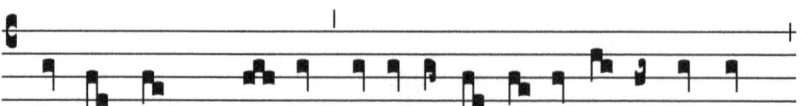

Ex au-tem * Da- vid co-opérto cá-pi-te incé-dens

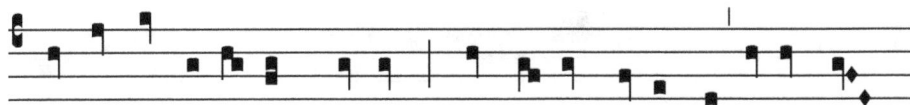

lu-gé-bat fí-li- um di-cens : Absa-lon fí-li mi fi-li mi

Absa- lon, quis mi-chi det ut e-go mó-ri- ar pro te fi-li

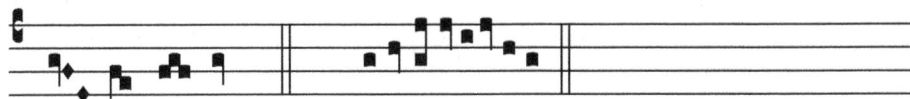

mi Absa- lon ? *Ps.* Magníficat. 16*.

❡ *Quando vero tempus prolixum fuerit : tunc omnes antiphone precedentes suo ordine dicuntur : quando vero breve fuerit, id est octo dominice vel infra : tunc semper dicuntur ultimo he due antiphone,* Montes Gélboe. 332. *et antiphona* Rex autem David. 334. *Et alie antiphone precedentes eo anno pretermittantur.*

❡ *Ad ij. vesperas.*

Ant. Sede a dextris. [3].

Ps. Dixit Dóminus. (*cix.*) [3]. *Et cetere antiphone cum suis psalmis ut in Psalterio notantur.*

Capitulum. Dóminus autem dírigat. [8].

Hymnus. Lucis Créator óptime. [9].

℣. Dirigátur Dómine ad te orátio mea.

℟. *privatim.* Sicut incénsum in conspéctu tuo.

Ant.
VIII.i.

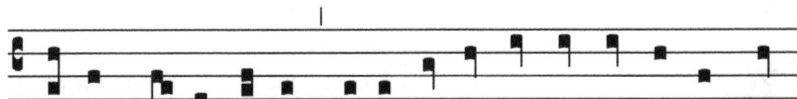

I-li * re-cordá-re qui- a re-ce-pís-ti bo-na in vi-

335

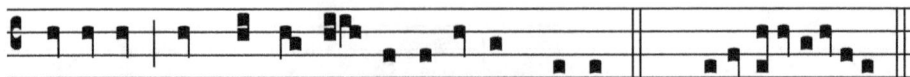

ta tu- a :   et Lá-za- rus simí-li-ter ma-la. *Ps.* Magníficat. 16*.

Oratio. Deus in te sperántium. 324.

Ad has vesperas nulla fiat memoria nisi de octavis Corporis Christi : et nisi infra aliquas octavas contigerit, et nisi festum iij. lectionum in crastino evenerit : tunc enim fiet memoria de ipso festo et de hujusmodi octavis.

❡ *Rubrica magna de dominicis et festivi.*

Si festum novem lectionum in ipsa ij. feria evenerit vel a dominica reservatum propter inchoationem hystorie die lune celebretur tunc vespere in dominica fiant de festo : et memoria de dominica nisi forte ipsa dominica suis primis vesperis caruerit : tunc enim ut communiter dominica suas secundas vesperas habeat.   Similiter fiat de omnibus dominicis usque ad adventum Domini, ut plenius subnotatum est.

❡ *Feria ij. et omnibus feriis usque ad adventum Domini : hymnus ad matutinas et ad laudes et ad vesperas sicut in dominica proxima precedente dicantur tam in dominicis quam in feriis usque ad adventum Domini quando de temporali agitur.*

❡ *Ab hac die usque ad adventum Domini tam in feriis quam in festis iij. lectionum sine regimine chori et in octavis et infra quando chorus non regitur dicuntur hec tres memorie scilicet de cruce, de sancta Maria et de omnibus sanctis. [35].   Cum vero in festo iij. lectionum aliquod festum sanctorum contigerit tunc in primis fiat memoria de sancto et postea memorie ut supradictum est.*

IN sabbato autem per totum hoc tempus plenum servitium in conventu de sancta Maria solet fieri : nisi tale festum intercurrat unde novem lectiones debeant fieri : vel octave cum regimine chori vel festum iij. lectiones

336

sine regimine chori unde propria responsoria vel proprie laudes habeantur : vel festum undecim milium virginum, vel jejunium iiij. temporum, vel vigilie sanctorum impedierint. Cum autem in ipso sabbato propter predicta impedimenta servitium de sancta Maria fieri non poterit : tunc in aliqua feria ipsius ebdomade fiet : ubi convenientius fieri poterit : ubi potest habere suas j. vesperas si fieri poterit. Ita tamen quod quando fit plenum servitium de sancta Maria in die lune vel in crastino alicujus sancti ix. lectionum vel trium lectionum cum regimine chori, tunc erunt vespere de sancta Maria : et solennis memoria de festo vel de dominica : nisi forte ipsa dominica vel festum : suis primis vesperis caruerit : tunc fiant vespere de festo vel de dominica, et solennis memoria de sancta Maria cum hac antiphona, Sub tuam protectiónem. [106]. *Tamen in octavis epyphanie, ascensionis Domini, et in consimilibus : dicantur ij. vespere de octavis ut supra notatum est in octavis epyphanie post ij. vesperas. Et cum fuerit festum alicujus sancti vel octave iij. lectionum sine regimine chori et plenum servitium de sancta Maria fuerit dicendum : tunc de festo vel de octavis sine regimine chori fiat tantum memoria.*

❡ *Quod si per totam estatem sive in sabbato sive aliqua feria totius ebdomade, ix. lectiones fiant nulla tunc necque ad vesperas necque ad matutinas fiet memoria, nisi in ipso die aliquod festum sanctorum trium lectionum ibidem evenerit, ut in festo sancte Marie Magdalene fiat memoria de sancto Wrandragesillo. In festo sancti Jacobi fiat memoria de martyribus Christoforo et Cucufato, et in consimilibus, et in festis ix. lectionum que contingunt infra octavas sanctorum : tunc enim fiet memoria de octavis, nisi in duplici festo : tunc enim nulla fiet memoria de octavis, nisi octave fiant cum regimine chori : ut inferius subnotatum est. Sed post vesperas de die ad vesperas de sancta Maria : et post matutinas de die ad matutinas de sancta Maria : fiant memorie de Sancto Spiritu, de festo loci, de reliquiis, de omnibus sanctis, et de pace : ut supra dictum est in prima dominica adventus Domini.*

❡ *Quod si a festo sancte Trinitatis usque ad adventum Domini aliquod duplex festum in dominica evenerit, totum servitium fiat de festo et nichil de dominica : nisi forte missa dominicalis in ipsa dominica vel in eadem ebdomada de necessitate cantanda fuerit : tunc enim ad utrasque vesperas et ad matutinas fiant memorie sub silentio de dominica et de sancta Trinitate : videlicet ad primas vesperas : et ad matutinas similiter privatim. Processio tamen usque ad crucem sive fiant memorie supradicte sive non omnino differatur in festis duplicibus.*

Tamen si festum exaltationis sancte crucis in dominica contigerit, tunc ad primas vesperas dum dicitur primum Benedicámus. *fiat memoria sub silentio de dominica et de sancta Trinitate : et solennis memoria de martyribus : et postea fiat processio ante crucem ut notatum est in festo exaltationis sancte crucis {326}, cum missa dominicali in capitulo ad quam fiet memoria de Trinitate et de omnibus sanctis tantum. Ad secundas vesperas de cruce fiat memoria sub silentio de dominica et de sancto Nichomede martyre, et solennis memoria de octavis. Si vero in ij. feria hoc festum exaltationis sancte crucis contigerit fiat memoria de dominica sub silentio dum dicitur primum* Benedicámus. *et solennis memoria de martyribus : et postea fiat processio ante crucem quacunque die contigerit.*

❡ *Notandum est quod in duplicibus autem festis sanctorum que habent memorias illis annexas sicut in festis sanctorum Jacobi apostoli, Bartholomei apostoli, sancti Augustini doctoris, et sancti Mathei apostoli et Luce evangeliste et consimilibus fiant ille memorie solenniter in audientia nec omittantur secreta et postcommunio de sanctis que in missis intitulantur. Tamen quando hujusmodi duplicia festa in dominicis celebrantur, tunc memorie sanctorum adjuncte cum memoriis de dominica et de Trinitate fiant sub silentio : et nulla fiet processio ante crucem : et si missa dominicalis dicitur in capitulo in illis festis duplicibus predictis : tunc non dicuntur memorie de sanctis ad missam in capitulo sed ad magnam missam dicuntur memorie de sanctis illis annexis. Et si missa dominicalis non dicitur in*

338

capitulo : tamen dicantur semper memorie de sanctis festis illis annexis ad missam de festo, sive dominica fuerit sive non.

❡ *In festo sancti Augustini doctoris fiat solennis memoria de sancto Johanne baptista, et de sancta Sabina, ad ij. vesperas de sancto Augustino. Si vero sancti Augustini doctoris festum in sabbato contigerit ad ij. vesperas ejusdem privatim fiet memoria de dominica et de Trinitate : et solennis memoria de sancto Johanne baptista et de sancta Sabina. Eodem modo fiet scilicet tam de memoria dominicali : quam de sancto Johanne baptista et de sancta Sabina quando in dominica idem festum contigerit.*

Ad vesperas in sabbatis quando fit memoria de sancta Trinitate semper dicitur antiphona Spes nostra. [16].

℣. Benedicámus Patrem et Fílium : cum Sancto Spíritu.

℟. Laudémus et superexaltémus eum in sécula.

Oratio. Omnípotens sempitérne Deus qui dedísti. [16].

Et quotienscunque in sabbato ad vesperas vel in dominica ad matutinas per predictum tempus dicitur memoria de dominica : dicetur etiam memoria de Trinitate cum antiphonis, ℣. et oratione supradictis.

❡ *Si festum duplex in sabbato contigerit fiat memoria de dominica et de Trinitate sub silentio et nulla processio ant crucem.*

❡ *Ad ij. vesperas festorum purificatione et nativitatis beate Marie, et dominice in albis, et sancte Trinitatis, et Corporis Christi, et dedicationis ecclesie : nulla omnino fiat memoria de festo iij. lectiones sine regimine chori in crastino contingente nisi festum ix. lectionum conjunctum fuerit, tunc de utrisque sub silentio fiet memoria sicut in festo apostolorum Petri et Pauli nulla fiet memoria de octavis sancti Johannis baptista, nisi fiant octave cum regimine chori, neque solet de sancta Trinitate fieri memoria in festo Corporis Christi, nisi ubi fiant octave cum regimine chori de sancta Trinitate, tunc enim fiat solennis memoria de octavis licet festum loci fuerit*

339

ipso die : nec in nativitate sancti Johannis baptiste fiet memoria de octavis Corporis Christi, nisi octave fiant cum regimine chori.

Memoria de duplicibus festis et de aliis festis et de octavis cum regimine chori et de commemoratione beate Marie et de festo loci, etiam in festis duplicibus erunt memorie solennes.

❦ *Si vero festum simplex ix. lectionum alicujus sancti et minime duplex in dominica infra predictum tempus evenerit et hystoria inchoanda fuerit in ipsa dominica, festum differatur usque in crastinum nisi sit festum sancti Petri ad vincula, aut decollatione sancti Johannis baptiste : pro quibus solet in choro Sarisburiensi differri hystoria inchoanda si contigerit, et nisi sit tale festum ix. lectionum quod in crastino sequatur aliud festum ix. lectionum et nisi sint octave cum regimine chori que solent in dominica infra octavas plenarie suum servitium habere.*

❦ *Si vero festum ix. lectionum et inchoatio hystorie in aliqua dominica infra octavas cum regimine chori simul concurrant, fiat servitium de festo, et memoria de octavis et hystoria, et de ceteris que pertinent.*

❦ *Cum itaque ob aliquam causarum predictarum aliqua hystoria in sua dominica cum suis responsoriis inchoari non poterit, tunc per ebdomadam si ferie vacaverint incipiatur. Si vero nulla feria vacaverit et hystoria duratura fuerit plusquam per septimanam : tunc differatur usque ad proximam dominicam vel ebdomadam sequentem : veruntamen si hystoria duratura non fuerit nisi per unam ebdomadam tantum : tunc est necesse in tribus mediis feriis per ebdomadam ut tota cantetur hystoria et expositio evangelii et responsoria ferialia eo anno non dicantur preter unum responsorium feriale quod dicetur in ultima feria loco ix. ℞. Ita tamen quod si aliquod festum trium lectionum ibidem contigerit : in illo anno omnino preter-mittatur.*

❦ *Quando autem simplex festum ix. lectionum alicujus sancti ix. lectionum in dominica celebratur : et si eodem die aliquod festum trium lectionum vel octave sine regimine chori evenerit, tunc in primis fiet memoria de festo sive de octavis ad primas vesperas et ad matutinas, deinde de dominica et de sancta Trinitate, et processio fiat semper ante crucem nisi missa dominicalis in ipsa ebdomada omnino debeat differi : et nisi in duplicibus festis tunc enim nulla fiat processio in sabbato nisi in festo exaltationis sancte crucis. Si aliquod festum duplex per ibidem tempus in sabbato contigerit fiet memoria de dominica et de sancta Trinitate sub silentio : sive nova hystoria inchoanda fuerit sive non, sed nulla fiat processio ante crucem. Si vero festum sancti Jacobi aut festum sancti Bartholomei apostoli et similia in ij. feria contigerint fiant ille memorie illis festis annexe solenniter ut predictum est : et memoria de dominica sub silentio.*

Quod si festum simplex ix. lectionum in sabbato celebretur tunc ad primas vesperas de dominica in ipso sabbato fiet in primis memoria de festo ix. lectionum et postea de festo alicujus sancti trium lectionum si habeatur in crastino deinde de octava sine regimine chori : si habeatur : deinde de sancta Trinitate.

Si vero tale festum simplex ix. lectionum in die lune celebretur : et in eodem die aliud festum iij. lectionum vel octava ut prediximus evenerit : tunc ad vesperas in dominica in primis fiet memoria de festo trium lectionum, deinde de octava sine regimine chori si habeatur : et postea de dominica tantum. Hoc enim in omnibus dominicis hujus temporis observetur : nisi in festis duplicibus sese invicem concomitantibus : scilicet quod quando memoria de dominica ad utrasque vesperas et ad matutinas fit tunc dicitur memoria de sancta Trinitate ad primas vesperas et ad matutinas, et processio fiat ad primas vesperas ante crucem : nisi in festis duplicibus in sabbatis vel in dominicis contingentibus : tunc nulla fiat processio ante crucem et missa dominicalis in ipsa dominica cantanda dicitur in aliqua feria per ebdomadam si vacaverit, vel in dominica missa dicitur in capitulo : si nulla feria vacaverit. Quod si contingat nullam per ebdomadam totam de missa dominicali mentionem fieri et tempus prolixum fuerit, videlicet die dominica non in capitulo propter duplicia festa nec in feriis per ebdomadam propter festum ix. lectionum, vel iij. lectionum, vel octavas sanctorum cum regimine chori : et tempus prolixum fuerit, tunc in dominica precdente predicte memorie, scilicet de dominica et de Trinitate, et processio ante crucem ad primas vesperas differantur. Tamen si tempus breve fuerit tunc in dominica dicitur missa dominicalis in capitulo : vel per ebdomadam in aliqua feria cum fuerint octave cum regimine chori, et fiat memoria ad vesperas et ad matutinas de ipsa dominica et de sancta Trinitate, et processio ante crucem. Tamen si aliquod festum simplex ix. lectionum vel octave cum regimine chori in dominica contigerint et per ebdomadam sequentem nulla feria ad hoc vacaverit : et tempus breve fuerit, tunc in dominica dicitur missa dominicalis in capitulo et fiat memoria ad vesperas et ad matutinas de ipsa dominica et de sancta Trinitate, et processio ante crucem. Similiter fiat in exaltatione sancte crucis quandocunque in dominica contigerit licet duplex festum fuerit. Si aliquod festum duplex per hoc idem tempus in sabbato contigerit : nulla fiet tunc processio ad secundas vesperas ante crucem que erunt de festo, neque memoria in audientia de dominica nec de Trinitate sed sub silentio sive nova hystoria inchoanda fuerit sive non : nisi in exaltatione sanctc crucis, tunc enim fiet solennis memoria de octavis nativitatis beate Marie : et dicuntur memorie sub silentio : scilicet de sancto Nichomede martyre et de dominica, et de Trinitate : sed nulla processio ante crucem fiat. Et quotienscunque ad vesperas in sabbato vel in dominica ad matutinas per predictum tempus dicitur memoria de dominica : dicitur etiam memoria de Trinitate.

⁋ Et notandum est quod quando festum simplex ix. lectionum propter inchoationem hystorie a dominica differtur in secundam feriam : et eidem festo aliquod festum iij. lectionum conjunctum fuerit : festum iij. lectionum non debet differri, sed in ipsa dominica fiat solennis memoria de eo ad vesperas et ad matutinas ut supra diximus et medie lectiones si proprie habeantur : sin autem tantum memoria, tamen si illa hystoria duratura non fuerit ita quod responsoria de ij. nocturno non possunt cantari in dominicis

342

nec in feriis : tunc non fient medie lectiones de sancto in prima dominica in qua inchoatur hystoria sed in dominica tota cantetur hystoria dominicalis : et tantum memoria ad primas vesperas et ad matutinas et ad missam in dominica de festo iij. lectionum. Quod in omnibus dominicis hujus temporis in quibus incipiende sunt hystorie observetur. Tamen si per totum tempus quo hystoria durat, locus non vacet responsoriis de ij. nocturno dominicalis hystorie ita quod non possunt in dominicis vel in feriis cantari : tunc in dominica in qua inchoetur hystoria nulle fiant medie lectiones de hujusmodi festis : sive proprie lectiones habeantur sive non sed tantum memoria de festo iij. lectionum ad primas vesperas et ad matutinas et ad missam de dominica : que precedet memoriam de sancta Trinitate : quod etiam observetur in omnibus dominicis hujus temporis in quibus incipiende sunt hystorie.

℩ *In mediis dominicis quando de dominica agitur : quodcunque festum iij. lectionum vel octave sine regimine chori contigerint, semper memoria de eo fiat. Tamen si illa hystoria duratura fuerit per octo dominicas vel per quatuor dominicas : et si aliqua dominica vacaverit tunc fiat memoria quodcunque festum iij. lectionum ibidem contigerit, tamen in prima dominica in qua inchoetur hystoria nova fiat tantum memoria de festo iij. lectionum nisi proprie lectiones habeantur.*

℩ *Quando vero simplex festum ix. lectionum propter inchoationem hystorie a dominica differtur in secundam feriam : et in eadem secunda feria festum iij. lectionum evenerit : fiat inde memoria.*

℩ *Cum autem festum simplex ix. lectionum infra hoc predictum tempus in sabbato celebretur : et in vj. feria proxima precedente vespere de illo propter aliquod festum ix. lectionum fieri non poterint : tunc in sabbato vespere de eo fiant sive nova hystoria inchoanda fuerit sive non et memoria de dominca et de sancta Trinitate : et processio ut predictum est. Alie tamen vespere erunt de dominica : et memoria de festo.*

℩ *Hoc enim generaliter observetur per totum annum : ut quodlibet festum ix. lectionum vel trium lectionum cum regimine chori : et omnis dies dominica unas ad minus habeat vesperas : nisi aliquod duplex festum impedierit : ut in vj. die a nativitate Domini vel si dies dominicus in vigilia epyphanie evenerit vel si festum apostolorum Philippi et Jacobi in sabbato contigerit : tunc in ipso sabbato erunt vespere de apostolis : et in dominica sequente erunt vespere de inventione sancte crucis : et tunc dies dominica nullas habeat vesperas. Similiter fiat quando octave assumptionis beate Marie in sabbato contigerint, tunc in ipso sabbato erunt vespere de octavis et in dominica erunt vespere de sancto Bartholomeo : et sic fiat in consimilibus.*

❡ *Quando vero duplex festum in sabbato evenerit et festum simplex ix. lectionum in ij. feria sequenti, et aliud festum duplex in tertia proxima sequenti tunc in dominica erunt vespere de festo novem lectionum et sic dominica carebit utrisque vesperis. Similiter est de festo sancti Gregorii in octavis pasche. Et etiam quando festum sancti Aldelmi episcopi in crastino ascensionis Domini vel sancte Trinitatis vel Corporis Christi forte contigerit, tunc festum utrisque carebit vesperis : et sic fiat de ceteris festis simplicibus novem lectionum que inter duo festa duplicia contingunt : que omnino careant suis utrisque vesperis. Et sic nota quod omnes dominice et non alia festa omnino careant utrisque vesperis : nisi quando festum simplex novem lectionum vel iij. lectionum cum regimine chori inter duo festa duplicia evenerit, ut prediximus. Nam in omnibus festis duplicibus per totum annum, erunt prime vespere et secunde de ipso festo nisi aliud festum duplex impediat, ut in ebdomada nativitatis Domini et in consimilibus : et nisi in festo sancti Andree apostoli quando in sabbato ante primam dominicam adventus Domini contigerit : et nisi in festis duplicibus contingentibus in sabbatis passionis et ramispalmarum, et quarta feria proxima ante pascha : que tantum habebunt primas vesperas ut ibidem supra notatum est : licet festum loci vel dedicationis ecclesie fuerit. Si vero festum loci in festo sancte Trinitatis forte contigerit : festum loci differatur in crastinum si vacaverit a festo ix. lectionum et erunt vespere de festo loci : et solennis memoria de*

344

sancta Trinitate : similiter fiat de consimilibus : ut subnotatum est in dedicatione ecclesie.

❡ *Et notandum est quod in octavis cum regimine chori videlicet epyphanie, ascensionis Domini, et Corporis Christi ubi fuerint octave cum regimine chori, visitatione, assumptionis, et nativitatis beate Marie et dedicationis ecclesie : semper erunt secunde vespere de octavis et tantum memoria de festo vel de dominica in crastino sequente : nisi quando duplex festum in crastino vel in octavis contigerit : vel tale festum ix. lectionum fuerit : quod secundas vesperas habere non potent. Eodem modo fiat de octavis dedicationis ecclesie : scilicet quando octave fuerint cum regimine chori ut subnotatum est ibidem. Et quando fit commemoratio beate Marie vel de festo loci in crastino alicujus sancti ix. lectionum vel trium lectionum cum regimine chori : de quo prime vespere non dicebantur : tunc fiat solennis memoria tantum de hujusmodi commemoratione. Sed quando commemoratio beate Marie vel de festo loci fit in secunda feria : tunc enim dicantur vespere de hujusmodi commemoratione et memoria de dominica : nisi quando prime vespere non dicebantur de dominica : tunc enim fiat memoria de hujusmodi commemoratione. Si vero festum sancte Marie Magdalene : vel sancte Margarete, vel sancti Laurentii, vel sancti Martini episcopi, vel sancte Katherine evenerit in dominica : dictis consuetis memoriis, primo, processio fiat ad altare eorundem : deinde ad crucem.*

❡ *Sciendum est quod due sunt cause que cogunt missam dominicalem : ab una dominica ad aliam dominicam omnino differri : scilicet prolixitas temporis et eventus assumptionis, et nativitatis beate Marie vel dedicationis ecclesie in dominica.*

Quotienscunque assumptio vel nativitas beate Marie : vel dedicatio ecclesie in dominica contigerit, de necessitate oportet ut eo anno propter octavas que sunt cum regimine chori : ut una missa dominicalis vel due differantur ab una dominica ad aliam sive breve fuerit tempus sive prolixum : scilicet continens dominicas xxiiij. vel xxv. vel plures. Item quotienscunque ab inceptione hystorie Deus ómnium. *usque ad adventum Domini continentur dominice xxvj. vel xxvij. tunc enim de nativitas oportet ex necessitate ut una vel due misse dominicales ubicunque convenientius differri potuerint differantur : ut patet inferius. Si fuerint dominice xxvj. tunc infra octavas predictarum festivitatum beate Marie vel dedicationis ecclesie una differatur. Si vero fuerint dominice xxvij. tunc due differantur : utraque si fieri potest infra predictas octavas. Et si ibidem non possit nisi una missa differri : tantum tunc ubicunque alibi poterit convenientius differri, differatur sive per octavas sancti Johannis baptiste : vel apostolorum Petri et Pauli, vel sancti Laurentii, vel sancti Martini quod utique fieri non potest : nisi quando festa illorum in dominica contingunt. Tamen quando nativitas sancti Johannis baptiste in vj. feria contigerit, et festum sanctorum Johannis et Pauli in dominica evenerit : tunc poterit ibi una missa dominicalis differri : quoniam tota sequens ebdomada in octavis vel in festis sanctorum que ibidem contingunt poterit expendi vel si octave sancti Laurentii in dominica contigerint tunc ibidem una missa dominicalis differatur : et missa de octavis sancti Laurentii in capitulo dicetur : sicut ibidem subnotatum est.*

℣ *Similiter extra chorum Sarum ubi dicitur servitium in ebdomada de festo loci : potest alia missa dominicalis differri infra octavas Corporis Christi dicendo in crastino octavarum de festo loci vel ultima ebdomada dicendo de feriali servitio in sexta feria cum oratione precedentis dominice : et missa de cruce. Cum autem xxvij. dominice fuerint et littera dominicalis* 𝕯. *tunc una missa dominicalis infra octavas assumptionis et altera infra octavas dedicationis ecclesie Sarum differatur ut videlicet si festum sancti Hieronymi sit in crastino octavarum dedicationis translatum quod fuit anno Domini millesimo ccc. lxxxiij.*

℣ *Quod si fuerint xxv. dominice vel infra tunc missa dominicalis in capitulo dicitur : et missa de octavis sancti Laurentii si dominica fuerit in illo anno omnino pretermittatur vel dicatur in capitulo ipse die, et missa dominicalis in vigilia sancti Bartholomei dicatur.*

Si fuerint dominice xxv. vel infra : tunc nulla omnino differatur missa dominicalis : nisi forte alterutra festivitas : scilicet assumptionis vel nativitatis beate Marie vel dedicationis ecclesie ut prediximus in dominica evenerit.

℟ *Cum autem xxv. dominice fuerint vel infra : et festa sancti Johannis baptiste vel apostolorum Petri et Pauli in dominica contigerint, totum fiat servitium de festo : et missa dominicalis in aliqua feria infra octavas que a festo vacaverit cantetur pro magna missa illius diei.*

Si vero commemoratio sancti Pauli vel festum sancti Laurentii, vel festum sancti Martini in dominica evenerit totum fiat servitium de festo cum missa dominicali in capitulo.

℟ *Cum vero fuerint xxij. dominice et littera dominicalis* ℭ. *tunc oportet unam missam dominicalem differri propter festum assumptionis beate Marie et duas missas que propria habent officia, ultima ebdomada in quarta vel in sexta feria cantari oportet et matutine de festo iij. lectionum et misse de dominicis que restant cantande : fiant sicut fit inter octavas epyphanie et lxx. quando una tantum dominica ibidem evenerit.*

℟ *Cum autem fuerint xxiiij. dominice vel infra : tunc dicitur oratio* Excita quésumus Dómine. 386. *ad vesperas et ad matutinas et ad omnes alias horas illius ultime dominice et expositio evangelii ad matutinas ultime dominice et antiphone super psalmum* Benedíctus. *ad matutinas super psalmum* Magníficat. *scilicet ad ij. vesperas dicuntur.*

℟ *Si vero tempus ita prolixum fuerit quod singulis diebus sufficiunt orationes dominicales : si dominica proximo ante adventum Domini vel altera dominica precedens non vacaverit a festo ix. lectionum, non dicetur in tertia dominica precedente ante adventum Domini oratio* Excita quésumus Dómine. *nec ad missam epistola* Ecce dies véniunt. *nec evangelium* Cum sublevásset. *quamvis et quando ultima die dominica fit servitium. Omnes tamen antiphone super laudes tunc dici debent et ultimum* ℟. Summe Trinitáti. *cum oratione dominicali suo ordine.*

❡ *Hoc itaque bene servetur quod quotienscunque una vel plures misse dominicales differatur : nichilominus cetere misse que restant cantande suo ordine dicantur : ita tamen quod officium* Dicit Dóminus. *cum sua oratione* Excita quésumus Dómine. *et epistola* Ecce dies véniunt. *et evangelium* Cum sublevásset. *cum ceteris ut predictum est ultima dominica ante adventum Domini cantetur si vacaverit.*

❡ *Si autem dominica ante adventum Domini non vacaverit a festo ix. lectionum, tunc in feriis primo loco cantetur : deinde relique misse que restant cantande suo ordine dicantur. Si autem acciderit quod due misse dominicales que officiis carent pro brevitate temporis nequeant cantari non est inconveniens si omnino pretermittantur.*

❡ *Cum vero pro temporis prolixitate cantari possunt, tunc officium* Dicit Dóminus. *in tribus missis dominicalibus cantabitur proxima tamen dominica ante adventum Domini dicatur antiphona* Illi hómines. 386. *super psalmum* Magníficat. *vel ad memoriam de dominica cum de aliquo festo ix. lectionum fit servitium cum oratione* Excita quésumus Dómine. 386. *Et tunc hec oratio dicitur quotidie per ebdomadam in feriis ad vesperas et ad matutinas et ad omnes alias horas, licet per ipsam ebdomadam due vel tres misse dominicales cantentur.*

❡ *Sciendum est autem quod hec predicta hystoria* Deus ómnium. *quandocunque incipiatur semper dicetur usque ad j. dominicam post quinto kalendas Augusti, prima autem dominica que dicitur Augusti non semper infra Augustum incipit. Nam est aliquando quod dominica in Julio incipit : et facit in Julio ij. vel iij. feriam et tamen dicitur tota ebdomada Augusti : non Julii, quod si mensis Augustus in v. vel sexta feria incipit, ipsa tunc dominica non Augusti sed Julii est. Unde in prima dominica post quinto kalendas Augusti : semper inchoetur hystoria* In princípio. *Nullus enim mensis habet plenum et perfectam ebdomadam in initio sui sive quarta feria. Et proxima dominica post quinto kalendas Septembris incipienda est hystoria* Si bona. *Et proxima dominica post iij. idus Septembris incipienda est hystoria* Peto Dómine. *Et proxima dominica post xj. kalendas Octobris inchoetur hystoria* Adonáy. *Et proxima dominica post quinto kalendas Octobris inchoetur hystoria* Adapériat. *Et proxima dominica post quinto kalendas Novembris inchoetur hystoria* Vidi Dóminum. *Et proxima dominica post v. kalendas Decembris inchoetur hystoria* Aspíciens.

❡ *Sciendum est autem quod in initio uniuscujusque hystorie hujus temporis sequentis semper unum R̃. de hystoria que incipienda est cantetur ad primas vesperas ut in hystoria subnotatum est : nisi quando hystoria in mediis feriis ebdomade incipitur vel differtur in aliam ebdomadam ut in fine magne rubrice ante hystoriam* Dómine ne in ira. *plenius notatur.*

Hystoria Sapientie. In princípio.

❡ *Dominica prima post v. kalendas Augusti.*

Ad primas vesperas.

Ant. Benedíctus Dominus Deus. [75].

Ps. Ipsum. (*cxliij.*) [75].

Capitulum. Benedíctus Deus. [81].

Resp.
VI.

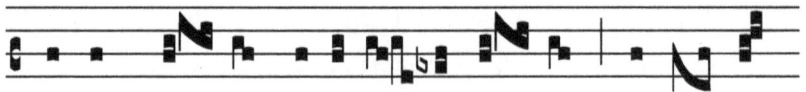

Y-rum ce- li * circu- í- vi so- la : et in flúc-

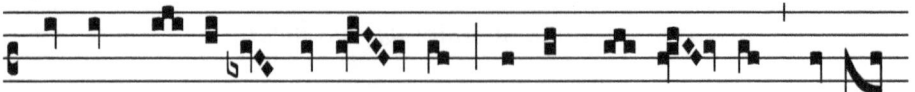

ti-bus ma- ris ambu-lá- vi. In omni gen- te et in

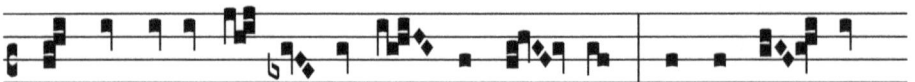

omni pópu-lo pri-má-tum té-nu- i. †Su-perbó- rum

et sublími- um col- la pró-pri- a virtú- te cal-

cá- vi. ℣. E-go in al-tís-simis há-bi- to : et thro-

nus me-us in co- lúmna nu- bis. †Su-perbó- rum.

350

℣. Gló-ri- a   Pa-tri et Fí-li- o :   et Spi-rí- tu- i

Sanc-to.   †Su-perbó- rum.

Hymnus. O lux beáta Trínitas. [83].

℣. Vespertína orátio ascéndat ad te Dómine.

℟. *privatim.* Et descéndat super nos misericórdia tua.

Ant.
VIII.i.

M-nis * sa-pi- énti- a   a Dó-mi-no De-o est :

et cum il-lo fu- it semper :   et est ante e-vum.

Ps. Magníficat. 16*.

Orationes dominicales dicantur per ordinem : ut subnotatum est post hystoriam Vidi Dóminum. 368.

❡ *He sequentes antiphone serviunt hystorie* In princípio. *quamdiu cantabitur : super psalmum* Magníficat. *in sabbatis vel ad memoriam de dominica : cum de aliquo festo ix. lectionum fit servitium.*

1. Ant.
VII.i.

Api- énti- a * e-di-fi-cá-vit si-bi domum : excí-dit

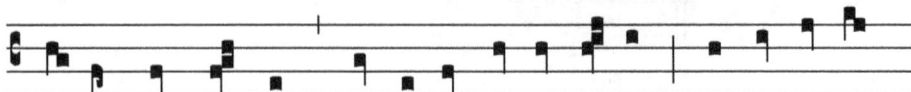

co-lúmnas sep-tem, súbdi-dit si-bi gentes : su-perbo-rúm-

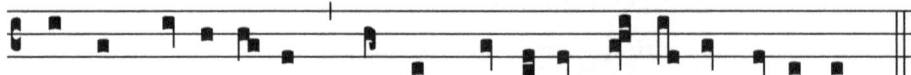

que et sublími- um col-la própri- a vir-tú-te calcá-vit.

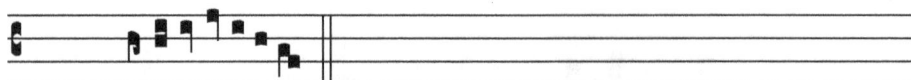

Ps. Magníficat. [85].

2. Ant.
T. Per.

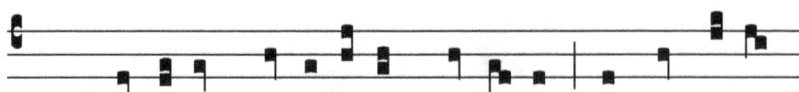

Api- énti- a * clámi-tat in pla-té- is : si quis dí-li-

git sa-pi- énti- am ad me declí-net et e- am invé-ni- et :

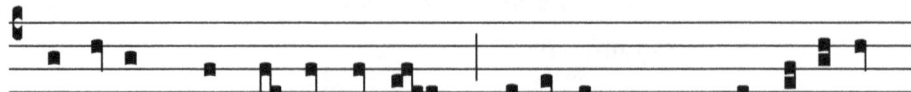

et e- am dum invé-ne-rit : be- á-tus est si te-nú- e-rit

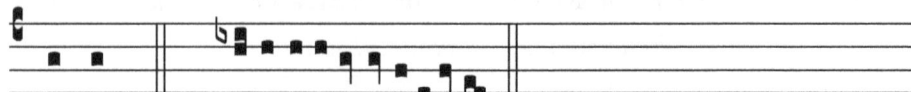

il-lam. *Ps.* Magníficat. 14*.

352

3. Ant.
VIII.i.

Omi-nus * possé-dit me i-ní-ti- o vi- á- rum su-

á-rum ánte-quam quicquam fá-ce-ret a prin-cí-pi- o,

non-dum e-rant a-býs-si et e-go partu- ri- é-bar : quando

pre-pa- rá-bat ce-los á-de- ram cum e-o compónens

ómni- a. *Ps.* Magníficat. 16*.

4. Ant.
VIII.ii.

- go * in al-tíssimus inhá-bi-to et thronus me- us

in co-lúmna nu-bis. *Ps.* Magníficat. 16*.

Hystoria Job. Si bona.

℃ *Dominica prima post v. kalendas Septembris.*

Ad primas vesperas.

Ant. Benedíctus. [75].

Ps. Ipsum. (*cxliij.*) [75].

Capitulum. Benedíctus Deus. [81].

Resp. VII.

A N-tequam * cóme-dam suspí-ro, et tanquam in-undántes aque sic ru-gí- tus me- us : qui- a ti- mor quem ti-mé-bam e-vé-nit mi- chi : et quod ve-ré-bar ác- ci- dit. †Nonne dissimu- lá- vi, non- ne sí-lu- i et jam qui-é- vi. ‡Et ve- nit su-per me indigná- ti- o tu- a Dó- mi- ne.

354

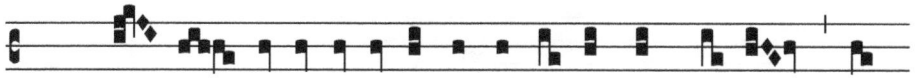

℣. No- lo multa forti-tú-di-ne conténdat me-cum, ne

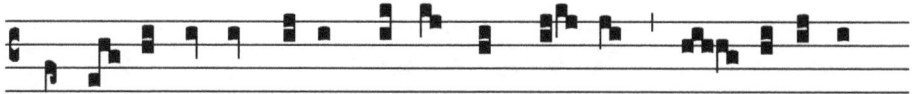

magni- tú-di-nis su- e mo-le me pre-mat, e- qui-tá-tem

propó- nat con- tra me. †Nonne. ℣. Gló- ri- a

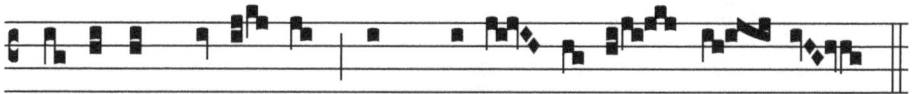

Pa-tri et Fí-li- o : et Spi-rí- tu- i Sanc- to.

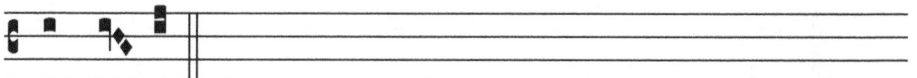

‡Et ve- nit.

Hymnus. O lux beata Trínitas. [83].

℣. Vespertína orátio ascéndat ad te Dómine.

℟. *privatim.* Et descéndat super nos misericórdia tua.

Ant.
I.i.

Um audísset Job * nunci- ó-rum verba sustí-nu- it

pa-ti- énter et a- it, Si bo-na suscé-pimus de ma-nu Dómini, ma- la au- tem qua-re non sus-ci-pi- á-mus ? In óm-

ni-bus his non peccá-vit Job lá-bi- is su- is neque á- liquid

stul- tum contra De- um lo-cú-tus est. *Ps.* Magníficat. 16*.

Sabbato sequenti vel ad memoriam de dominica.

Ant.
I.i.

I N ómni-bus * hi- is non peccá-vit Job lá-bi- is

su- is, neque stul- tum quid contra De- um lo-cú-tus est.

Ps. Magníficat. 16*.

In mense Septembris recitabuntur singulis annis he tres hystorie scilicet Si bona. Peto Dómine. *et* Adonáy.

Hystoria Si bona. *semper per xv. dies durat.*

Hystoria Adonáy. *per octo semper durat.*

Hystoria vero Peto Dómine. *singulis annis non xv. dies nec octo, sed aliquando xv. durat, aliquando octo dies. Quando vero littera dominicalis*

currit per **C.** *vel per* **D.** *tunc hystoria* Peto Dómine. *semper durat per xv.*
dies : per ceteras vero litteras dominicales per octo dies durat.

Hystoria Thobie. Peto Dómine.

ℂ *Dominica prima post iij. idus Septembris.*

Ad primas vesperas.

Ant. Benedíctus. [75].

Ps. Ipsum. (cxliij.) [75].

Capitulum. Benedíctus Deus. [81].

Resp. VIII.

Mni témpo-re * bé-ne-dic De-um   et pe- te

ab e-o ut vi- as tu-as   dí-ri- gat.   †Et omni tém-

po-   re consí- li- a   tu-   a   in ip-so per-

má-ne-   ant. ℣. Memor esto fi- li   quó-ni- am

páupe-rem vi-tam gé-ri- mus : ha-bé-bis multa bo-na

357

si timú- e- ris De- um. †Et omni. ℣. Gló-ri-

a Pa-tri et Fí-li- o : et Spi-rí- tu- i Sanc-

to. †Et omni.

Hymnus. O lux beata Trínitas. [83].

℣. Vespertína orátio ascéndat ad te Dómine.

℟. *privatim.* Et descéndat super nos misericórdia tua.

Ant.
VII.iv.

Ngréssus * Rápha- el archán-ge-lus ad Tho-bí- am

sa-lu-tá-vit e- um di-cens : Gáudi- um ti-bi semper sit.

Cu- i Tho- bí- as a- it, Qua-le gáudi- um michi e- rit

qui in té-ne-bris sé- de- o et lumen ce- li non ví-de-o.

358

Cu- i án-ge-lus inquit : Forti á- nimo es-to, in

pró-ximo est ut a De- o cu-ré-ris. *Ps.* Magníficat. [85].

Sabbato sequenti vel ad memoriam de dominica.

Ant.
IV.ii.

E remi-niscá-ris * Dómi-ne de- lícta me-a vel

pa-réntum me-ó-rum neque vindíctam su-mas de peccá-tis

me- is. *Ps.* Magníficat. 16*.

Hystoria Judith. Adonáy.

ℂ Dominica prima post xij. kalendas Octobris.

Ad primas vesperas.

Ant. Benedíctus. [75].

Ps. Ipsum. (*cxliij.*) [75].

Capitulum. Benedíctus. [81].

Resp. II.

O-mi-ne Rex * omní- po-tens in di-ti- óne tu-a cunc-ta sunt pó-si- ta, et non est qui pos- sit re-síste-re vo-lun- tá-ti tu- e. †Lí-be-ra nos prop- ter nomen tu- um. ℣. Ex-áu-di Dómi-ne o-ra-ti-ónem nos-tram : et convérte luctum nostrum in gáu-di- um. †Lí-be-ra. ℣. Gló- ri- a Pa-tri et Fí-li- o : et Spi-rí- tu- i Sanc-to. †Lí-be-ra.

Hymnus. O lux beáta Trínitas. [83].

℣. Vespertína orátio ascéndat ad te Dómine.

℞. *privatim.* Et descéndat super nos misericórdia tua.

Ant.
VIII.i.

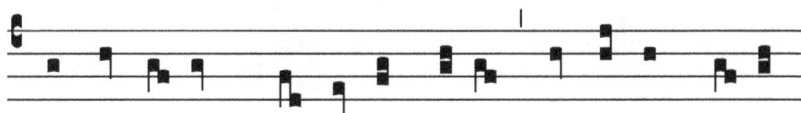

- do-ná- y * Dó-mi-ne De-us magne et mi- rá-

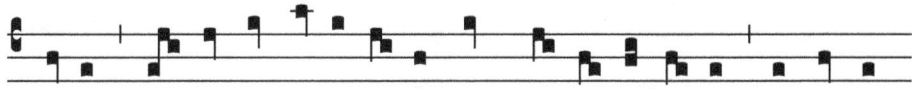

bi-lis qui de-dís-ti sa-lú-tem in ma-nu fémi-ne, ex-áudi

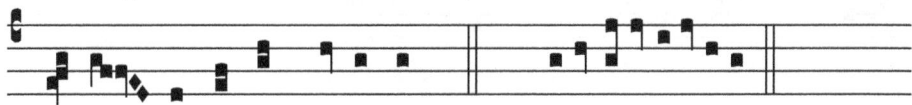

pre-ces servó-rum tu-ó-rum. *Ps.* Magníficat. 16*.

Hystoria Machabeorum. Adapériat.

ℂ *Dominica prima post v. kalendas Octobris.*

Ad primas vesperas.

Ant. Benedíctus. [75].

Ps. Ipsum. (cxliij.) [75].

Capitulum. Benedíctus Deus. [81].

Resp.
II.

U- a est * po-tén-ti- a tu- um reg- num Dó-

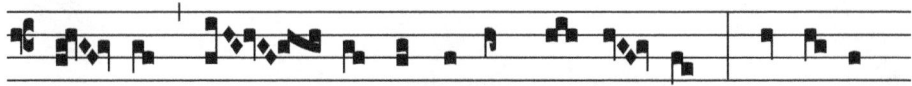

mi- ne, tu es su-per omnes gen- tes. †Da pa-cem

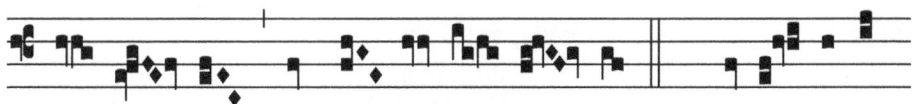

Dó-mi- ne in dí- e-bus nos- tris. ℣. Cre- á- tor ómni- um De- us terrí-bi- lis et for- tis justus et mi-sé-

ri- cors. †Da pa-cem. ℣. Gló- ri- a Pa-tri et Fí-li- o :

et Spi-rí- tu- i Sanc-to. †Da pa-cem.

Hymnus. O lux beáta Trínitas. [83].

℣. Vespertína orátio ascéndat ad te Dómine.

℟. *privatim.* Et descéndat super nos misericórdia tua.

Ant.
VIII.i.

- da-pé- ri- at * Dó-mi-nus cor vestrum in le-ge

su- a et in pre-céptis su- is : et fá-ci- at pa-cem.

Ps. Magníficat. 16*.

❡ *He sequentes antiphone serviunt hystorie* Adapériat. *ad vesperas in sabbatis quamdiu cantabitur : super psalmum* Magníficat. *vel ad memoriam de dominica cum de aliquo festo ix. lectionum fit servitium.*

1. Ant.
T. Per.

A pa-cem Dómi-ne * in di- é-bus nostris : qui- a

non est á- li- us qui pugnet pro no-bis ni-si tu De-us noster.

Ps. Magníficat. 14*.

2. Ant.
VIII.i.

U-a * est po-ténti- a tu-um reg-num Dó-mi-ne

tu es su-per omnes gen- tes : da pa-cem Dómi-ne in di- é-

bus nostris al-le-lú-ya. *Ps.* Magníficat. 16*.

3. Ant.
VIII.i.

C-cingí-mi-ni * fí-li- i po-téntes et estó-te pa-rá-ti

in pré-li- o : quó-ni- am mé-li- us est no-bis mo-ri in

bello quam vi-dé-re ma-la gentis nos-tre et sanctó-rum. Si-cut

fú- e-rit vo-lúntas in ce-lo sic fi- at. *Ps.* Magníficat. 16*.

4. Ant.
I.i.

X-áu-di- at * Dómi-nus   o-ra-ti- ónes vestras   et

re-conci-li- é-tur vo-bis, nec vos dé-se-rat in témpo-re ma-

lo Dómi-nus De-us nos-ter al-le- lú-ya. *Ps.* Magníficat. 16*.

Hystoria Ezechielis. Vidi Dóminum.

❡ *Dominica prima post v. kalendas Novembris.*

Ad primas vesperas.

Ant. Benedíctus. [75].

Ps. Ipsum. (cxliij.) [75].

Capitulum. Benedíctus Deus. [81].

Resp.
I.

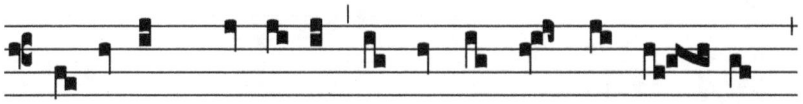

S-pi-ce * Dómi-ne de se-de sanc-ta tu- a

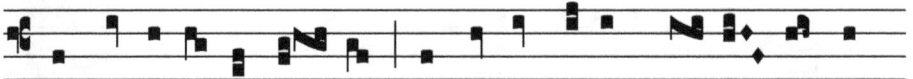

et có-gi-ta de no- bis : inclí-na De-us me- us au-rem

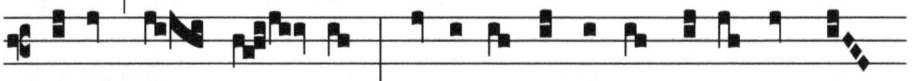

tu- am et au- di. †Ape-ri ó-cu-los tu-os et vi-

de tri- bu-la-ti- ó- nem nos-tram. ℣. Réspi-ce

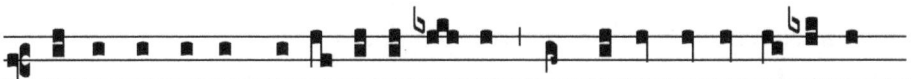

Dómi-ne de sanctu- á- ri-o tu- o, et de excélso ce-ló-rum

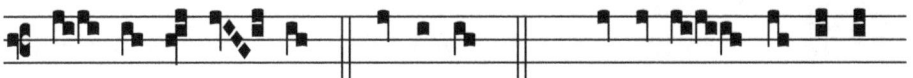

ha- bi-tá-cu- lo. †Ape-ri. ℣. Gló-ri- a Pa-tri et

Fí-li- o : et Spi-rí- tu- i Sanc-to. †Ape-ri.

Hymnus. O lux beáta Trínitas. [83].

℣. Vespertína orátio ascéndat ad te Dómine.

℟. *privatim.* Et descéndat super nos misericórdia tua.

Ant.
I.iv.

I-di Dómi-num * se-dén-tem su-per só-li- um excél-

sum : et ple-na e-rat omnis terra ma-jestá-te e-jus, et e-

a que sub ipso e-rant replé-bant templum *Ps.* Magníficat. 16*.

C *He sequentes antiphone serviunt hystorie* Vidi Dóminum. *quamdiu cantabitur in sabbatis super psalmum* Magníficat. *vel ad memoriam de dominica, cum de aliquo festo ix. lectionum fit servitium.*

1. Ant.
I.i.

U-ro tu- o * in-expugná-bi-li   circuncínge nos

Dómi-ne : et armis tu- e po-tén-ti- e pro-té- ge nos semper

De- us noster. *Ps.* Magníficat. 16*.

2. Ant.
I.vi.

Ui ce-ló-rum * cónti-nes thronos, et a-býssos intúe- ris Dómi-ne Rex re-gum montes pónde-ras, terram

palmo conclú-dis, ex- áudi nos Dómi-ne in gemí-ti-bus

nostris. *Ps.* Magníficat. 16*.

3. Ant.
I.i.

Usti-nú- imus * pa-cem et non ve-nit Dómi-ne :

que-sí- vimus bo ne et ecce tur-bá-ti- o, cognó-vimus Dómi-

ne peccá-ta nostra : ne in e-tér-num ir-rascá-ris no- bis

De- us Isra- el. *Ps.* Magníficat. 16*.

Si vero v. dominica in mense Novembris forte contigerit tunc repetatur antiphona Qui celórum. 366. *in sabbato ad vesperas ipsius dominice.*

ℭ *Dominica j. post festum sancte Trinitatis.*

Ad secundas vesperas.

Ant.
VIII.i.

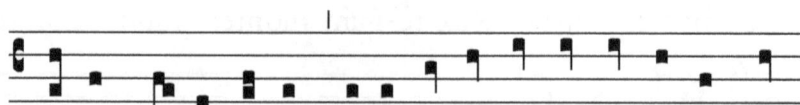

I- li * re-cordá-re qui- a re-ce-pís-ti bo-na in vi-

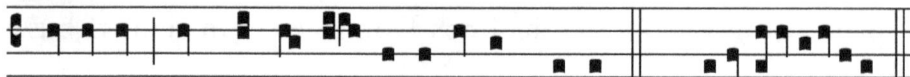

ta tu- a : et Lá-za-rus simí-li-ter ma-la. *Ps.* Magníficat. 16*.

Oratio.

Eus in te sperántium fortitúdo, adésto propícius invocatiónibus nostris : et quia sine te nichil potest mortális infirmitas, presta auxílium grátie tue : ut in exequéndis mandátis tuis : et voluntáte tibi et actióne placeámus. Per Dóminum nostrum Jesum.

ℭ *Dominica ij. post festum sancte Trinitatis.*

Ad secundas vesperas.

Ant.
I.iv.

- xi ci-to * in pla-té- as et vi-cos ci-vi- tá-tis : et

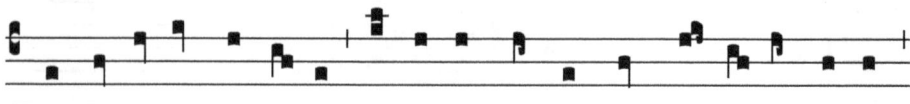

páupe-res ac dé-bi- les ce-cos et claudos compél-le intrá-re

ut imple- á-tur domus me- a al-le- lú- ya. *Ps.* Magníficat. 16*.

Oratio.

Ancti nóminis tui Dómine timórem páriter et amórem, fac nos habére perpétuum : quia nunquam tua gubernatióne destítuis, quos in soliditáte tue dilectiónis instítuis. Per Dóminum nostrum.

❡ *Dominica iij. post festum sancte Trinitatis.*

Ad secundas vesperas.

Ant. VI.

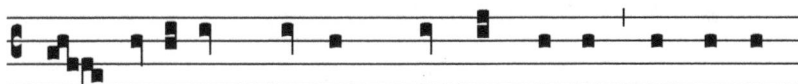

Ue mú-li- er * ha-bens dragmas de-cem et si per-

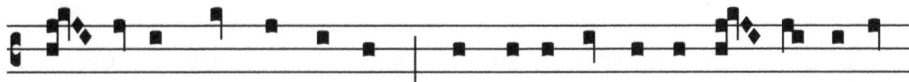

dí- de-rit dragmam u-nam : nonne accéndit lu-cér- nam et e-

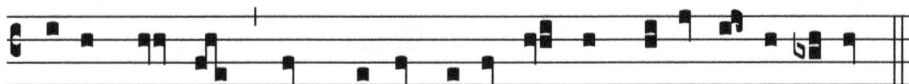

vértit do-mum et que-rit di-li-gén-ter donec invé-ni- at.

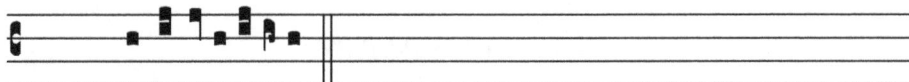

Ps. Magníficat. 16*.

Oratio.

Eprecatiónem nostram quésumus Dómine benígnus exáudi : et quibus supplicándi prestas afféctum, tríbue defen-

369

sións auxílium. Per Dominum.

ℂ *Dominica iiij. post festum sancte Trinitatis.*
Ad secundas vesperas.

Ant.
VII.i.

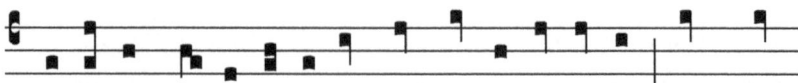

O-lí-te * ju-di-cá-re ut non ju-di-cémi-ni : in quo

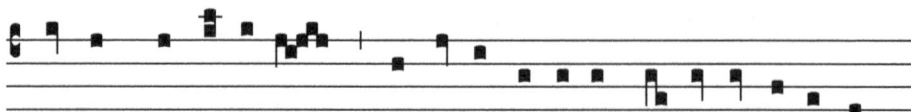

e-nim ju-dí-ci- o ju-di-ca-vé-ri-tis ju-di-ca-bími-ni

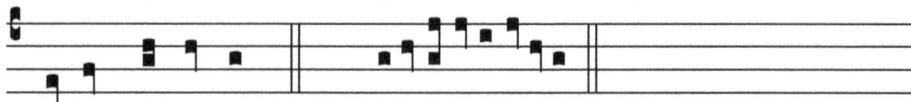

di-cit Dómi-nus. *Ps.* Magníficat. 16*.

Oratio.

Rotéctor in te sperántium Deus, sine quo nichil est válidum nichil sanctum, multíplica super nos misericórdiam tuam : ut te rectóre, te duce, sic transeámus per bona temporália, ut non amittámus etérna. Per Dóminum nostrum.

ℂ *Dominica v. post festum sancte Trinitatis.*
Ad secundas vesperas.

Ant.
I.i.

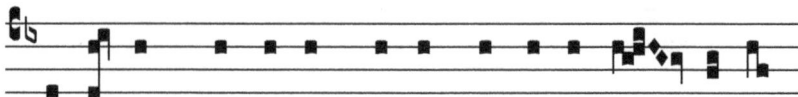

Re-céptor * per to-tam noctem la-bo-rántes nichil

370

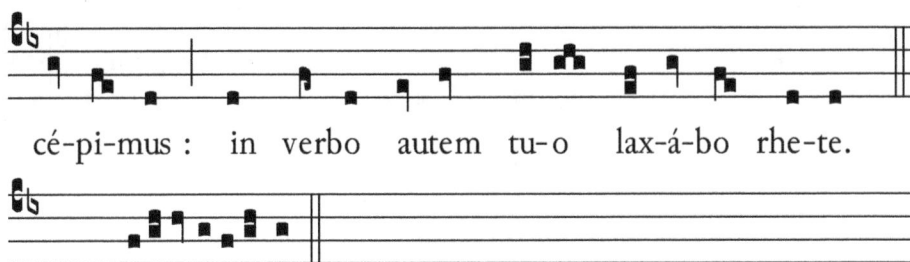

cé-pi-mus : in verbo autem tu-o lax-á-bo rhe-te.

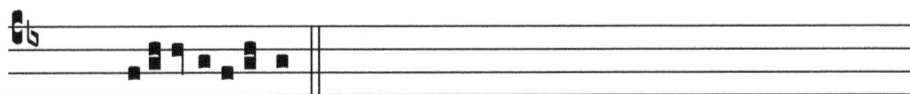

Ps. Magníficat. 16*.

Oratio.

DA nobis quésumus Dómine, ut et mundi cursus pacífice nobis tuo órdine diri- gátur : et ecclésia tua tranquílla devotióne letétur. Per Dóminum nostrum.

℟ *Dominica vj. post festum sancte Trinitatis.*
Ad secundas vesperas.

Ant.
I.v.

SI offers * mu-nus tu- um ante al-tá- re et re-

cordá-tus fú- e- ris qui- a fra-ter tu- us ha-bet á-liquid advér-

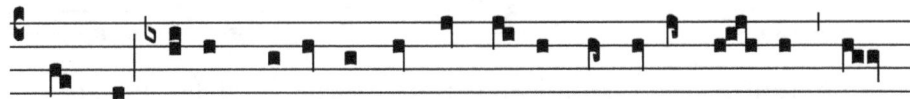

sum te : re-línque i-bi mu-nus tu- um ante al-tá- re et

va-de pri- us re-conci-li- á- ri fra-tri tu- o, et tunc vé-ni- ens

371

óffe-res mu-nus tu- um al-le- lú-ya. *Ps.* Magníficat. 16*.

Oratio.

Deus qui diligéntibus te bona invisibília preparásti, infúnde córdibus nostris tui amóris afféctum : ut te in ómnibus et super ómnia diligéntes, promissiónes tuas que omne desidérium súperant consequámur. Per Dóminum.

⁌ Dominica vij. post festum sancte Trinitatis.

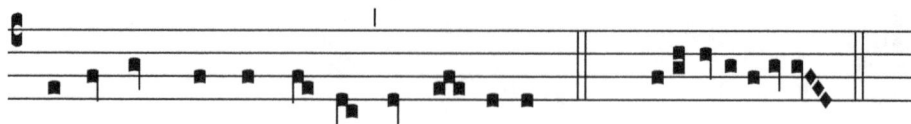

Ad secundas vesperas.

Ant.
I.i.

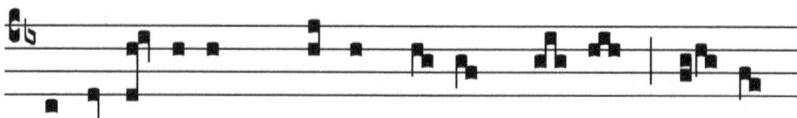

ET accí-pi- ens *Je-sus septem pa- nes : gra- ti-

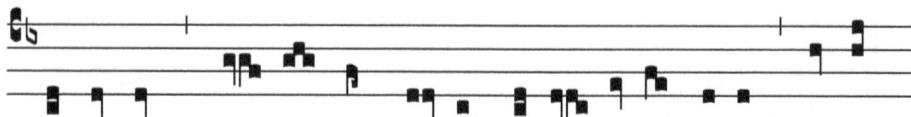

as a-gens fre- git et de-dit discí- pu-lis su- is ut ap-

poné-rent : et appo-su-é-runt turbe al-le- lú-ya.

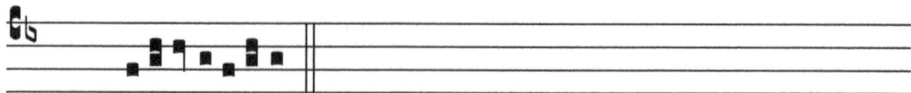

Ps. Magníficat. 16*.

Oratio.

Eus virtútum cujus est totum quod est óptimum, ínsere pectóribus nostris amórem tui nóminis, et presta in nobis religiónis augméntum : ut que sunt bona nútrias, ac pietátis stúdio que sunt nutríta custódias. Per Dóminum.

ℭ Dominica viij. post festum sancte Trinitatis.
Ad secundas vesperas.

Ant. VIII.i.

On omnis * qui di-cit michi Dó-mi-ne Dómi-ne intrá-bit in reg-num ce-ló-rum : sed qui fa-cit vo-luntá-tem Pat-ris me- i qui in ce- lis est : ipse intrá-bit in regnum ce-ló-rum al-le-lú-ya. *Ps.* Magníficat. 16*.

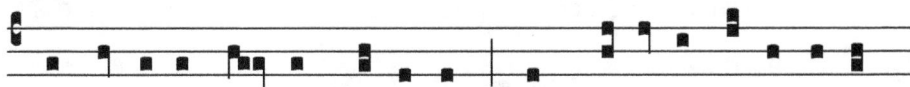

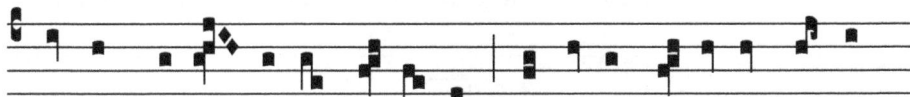

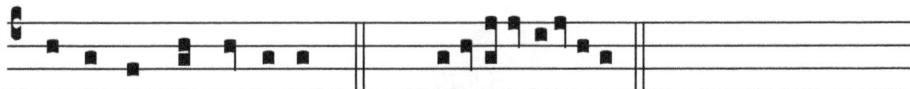

Oratio.

Eus cujus providéntia in sui dispositióne non fállitur, te súpplices exorámus : ut nóxia cuncta submóveas, et omnia nobis profutúra concédas. Per Dóminum.

❡ Dominica ix. post festum sancte Trinitatis.

Ad secundas vesperas.

Ant.
IV.i.

Uid fá-ci-am * qui-a dómi-nus me-us aufert

a me vil-li-ca-ti-ónem ? Fó-de-re non vá-le-o, mendi-

cá-re e-ru-bésco, sci-o quid fá-ci-am, ut cum amó-tus

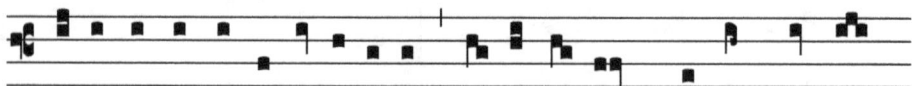

fú-e-ro a vil-li-ca-ti-óne re-cí-pi-ant me in domos

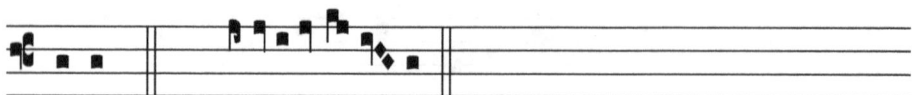

su-as. *Ps.* Magníficat. 16*.

Oratio.

Argíre nobis Dómine qué-sumus semper spíritum cogitándi que recta sunt propícius et agéndi : ut qui sine te esse non póssumus, secúndum te vívere valeámus. Per Dóminum.

☙ Dominica x. post festum sancte Trinitatis.

Ad secundas vesperas.

Ant. VIII.i.

Crip-tum est * e- nim qui- a domus me- a domus o-ra-

ti- ó-nis est cunctis génti-bus : vos autem fe-cís-tis il-lam

spe-lúncam latró- num : et e- rat quo-tí-di- e do- cens in

templo. *Ps.* Magníficat. 16*.

Oratio.

Ateant aures misericórdie tue Domine précibus sup-plicántium : et ut peténtibus de-sideráta concédas, fac eos que tibi sunt plácita postuláre. Per Dó-minum.

☙ Dominica xj. post festum sancte Trinitatis.

Ad secundas vesperas.

Ant. I.vi.

Tans a longe * publi-cá-nus no-lé-bat ó-cu-los ad

ce-lum le-vá-re : sed percu- ti- é-bat pectus su- um di- cens,

De- us pro-pí-ci- us esto mi-chi pecca- to-ri.

Ps. Magníficat. 16*.

Oratio.

Eus qui omnipoténtiam tuam parcéndo máxime et miserándo maniféstas, multíplica super nos grátiam tuam : ut ad tua promíssa curréntes, celéstium bonórum fácias esse consórtes. Per Dóminum.

ℂ *Dominica xij. post festum sancte Trinitatis.*

Ad secundas vesperas.

Ant.
V.ii.

Ene * ómni- a fe-cit : et surdos fe-cit audí- re

et mu-tos loqui. *Ps.* Magníficat. [85].

Oratio.

Mnípotens sempitérne De-us, qui abundántia pietátis tue et mérita súpplicum excédis et vota, effúnde super nos misericórdiam tuam : ut dimíttas que consciéntia métuit, et adjí- cias quod orátio non presúmit. Per Dóminum.

ℂ *Dominica xiij. post festum sancte Trinitatis.*
Ad secundas vesperas.

Ant.
VII.i.

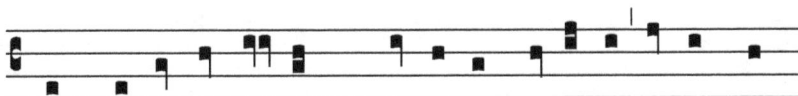

Uis ti-bi vi-dé- tur * pró-ximus fu- ísse il-li qui

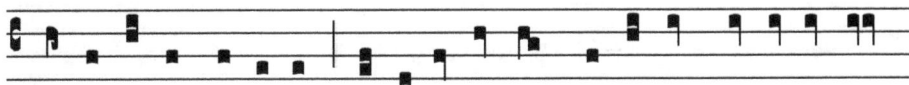

incí-dit in latrónes : et a- it il-le, qui fe-cit mi-se-ri-cór-

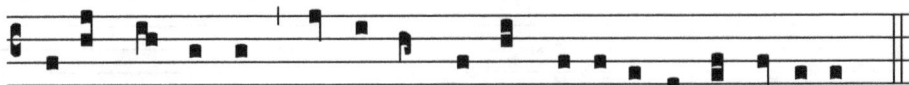

di- am in il-lo, Va-de et tu fac simí-li-ter al-le-lú-ya.

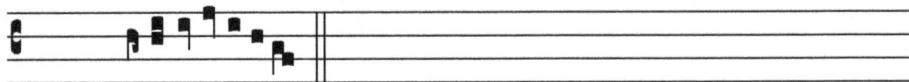

Ps. Magníficat. [85].

Oratio.

Mnípotens et miséricors Deus de cujus múnere venit, ut tibi a fidélibus tuis digne et laudabíliter serviátur : tríbue nobis quésumus, ut ad promissiónes tuas sine offensióne currámus. Per Dóminum.

ℂ *Dominica xiiij. post festum sancte Trinitatis.*

Ad secundas vesperas.

Ant.
VIII.i.

Onne de-cem * mundá-ti sunt : et novem u-bi sunt ?

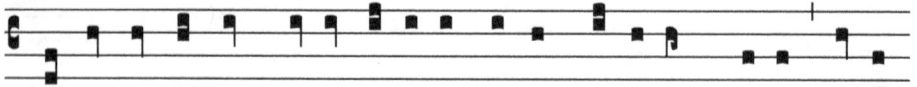

non est invéntus qui re-dí-ret et da-ret gló-ri- am De-o ni-si

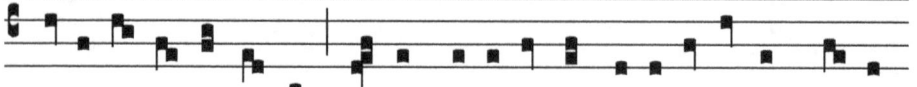

hic a-li- e-ní-ge-na : va-de qui- a fi-des tu-a te salvum fe-cit

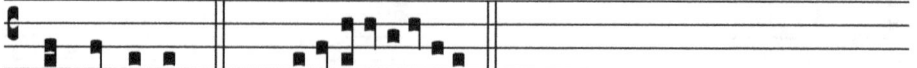

al-le-lú-ya. *Ps.* Magníficat. 16*.

Oratio.

Mnípotens sempitérne De-us da nobis fídei spei et charitátis augméntum : et ut mereámur asséqui quod promíttis, fac nos amáre quod précipis. Per Dóminum.

ℂ *Dominica xv. post festum sancte Trinitatis.*

Ad secundas vesperas.

Ant.
I.i.

Uéri-te er-go * primum regnum De-i et

justí-ci- am e-jus : et hec ómni- a adji-ci- éntur vo-bis

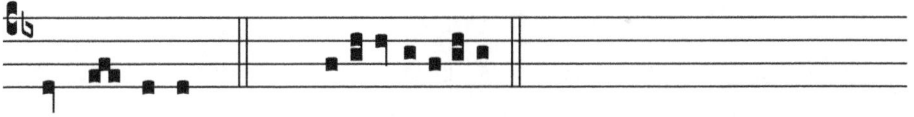

al-le- lú-ya. *Ps.* Magníficat. 16*.

Oratio.

CUstódi Dómine quésumus ecclésiam tuam propiciati-óne perpétua : et quia sine te lábitur humána mortálitas, tuis semper auxíliis et abstrahátur a nóxiis : et ad salutária dirigátur. Per Dóminum.

ℂ *Dominica xvj. post festum sancte Trinitatis.*

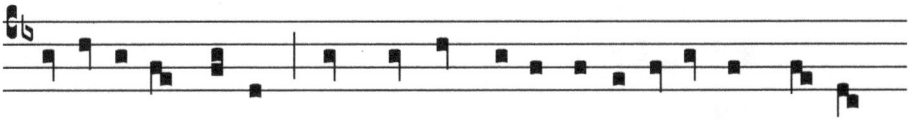

Ad secundas vesperas.

Ant.
I.ii.

C-cé-pit autem omnes ti-mor * et magni-fi-cá-bant

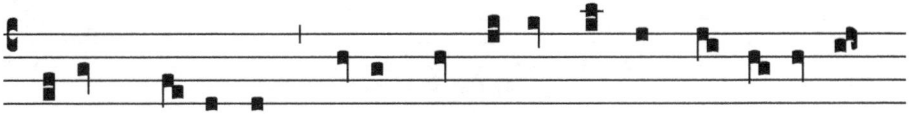

De-um, di-céntes Qui- a prophé-ta magnus sur-ré-xit in

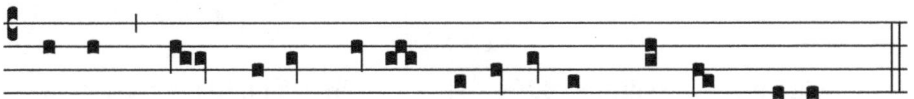

no-bis, et qui- a De-us vi-si-tá-vit ple-bem su- am.

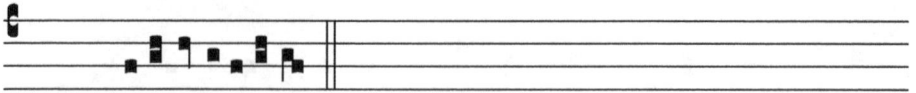

Ps. Magníficat. 16*.

Oratio.

ECclésiam tuam quésumus Dómine miserátio continu- áta mundet et múniat : et quia sine te non potest salva con- sístere, tuo semper múnere gubernétur. Per Dóminum.

ℂ *Dominica xvij. post festum sancte Trinitatis.*
Ad secundas vesperas.

Ant.
VII.i.

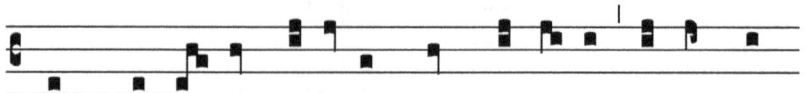

Um vo-cá- tus fú- e-ris * ad núpti- as re-cúmbe

in no-víssimo lo-co, ut di-cat ti-bi qui te invi-tá-vit,

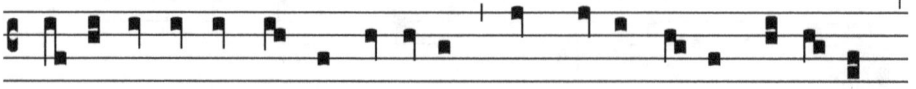

Amí-ce ascénde su-pé-ri- us, tunc e-rit ti-bi gló-ri- a

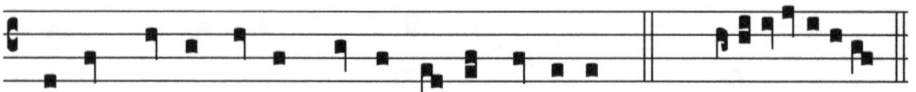

co-ram simul discumbénti-bus al-le-lú-ya. *Ps.* Magníficat. [85].

Oratio.

TUa nos quésumus Dó- mine grátia semper et prevéniat et sequátur : ac bonis opéribus júgiter prestet esse inténtos. Per Dóminum.

¶ *Dominica xviij. post festum sancte Trinitatis.*

Ad secundas vesperas.

Ant.
IV.i.

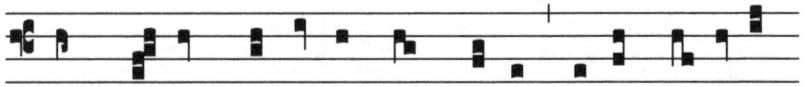

Uid vo-bis * vi-dé-tur de Christo cu-jus Fí- li- us

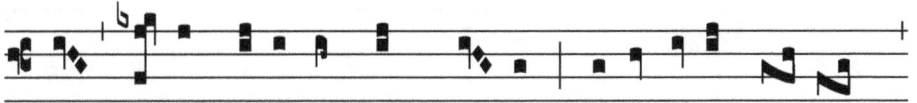

est, di-cunt e- i omnes, Da- vid. Di-cit e- is Je- sus,

Quómodo Da-vid in spí- ri-tu vo-cat e-um Dó-mi-num

di- cens, Di-xit Dómi-nus dó-mi-no me-o Se-de a

dextris me- is. *Ps.* Magníficat. 16*.

Oratio.

DA quésumus Dómine pó-
pulo tuo dyabólica vitáre

contágia : et te solum Deum pura
mente sectári. Per Dóminum.

❡ Dominica xix. post festum sancte Trinitatis.

Ad secundas vesperas.

Ant.
VIII.i.

I-déntes * autem turbe timu-é-runt et glo-ri-fi-ca-

vé-runt De-um qui de-dit po-testá-tem ta-lem homí-ni-bus.

Ps. Magníficat. 16*.

Oratio.

Irigat corda nostra qué-sumus Dómine tue miseratiónis operátio : quia tibi sine te plácere non póssumus. Per Dóminum.

❡ Dominica xx. post festum sancte Trinitatis.

Ad secundas vesperas.

Ant.
I.ii.

Upti-e qui-dem pa-rá-te sunt * sed qui invi-tá-ti

e-rant non fu-é-runt digni. I-te er-go ad é-xi-tus vi-á-

382

rum et quoscúnque inve-né-ri-tis vo-cá-te ad núpti- as

al-le-lú-ya. *Ps.* Magníficat. 16*.

Oratio.

Mnípotens et miséricors Deus univérsa nobis adver-sántia propiciátus exclúde : ut mente et córpore páriter expedíti, que tua sunt líberis méntibus exequámur. Per Dóminum.

❧ *Dominica xxj. post festum sancte Trinitatis.*

Ad secundas vesperas.

Ant. III.iv.

Ognó-vit * autem pa-ter qui- a il-la ho-ra e-rat,

in qua di-xit Je- sus Fí-li- us tu- us vi- vit, et cré-di-dit

ip- se et domus e-jus to-ta. *Ps.* Magníficat. [85].

Oratio.

Argíre quésumus Dómine fidélibus tuis indulgéntiam placátus et pacem : ut páriter ab ómnibus mundéntur offénsis, et

383

secúra tibi mente desérviant. Per | Dóminum.

ℭ *Dominica xxij. post festum sancte Trinitatis.*
Ad secundas vesperas.

Ant.
III.iv.

Erve nequam * omne dé-bi-tum di-mí-si ti-bi

quó-ni- am ro-gásti me : nonne ergo o-pórtu- it et te mi-se-

ré-ri consérvi tu- i si-cut et e-go tu- i mi-sértus sum

al-le- lú-ya. *Ps.* Magníficat. [85].

Oratio.

FAmíliam tuam quésumus Dómine contínua pietáte custódi : ut a cunctis adver-sitátibus te protegénte sit líbera, et in bonis áctibus tuo nómini sit devóta. Per Dóminum.

ℂ *Dominica xxiij. post festum sancte Trinitatis.*

Ad secundas vesperas.

Ant.
I.i.

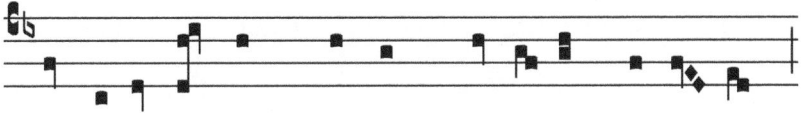

Eddi-te er-go * que sunt Cé-sa- ris Cé-sa- ri :

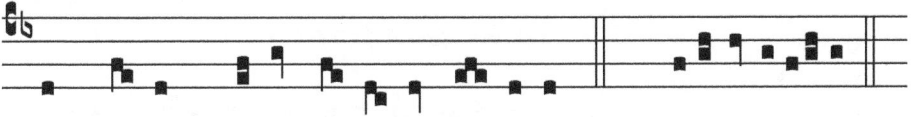

et que sunt De- i De- o al-le- lú-ya. *Ps.* Magníficat. 16*.

Oratio.

Eus refúgium nostrum et virtus, adésto piis ecclésie tue précibus auctor ipse pietátis | et presta : ut quod fidéliter pétimus, efficáciter consequámur. Per Dóminum.

ℂ *Dominica xxiiij. post festum sancte Trinitatis.*

Ad secundas vesperas.

Ant.
VII.i.

Onfí-de * fí- li- a : fi-des tu-a te salvam fe-cit,

et salvá-ta est mú-li- er ex il-la ho-ra al-le-lú-ya.

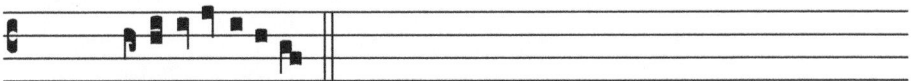

Ps. Magníficat. [85].

385

Oratio.

ABbsólve quésumus Dómine tuórum delícta populórum : et a peccatórum nostrórum néx-ibus, que pro nostra fragilitáte contráximus, tua benignitáte liberémur. Per Dóminum.

❡ *Dominica xxv. post festum sancte Trinitatis.*
Ad secundas vesperas.

Ant. I.vi.

L-li hómi- nes * cum signum vi- díssent quod factum fú- e- rat : glo- ri-fi-cá-bant De- um et di-cé-bant qui- a hic est Sal-vá-tor mundi. *Ps.* Magníficat. 16*.

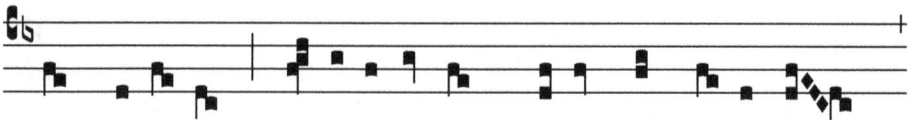

Oratio.

EXcita quésumus Dómine tuórum fidélium voluntátes : ut divíni óperis fructum propénsius exequéntes, pietátis tue remédia majóra percípiant. Per Dóminum.

386

℣ *In festo dedicationis ecclesie.*

Duplex festum principale.

Ad primas vesperas.

Super psalmos feriales dicatur hec sola antiphona.

Ant. VI.

quam me-tu-éndus * est lo-cus iste, ve-re

non est hic á-li- ud ni-si domus De- i et por-ta ce-li.

In tempore paschali finiatur cum

ce-li al-le-lú-ya. Seculórum amen.

Capitulum. Apocalyps. xxj. 2.

Vidi civitátem sanctam Hierúsalem novam descendéntem de celo, a Deo parátam sicut sponsam ornátam viro suo. ℟. Deo grátias.

Resp. I.

Erríbilis * est locus is- te, non est

hic á- li- ud ni-si domus De- i et porta ce-li.

†Ve- re é- te-nim Dómi-nus est in lo-

co is- to, et e-go nes- ci- é- bam.

In tempore paschali.

Al-le- lú- ya. ℣. Cumque e-vi-gi-lás-set

Ja- cob qua-si de gra-vi som- no:

a- it. †Ve- re. ℣. Gló-ri- a Pa-tri

et Fí- li- o : et Spi- rí-tu- i Sanc-

to. †Ve- re.

Hymn.
II.

Rbs be- á-ta Hie-rú-sa-lem * dicta pa-cis ví-si- o :

Que constrú- i-tur in ce- lis vi-vis ex la-pí-di-bus :

Et ánge-lis co-ro-ná-ta ut sponsá- ta cómi-te.

2. No-va vé-ni- ens e ce-lo nupti- á-li thá-lamo : Pre-pa-

rá-ta ut sponsá- ta copu-lé-tur Dómi-no : Plá-te-e te

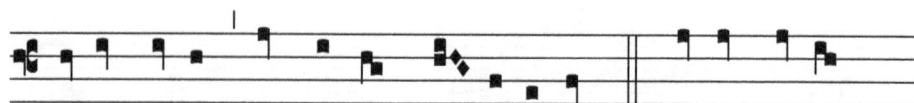

mu-ri e-jus ex auro pu- ríssimo. 3. Porte ni-tent

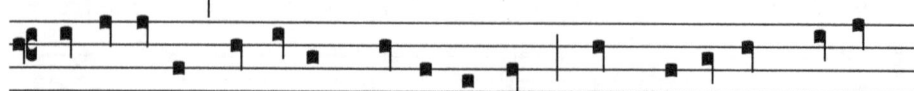

marga-rí-tas a-di-tis pa-ténti-bus : Et virtú-te me-ri-

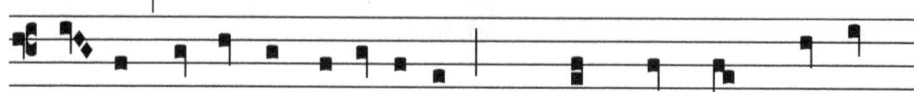

tó- rum il-luc introdú-ci-tur : Omnis qui pro Chris-ti

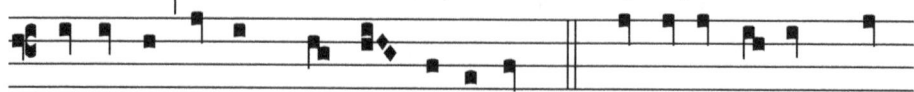

nómi-ne hic in mundo prémi-tur. 4. Tunsi- ó-ni-bus pres-

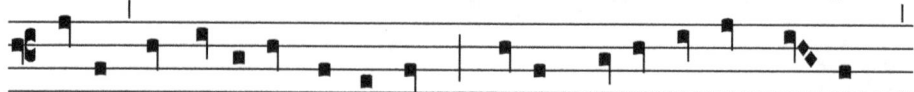

sú-ris expo-lí-ti lá-pi-des : Su- is co- aptántur lo- cis

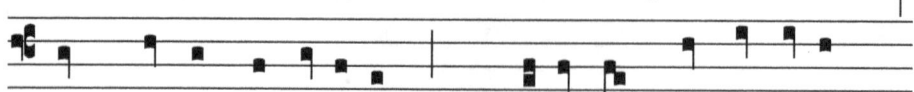

per ma-nus ar-tí-fi-cis : Disponúntur permansú-ri

sacris e-di- fí-ci- is. 5. Gló-ri- a et honor De- o

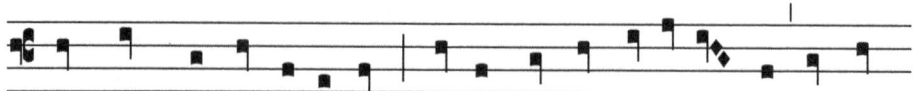

usque quo al-tíssimo : Una Pa-tri Fi-li- ó-que incli-

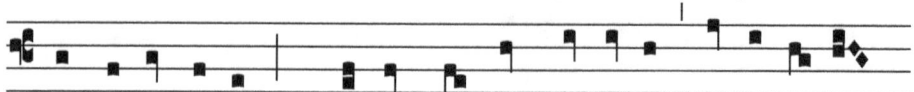

to Pa-rá-cli-to : Cu- i laus est et po-téstas per e-térna

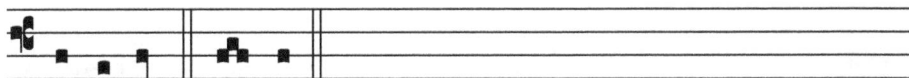

sé-cu-la.   A-men.

℣. Domum tuam Dómino : decet sanctitúdo.

℞. *privatim.* In longitúdinem diérum.

In tempore paschali finiatur cum Allelúya.

Ant.
I.i.

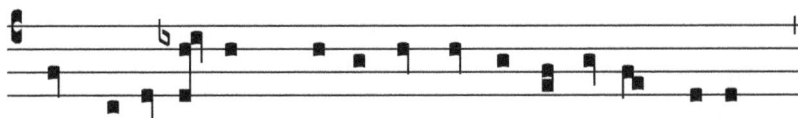

Ancti-fi-cá-vit * Dómi-nus ta-berná-cu-lum su- um,

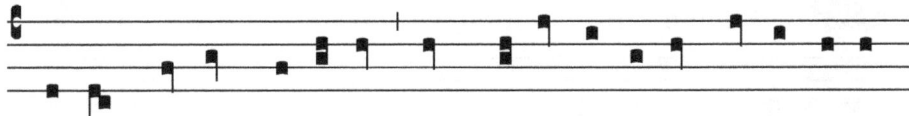

hec est domus Dómi-ni   in qua invo-cé-tur nomen e-jus

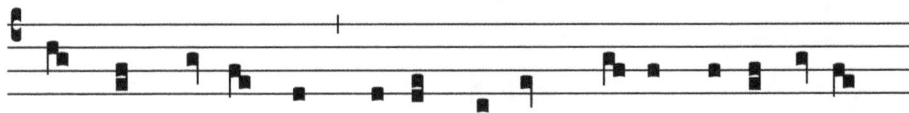

de qua scriptum est, E-rit nomen me- um i-bi di-cit

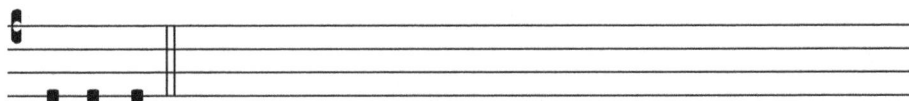

Dómi-nus.

In tempore paschali finiatur hoc modo

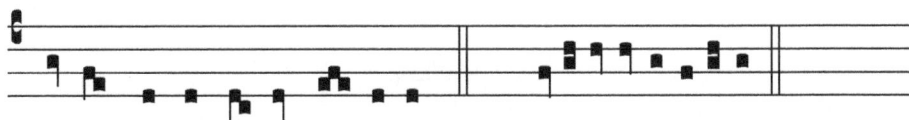

di-cit Dómi-nus al-le- lú-ya. *Ps.* Magníficat. 16*.

391

Oratio.

Eus qui nobis per síngulos annos hujus sancti templi tui consecratiónis réparas diem, et sacris semper mystériis represéntas incólumes : exáudi preces pópuli tui et presta, ut quisquis hoc templum benefícia petitúrus ingréditur, cuncta se impetrásse letétur. Per Dóminum.

❡ *Ad secundas vesperas.*

Ant.
VII.i.

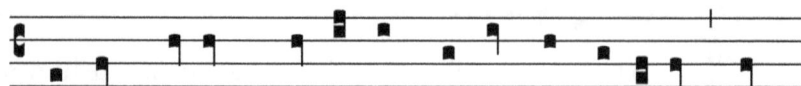

Omum tu-am Dómi-ne *de-cet sancti-túdo in

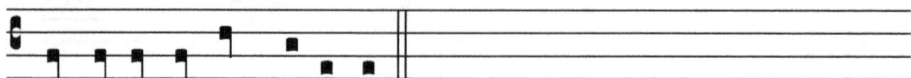

longi-tú-di-nem di- é-rum.

In tempore paschali.

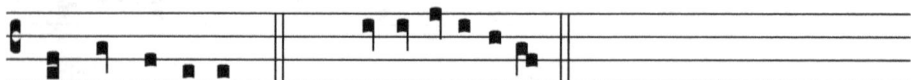

rum al-le-lú-ya. *Ps.* Crédidi. (*cxv.*) [18].

Ps. Letátus. (*cxxj.*) [42].

Ps. Nisi Dóminus. (*cxxvj.*) [49].

Ps. Laudáte Dóminum quóniam bonus est psalmus. (*cxlvj.*) [79].

Ps. Lauda Hierúsalem Dóminum. (*cxlvij.*) [80].

Capitulum.

Ec est domus Dómini firmiter edificáta : bene fundáta est supra firmam petram. ℞. Deo grátias.

Resp. I.

O-mus me- a * domus o-ra-ti- ó- nis

vo-cá- bi-tur dí- cit Dó-mi- nus. †In e- a

om- nis qui pe- tit ác- ci-pit et qui que-

rit ín- ve-nit et pul-sán-

ti a- pe-ri-é- tur.

In tempore paschali.

Al-le- lú- ya. ℣. Domum tu-am Dómi-ne

de-cet sancti-tú-do in longi-tú-di- nem di- é- rum.

†In e- a. ℣. Gló-ri- a Pa-tri et Fí-li- o : et Spi-

393

rí- tu- i Sanc-to.   †In e-   a.

Hymn.
II.

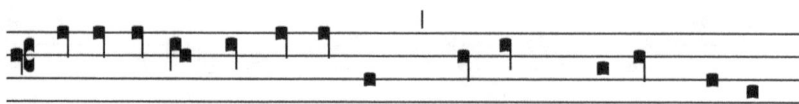

Ngu-lá-re fundaméntum * la-pis Christus missus

est : Qui compá-ge pa-rí- e- tum in utróque nécti-tur :

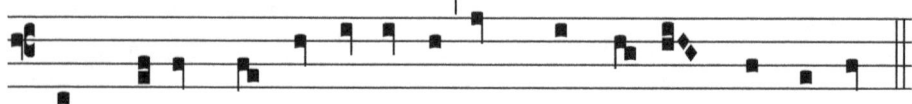

Quem Sy-on sancta suscé-pit in quo cre-dens pérma-net.

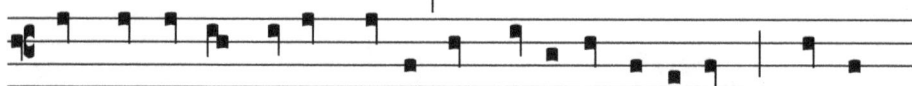

2. Omnis il-la De-o gra-ta et di-lécta cí-vi-tas : Ple-na

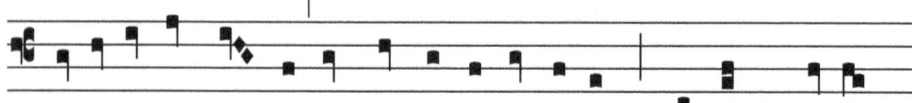

módu-lis in lau-de et ca-nó-re jú-bi-lo : Tri-num De-um

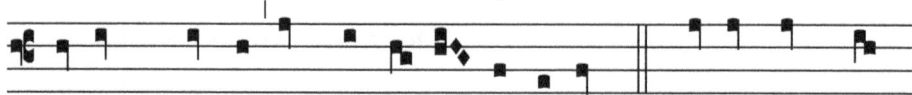

Unum quoque cum fa-vó-re pré-di-cat. 3. Hoc in templo

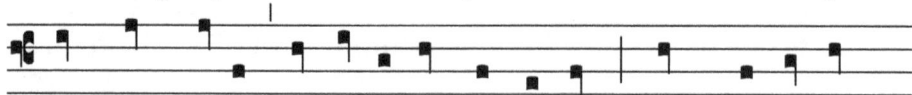

summe De-us ex-o-rá-tus ádve-ni :   Et cleménte

bo-ni-tá- te pre-cum vo-ta súsci-pe : Largam be-ne-

dic-ti- ónem hic infúnde jú-gi-ter. 4. Hic prome-re-

ántur omnes pe-tí-ta acquíre-re : Et a-dépta possi-

dé- re cum sanctis pe-rénni-ter : Pa-ra-dí-sum intro-

í-re translá-ti in réqui- em. 5. Gló-ri- a et honor

De-o usque quo al-tíssimo : Una Pa-tri Fi-li- ó-que

íncli-to Pa-rácly-to : Cu- i laus est et po-téstas per e-

térna sé-cu-la. A-men.

℣. Beáti qui hábitant in domo tua.
℟. *privatim.* In sécula seculórum laudábunt te.

Ant.
III.ii.

E-ce * ta-berná-cu-lum De- i cum homí-ni-bus   et

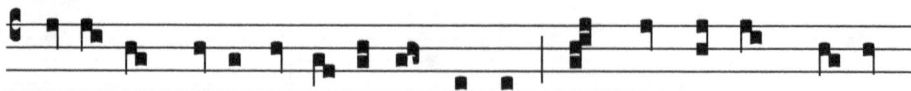

Spí-ri- tus De- i há-bi- tat in vo-bis : templum e-nim De- i

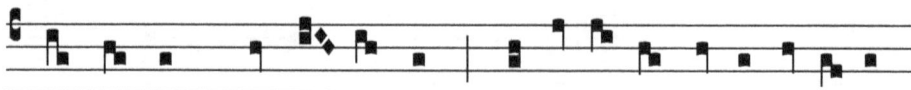

sanctum est quod es-tis vos : pro cu-jus a-mó-re ce-lebrá-

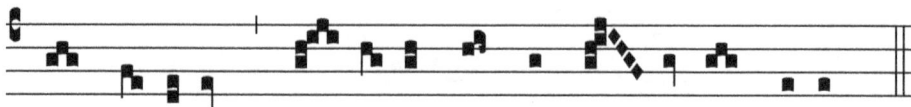

tis hó-di- e   gáu- di- a templi tém-po-re   festi.

In tempore paschali finiatur cum

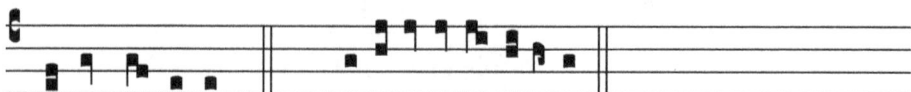

ti al-le- lú-ya. *Ps.* Magníficat. [85].

Oratio. Deus qui nobis per síngulos annos. *ut supra.* 390.

Et fiat plenum servitium de dedicatione per octo dies cum regimine chori
et etiam in dominica nisi festum ix. lectionum intercurrat : vel trium cum
regimine chori.

❡ *Si ab octavis passionis usque ad ascensionem Domini, vel a festo sancte*
Trinitatis usque ad adventum Domini hoc festum contigerit, vel etiam ab
octavis epyphanie usque ad lxx. tantum, quotidie infra octavas ad vesperas et
ad matutinas et ad alias horas dicatur hec oratio Deus qui ecclésiam tuam.
405. *Cum vero fit memoria de dedicatione tam ad vesperas quam ad*
matutinas dicatur ℣. Beáti qui hábitant. 395. *cum oratione predicta.*

Si vero infra adventum Domini vel infra lxx. usque ad caput jejunii hoc festum contigerit erunt octave sine regimine chori usque ad octavam diem tunc enim fient ix. lectiones et invitatorium triplex nisi in dominica contigerit. Et si aliquod festum iij. lectionum vel octava sanctorum infra has octavos contigerit totum fiat servitium de festo vel de octava et tantum memoria de dedicatione. Dominica vero que tunc infra octavas vel in octava evenerit, totum fiat servitium de ipsa dominica et tantum memoria de dedicatione.

Cum autem a circumcisione Domini usque ad octavas epyphanie vel a iiij. feria in capite jejunii usque ad quartam feriam ante pascha, vel a vigilia ascensionis Domini usque ad vigiliam penthecostes hoc festum forte contigerit, nichil fiat de festo infra octavas nec etiam in octava nisi tantum memoria. Tamen si hoc festum infra octavas epyphanie forte evenerit, tunc post octavas epiphanie fiat totum servitium de octava die dedicationis.

Si autem a vigilia natalis Domini usque ad circuncisionem Domini : vel a quarta feria proxima ante pascha usque ad octavas pasche vel in vigilia penthecostes vel abhinc usque ad festum sancte Trinitatis hoc festum evenerit, semper differatur ubi possit convenientius celebrari : videlicet post octavas epyphanie vel post octavas pasche vel post primam dominicam post festum sancte Trinitatis et tunc erunt octave cum regimine chori.

Si hoc festum in prima dominica adventus Domini vel in quarta feria in capite jejunii vel in dominica passionis Domini, vel in dominica ramispalmarum, vel in octavis pasche, vel in festo sancte Trinitatis, vel in festo de Corpore Christi forte contigerit, differatur in crastinum si vacaverit a festo cum regimine chori, et erunt vespere de dedicatione et solennis memoria de festo. Similiter fiat si hoc festum in festo ascensionis Domini evenerit sed tunc nichil fiat de dedicatione infra octavas usque ad octavam diem nisi tantum memoria.

Si hoc festum a die sancte Trinitatis usque ad adventum in dominica forte contigerit et in ipsa dominica nova inchoanda fuerit hystoria que non fuerit duratura nisi per unam ebdomadam tantum tunc ibi inchoetur hystoria cum memoria sub silentio, et totum fiat servitium de dedicatione et in tribus feriis per ebdomadam tota cantetur hystoria cum responsorio feriali in tertio nocturno, et in his tribus feriis fiat primo memoria de dedicatione, deinde memorie consuete et expositio evangelii de dominica eo anno non dicatur, ita tamen quod si aliquod festum iij. lectionum ibidem contigerit illo anno omnino pretermittatur : tamen octave dedicationis in sequentibus diebus sine regimine chori erunt usque ad octavam diem et tunc fiant ix. lectiones et invitatorium triplex nisi duplex festum impedierit vel alia hystoria que non potest cantari in alia dominica nec in feriis.

Similiter quoque modo fiat de festo loci ubi octave habentur : scilicet nativitate sancti Johannis baptiste, vel de passione Petri et Pauli, vel de sancta Trinitate, vel de sancto Martino, et consimilibus.

❡ *He sequentes antiphone dicuntur per octavas dedicationis super psalmos* Magníficat. *et* Benedíctus. *vel ad memoriam de dedicatione cum de aliquo sancto cum regimine chori fit servitium : nisi in dominica infra octavas. Nam quando fit servitium de aliquo sancto per octavas fiat solennis memoria de octava sive sit duplex festum sive non.*

1. Ant.
IV.i.

Ene-dic * Dómi-ne domum istam quam e-di-fi-cá-
vi nómi-ni tu-o, ve-ni- énti- um in lo-co isto ex-áu-di
pre-ces in excél-so só-li- o gló-ri- e tu- e.

In tempore paschali finiatur cum

tu- e al-le- lú-ya. Seculórum amen.

2. Ant.
IV.i.

Ane sur-gens * Ja-cob e- ri-gé-bat lá-pi-dem in-

tí- tu-lum : fundens ó-le- um dé-su-per vo- tum vo-vit

Dó-mi-no, ve-re lo-cus iste sanctus est et e-go

nes-ci- é-bam.

In tempore paschali finiatur cum

bam al-le- lú-ya. Seculórum amen.

3. Ant.
II.i.

E-ne-díctus es in templo * sancto gló-ri- e tu- e

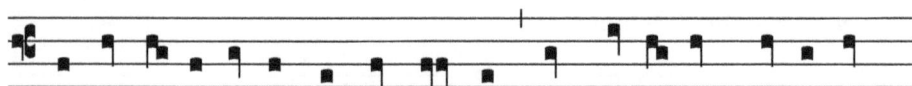

quod e-di- fi-cá-tum est ad lau-dem et gló-ri- am nómi-nis

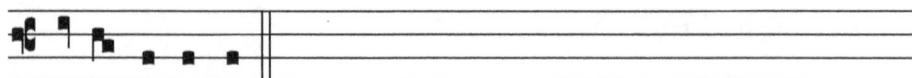

tu- i Dómi-ne.

In tempore paschali finiatur cum

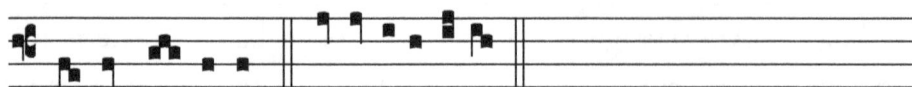

ne al-le- lú-ya. Seculórum amen.

4. Ant.
I.i.

Unda-ménta á-li- ud * nemo po-test póne-re pre-

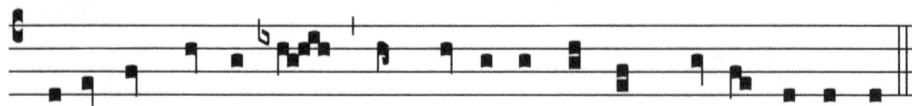

ter il-lud dé-nique quod po-si-tum est a Christo Dómi-no.

In tempore paschali finiatur cum

no al-le- lú-ya. Seculórum amen.

5. Ant.
VI.

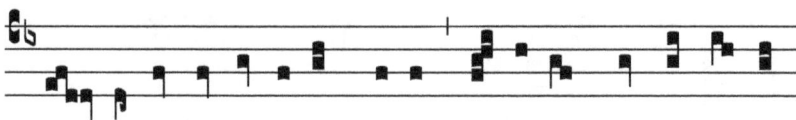

Ec aula * accí-pi- et De-o grá- ti- am be-ne-dic-ti-

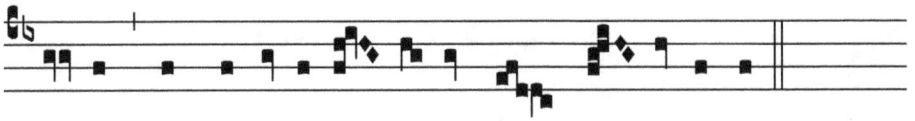

ó-nis   et mi-se-ri cór- di- am a Chris- to Je-su.

In tempore paschali.

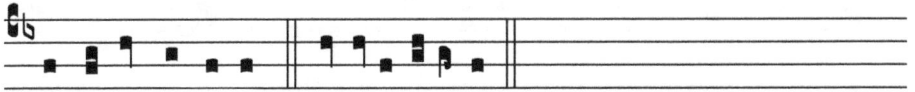

Je-su al-le-lú-ya. Seculórum amen.

6. Ant.
I.v.

I N de-di-ca-ti- óne * hu-jus templi   laudá-te De- um

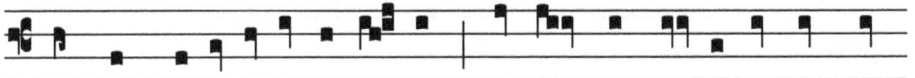

omnis mi-lí-ti- a ce-ló- rum : et om-nis ter-ra laudet no-

men Dó-mi- ni qui- a ex-al-tá-tum est nomen e-jus só-li- us.

In tempore paschali.

só-li- us al-le- lú-ya. Seculórum amen.

7. Ant.
IV.ii.

F Undaménta * templi hu-jus   sa-pi- énti- a su- a

fundá-vit De-us in quo Dómi-num ce-li cól-laudant

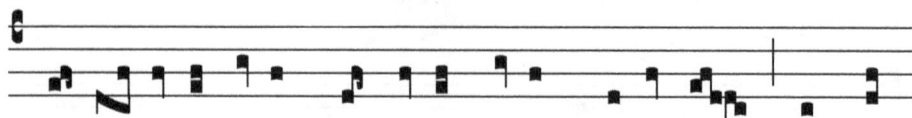

ánge- li súbru-ant ven-ti et flu-ant flúmi-na : non pos-

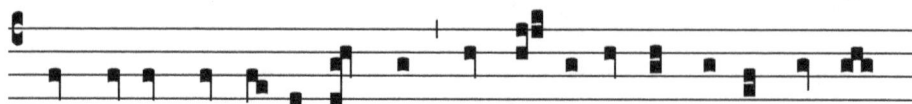

sunt e-a mo-vé-re unquam fundá- ta e-nim e-rat supra

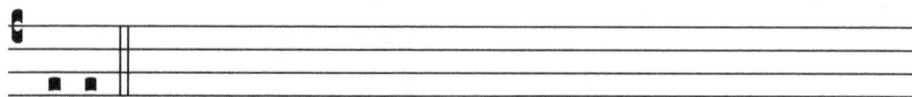

petram.

In tempore paschali.

petram al-le-lú-ya. Seculórum amen.

8. Ant.
III.i.

X-úrgat De-us * ad nostri fa-mu-lá-tus obsé-

qui- um et in lo-co sancto e- jus fi- at be-ne-dic-ti- ó-nis

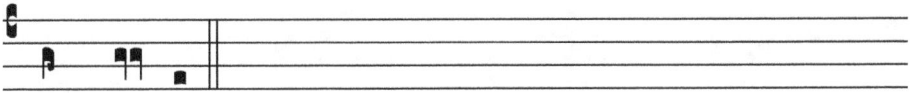

augmén-tum.

In tempore paschali finiatur cum

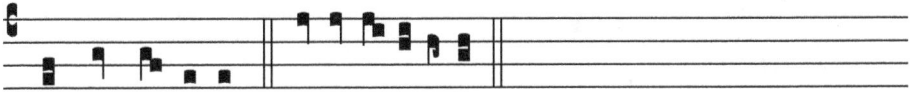

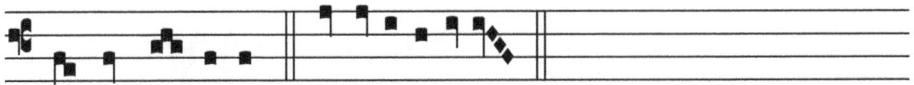

tum al-le- lú-ya. Seculórum amen.

9. Ant.
I.v.

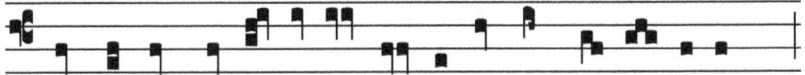

Ui re-gis * Isra- el in-ténde su-per domum istam :

qui de-dú-cis ve-lut o-vem Jo-seph auge in e- a be-ne-

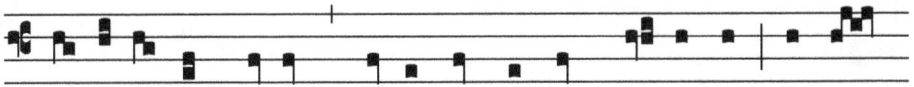

dic-ti- ó-nem tu- am qui se-des su-per ché- ru-bin : ex-áu-

di pre-ces súppli-cum in e- a ti-bi confi- ténti- um.

In tempore paschali finiatur cum

um al-le- lú-ya. Seculórum amen.

10. Ant.
VII.ii.

E-ne-dic * Dó-mi-ne domum istam quam e-di-fi-

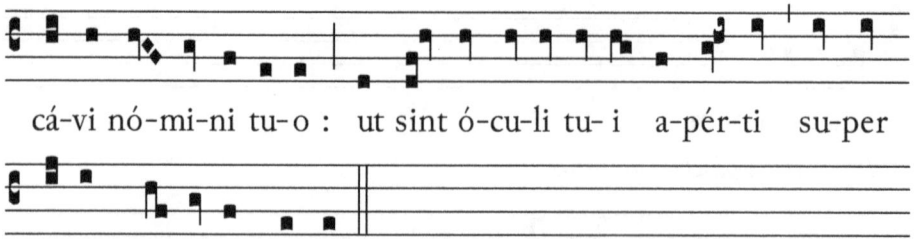

cá-vi nó-mi-ni tu-o : ut sint ó-cu-li tu- i a-pér-ti su-per

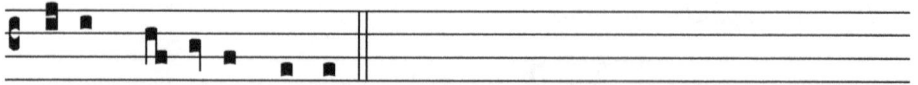

e- am di- e ac nocte.

In tempore paschali.

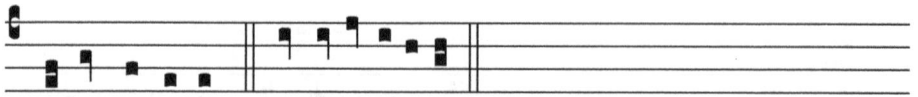

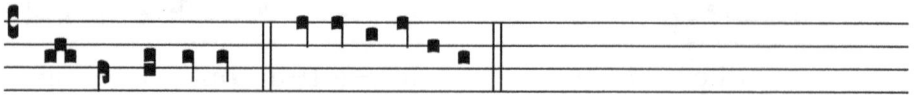

te al-le-lú-ya. Seculórum amen.

11. Ant.
VIII.i.

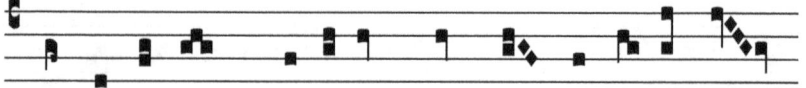

R-na-vé-runt * fá-ci- em templi co-ró-nis áu-

re- is : et de-di-ca-vé-runt al-tá- re Dó-mi-no.

In tempore paschali.

no al-le-lú-ya. Seculórum amen.

Et dicuntur predicte antiphone per ordinem etiam in die lune.

℃ *Nulla fiat memoria per totam octavam de cruce, de sancta Maria, nec de omnibus sanctis quia chorus regitur videlicet si per estatem scilicet a* Deus ómnium. *usque ad adventum vel ab octavis epyphanie usque ad lxx. vel in tempore paschali usque ad ascensionem Domini contigerit nisi aliquod festum sine regimine chori intercurrat. Tamen in tempore natalis Domini usque ad purificationem fiat solennis memoria de sancta Maria et ab octavis pasche usque ad ascensionem Domini fiat solennis memoria de resurrectione.*

❧ *Per octavas dedicationis ecclesie.*

Ant. Domum tuam. 392.

Ps. Credídi. *(cxv.)* [18]. *et ceteri psalmi sicut in die ad ij. vesperas.* 392.

Capitulum. Hec est domus Dómini fírmiter edificáta. *ut supra.* 392.

Hymnus. Anguláre fundaméntum. 394.

℣. Beáti qui hábitant in domo tua.

℟. *privatim.* In sécula seculórum laudábunt te.

Antiphona super psalmum Magníficat. *ut supra.* 398-404.

Oratio.

Eus qui ecclésiam tuam sponsam vocáre dignátus es, ut que habébat gratiám per fidei devotiónem, habéret étiam ex nómine dignitátem : da ut omnis hec plebs tuo nómini sérviens hujus vocábuli consórtio digna inveniátur. Qui vivis et regnas cum Deo Patre.

❧ *Hic ordo servetur quotidie infra octavas ad vesperas nisi in dominica scilicet ad primas vesperas tantum.*

❧ *In dominica infra octavas.*

Si dies dominicus infra octavas contigerit totum servitium fiat de dedicatione hoc modo.

Ad primas vesperas super psalmos hec sola antiphona Domum tuam. 392.

ps. Crédidi. *(cxv.)* [18]. *et ceteri psalmi ut supra in die.* 392.

Capitulum. Vidi civitátem sanctam Hierúsalem. *ut supra in primas vesperas.* 388.

Non dicitur ℟.

Hymnus. Urbs beáta Hierúsalem. 389.

℣. Domum tuam Dómino : decet sanctitúdo.

℟. *privatim.* In longitúdinem diérum. *In tempore paschali finiatur cum* Allelúya.

Ant. Sanctificávit Dóminus tabernáculum. 391.

Ps. Magníficat. 16*.

Oratio. Deus qui ecclésiam tuam. *ut supra.* 405.

Memoria de dominica et de Trinitate : et processio ante crucem sive nova hystoria inchoanda fuerit sive non : nisi quando aliquam dominicam omnino oporteat differri. 324. In introitu chori : de sancta Maria. 327.

Ad ij. vesperas omnia fiant sicut in prima die : preter ℟. *quod non dicetur : cum oratione* Deus qui ecclésiam tuam. 405.

❧ *In octava die dedicationis ecclesie.*

Ad j. vesperas super psalmos ant. O quam metuéndus est locus iste. 387. *psalmi feriales. Capitulum,* ℟. *et cetera omnia sicut in prima die ad primas vesperas, cum hac oratione* Deus qui nobis per síngulos annos. 392. *Ita tamen quod* ℟. *dicatur a duobus de superiori gradu in capis sericis ad gradum chori.*

Ad secundas vesperas omnia fiant sicut in prima die ad secundas vesperas preter responsorium quod non dicetur, cum hac oratione Deus qui nobis per síngulos annos. 392. *et cetera.*

❧ *Responsorie et antiphone ad processionem.*

Responsorie et antiphone in redeundo, de sancta Maria.

Resp.
I.

O- lem *jus-tí- ci- e Re-gem pa-ri-tú- ra

supré- mum. †Stel-la Ma-rí- a ma- ris. ‡Hó-di- e

pro-cés- sit ad or- tum. ℣. Cér-

ne-re di-ví-num lu-men gaudé- te fi-dé- les.

†Stel-la. ℣. Gló-ri- a Pa-tri et Fí- li- o : et

Spi-rí- tu- i Sanc-to. ‡Hó-di- e.

Resp. II.

Tirps * Jes- se vir- gam pro-

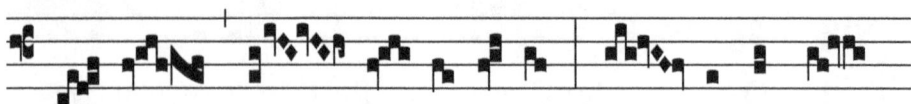

dúx- it vir- gá-que flo-rem. †Et su-per hunc

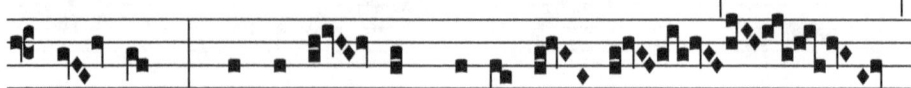

flo- rem. ‡Requi- és- cit Spí-ri- tus al-

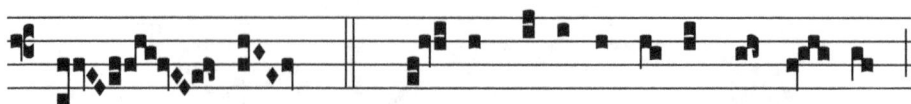

mus. ℣. Vir- go De- i gé-ni-trix vir-ga est

flos Fí-li- us e- jus. †Et su-per.

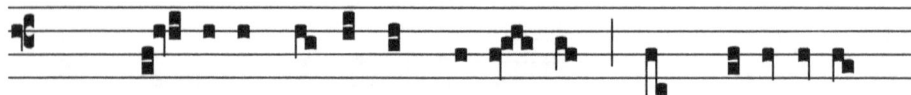

℣. Gló- ri- a Pa-tri et Fí-li- o : et Spi-rí-tu- i

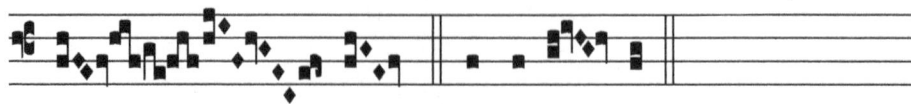

Sanc- to. ‡Requi- és- cit.

Resp. III.

D nu- tum * Dó- mi-ni nos-trum di-tán- tis

honó- rem. †Si-cut spi-na ro- sam gé- nu- it Ju-

dé- a Ma- rí- am. ℣. Ut ví-ci- um

vir- tus ope-rí- ret : grá-ti- a cul- pam. †Si-cut.

℣. Gló- ri- a Pa- tri et Fi-lí- o : et Spi-rí- tu- i

Sanc- to. †Si- cut.

Resp.
I.

E-lix namque es * sacra virgo Ma- rí- a,

et omni lau-de dignís- si-ma. †Qui- a ex

te ortus est sol justí- ci- e Christus De- us

nos- ter.

In tempore paschali. Al-le- lú- ya.

℣. O-ra pro pópu-lo, intérve-ni pro cle- ro, inter-

cé-de pro de-vó-to femí-ne-o sex- u : sénti- ant omnes

tu- um le-vámen qui-cúnque cé-lebrant tu- am as- sumpti-

ó- nem. †Qui- a. ℣. Gló-ri- a Pa-tri et Fí-li- o :

et Spi-rí- tu- i Sanc-to. †Qui- a.

Ant.
V.iii.

A-L- ma * Redemptó-ris ma- ter que pér-vi-a ce-li por-ta ma- nens : et stel- la ma- ris succúrre ca-dén- ti, súrge-re qui cu- rat pópu-lo : tu que ge-nu- ís-ti na-tú- ra mi-rán- te tu-um sanctum Ge-ni- tó-rem vir-go pri- us ac posté- ri- us Gabri- é- lis ab o-re, sumens il- lud a-ve pecca-tó-rum mi-se-ré-re.

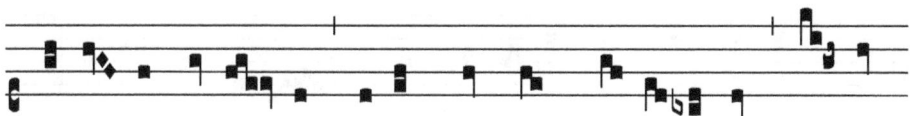

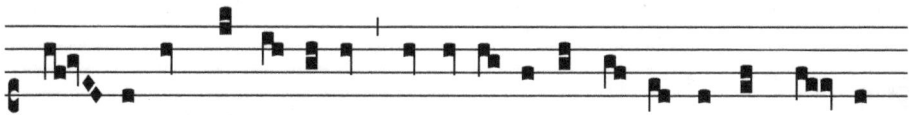

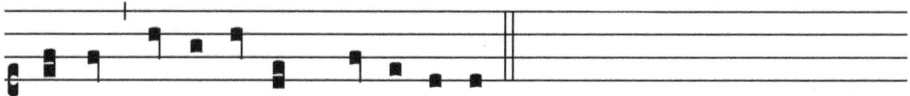

In tempore paschali finiatur cum

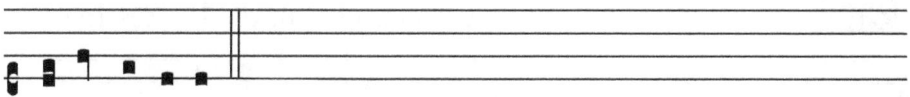

re al-le-lú-ya.

Ant. VI.

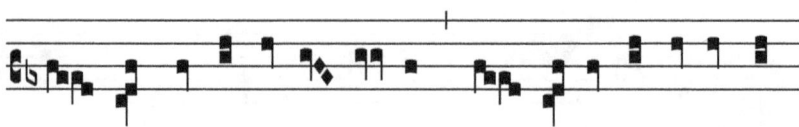

-ve * re-gí-na ce- ló- rum, A- ve dómi-na ange-

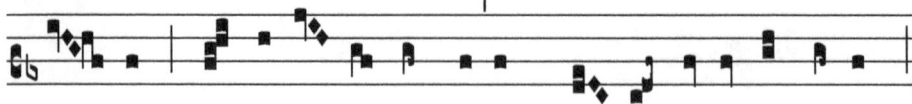

ló- rum, Sal-ve ra- dix sancta Ex qua mundo lux est orta :

Ave glo-ri- ó-sa Su-per omnes spe-ci- ó- sa, Va- le val-

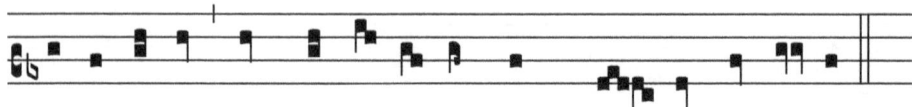

de de-có-ra Et pro no-bis semper Chris- tum ex-ó- ra.

In tempore paschali finiatur cum

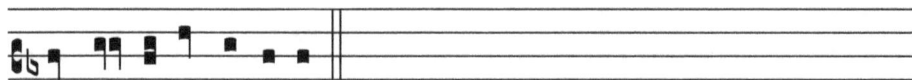

ex-ó- ra al-le-lú-ya.

Ant. VII.i.

- nima me- a * lique-fácta est ut di- léc-tus lo-cú-

tus est, que-sí-vi et non invé-ni il-lum, vo-cá-vi et non

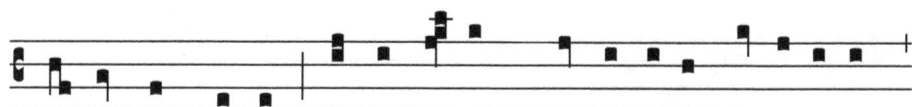

respóndet michi : inve-né-runt me custódes ci-vi-tá-tis

percussé-runt me et vulne-ra-vé-runt me, tu-lé-runt pál-

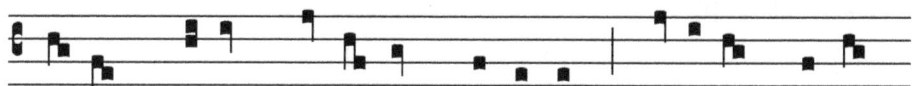

li- um me-um custó-des mu-ró-rum : fí-li- e Hie-rú-

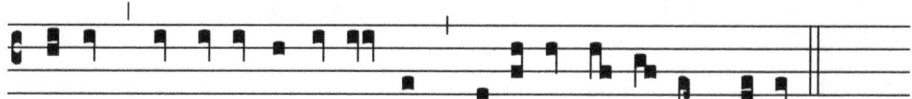

sa-lem nunci- á-te di-léc-to qui- a amó-re lángue-o.

Ant.
VIII.i.

E-á-ta De- i * gé-ni-trix Ma-rí- a virgo perpé-tu- a :

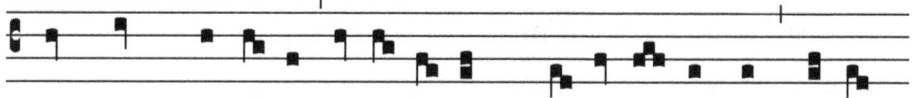

templum Dómi-ni, sacrá- ri- um Spi- ri-tus-sáncti so-la

si-ne ex-émplo pla-cu- ís-ti Dómi-no Je- su Christo : o-

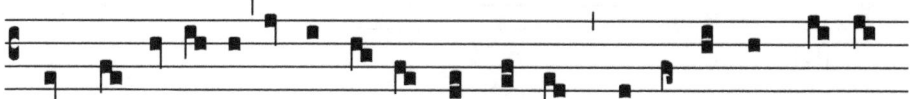

ra pro pópu-lo, intérve-ni pro cle-ro, intercé-de pro de-

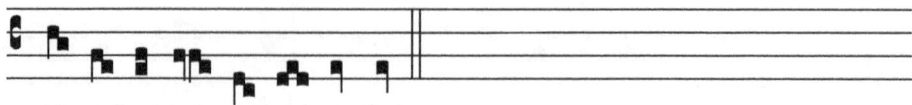

vó-to femí- ne- o se-xu.

In tempore paschali finiatur cum

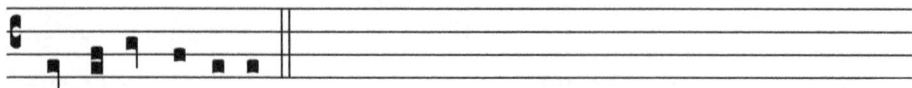

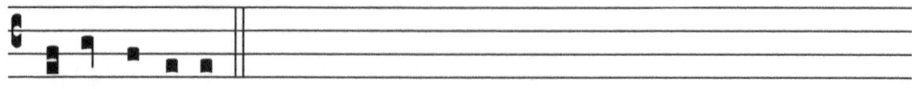

se-xu al-le-lú-ya.

Ant.
VII.i.

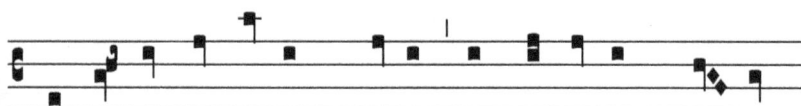

Escéndi * in ortum me-um ut vi-dé-rem po-ma

convál-li- um et inspí-ce-rem si flo-ru- íssent ví-ne- e : et

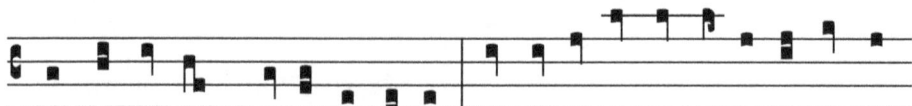

germi-nássent ma-la pú-ni-ca. Re-vérte-re, re-vérte-re Su-ná-

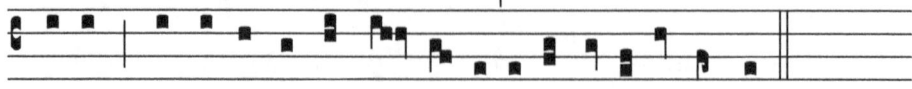

mi-tis : re-vérte-re, re-vér- te-re ut intu- e- ámur te.

In tempore paschali finiatur cum

te al-le-lú-ya.

414

Ant.
VI.

Pe-ci- ó- sa * fac-ta es et su- á- vis in de- lí-ci-

is virgi-ni-tá- tis sancta De- i gé-ni-trix : quam vi-dén-

tes fí-li- e Sy-on vernán- tem in fló-ri-bus ro- sá-rum et

lí- li- us convá- li- um, be- a-tís-si-mam pre- di-ca- vé-runt

et re-gí-ne lauda-vé- runt e- am.

In tempore paschali finiatur cum

e- am al-le-lú-ya.

❡ *He sequentes antiphone dicuntur ad processionem in redeundo per estatem quando de sancta Maria dicetur antiphona in introitu chori nisi inter octavas assumptionis et nativitatis beate Marie.*

1. *Ant.* Ave regína celórum. 412.

2. *Ant.* Alma Redemptóris mater. 411.

3. *Ant.* Beáta Dei génitrix. 413.

4. *Ant.* Speciósa facta es. 415.

Indices.

Antiphone.

<i>

Antiphone.

Capituli.

Responsoria.

Prose.

Hymni.

Versiculi.

Orationes.

Varia.

www.ingramcontent.com/pod-product-compliance
Lightning Source LLC
Chambersburg PA
CBHW020809100426
42814CB00014B/390/J